留守儿童学校教育问题及对策

编　著　范明刚　黄行福

天津教育出版社

内容简介

  随着我国社会经济的快速发展，产生了一个特殊的未成年人群体——留守儿童。这个弱势群体的教育成为近年来的一个热点。如何在学校教育的框架下，根据其成长的特点和教育规律，采取科学有效的教育对策，是学校教育的重要课题，也是每位教师亟待解决的课题。有鉴于此，我们应时代之需，深入调查研究，在本书中浓缩了目前关于留守儿童教育的前沿理论与信息，还原了立体化的留守儿童本来面目，抱着一种讨论的态度，一种交流的愿望，秉承教育学、心理学、管理学的智慧灵光，对留守儿童心理、道德、学业、行为、交际、安全等多方面特征与不良表现进行分析，以关爱为主题，深入浅出地阐释了留守儿童学校教育的新问题，并提出了系统化的新举措，内容贴近中小学教师的工作实际。

  拥有此书，我们的学校领导、教师定会激起智慧的火花，以更为理性、智慧的爱滋润每个留守儿童的心田，让那些"流动的花朵"绽放得更加灿烂、可爱！

图书在版编目（CIP）数据

留守儿童学校教育问题及对策 / 范明刚，黄行福

编著. —天津：天津教育出版社，2010. 5

ISBN 978 - 7 - 5309 - 6046 - 2

Ⅰ. ①留… Ⅱ. ①范… ②黄… Ⅲ. ①农村—儿童教育：学校教育—研究—中国 Ⅳ. ①G61

中国版本图书馆 CIP 数据核字（2010）第 067487 号

留守儿童学校教育问题及对策

出 版 人	胡振泰
主　　编	范明刚　黄行福
责任编辑	李勃洋
出版发行	天津教育出版社
	天津市和平区西康路 35 号
	邮政编码 300051
经　　销	全国新华书店
印　　刷	北京市燕鑫印刷有限公司
版　　次	2011 年 5 月第 1 版
印　　次	2013 年 5 月第 3 次印刷
规　　格	16 开（787×1092 毫米）
字　　数	285 千字
印　　张	12.5
定　　价	22.00 元

《留守儿童学校教育问题及对策》
编委会名单

顾　问　臧传勇　梁　倩

主　编　范明刚　黄行福

副主编　孙彦彦　苑书军

编　委　曹新燕　范明刚　黄行福

　　　　康铭志　李长滨　李培林

　　　　鹿晓英　林　强　欧阳叶

　　　　孙彦彦　杨安普　杨东云

　　　　于洪飞　苑书军　周　杨

序 言

多年以来，我一直从事中小学教师继续教育和中小学校长培训工作。由于工作需要，我经常深入一线中小学进行调查研究，以求能够为广大一线的学校管理者和教师（班主任）提供最优质的培训服务。调研中，很多一线教师向我谈起自己在教育留守儿童过程中的困惑，表达出了需要相关的心理学、教育学等微观层面的具有策略指导性书籍的迫切心情。令我喜悦的是，我知悉范明刚校长正自发组织了来自山东、江西、河北、黑龙江、湖南等省的一线专家级教师专题研究留守儿童教育问题，这真是雪中送炭！

由于对中小学教师培训工作的职业敏感，我也深为当前留守儿童的学校教育中存在的问题担忧。一方面，目前的中小学教师教学任务繁重，往往对留守儿童关爱不够，忽略了留守儿童不同于非留守儿童的一些本质上的特征与不良行为表现。另一方面，由于生活、成长环境的不健全，留守儿童除了学业成绩不佳、性格孤僻不合群、逆反心理严重外，他们在自我意识方面也存在着一些问题。很多一线的学校领导、教师（班主任）对留守儿童的教育往往是单方面的，不是系统化的教育指引，导致教育效果欠佳。再一方面，众多专家学者的论述往往是支离破碎的一家之见，缺乏系统化的理论阐述和实践案例的指引。很多研究文章无法实现在教育实践中落地生根的根本原因是其理论站得太高，脱离了留守儿童教育的实际，漠视了留守儿童作为一个生命个体的成长规律。

面对上述的问题，面对前方道路的迷惘与行动的踌躇，广大中小学领导与教师（班主任）亟需简捷易行的系统化理论指导。为每一位留守儿童提供优质教育已成为新时期的教育使命。本书的诞生是应时而生，必将为我国中小学校的留守儿童教育提供有力的理论支持和实践导向。

这本书稿在整合我国留守儿童教育理论与实践的基础上，进行了一次有益的探索，其理论性与实践性之强，超乎了开始撰稿时的预计。我想，广大的中小学领导、教师（班主任）、家长读了本书定会受益匪浅，原因有四：

一是本书以全新的视角浓缩了目前关于留守儿童教育的前沿理论与信息，还原了立体化的留守儿童本来面目，客观地总结了理论研究的现状，便于广大教育工作者更新教育教学观念，为其教育智慧的提升提供了方向性引领。

二是本书努力实现了理论与实践的有机结合，架起了沟通理论与实践的桥梁。不仅深入浅出地提出了留守儿童学校教育的具体策略，而且还以现实性经典案例作为补充，使该书具有了很强的可读性，其语言平和而富有智慧，读起来有感召力，能引起读者的共鸣。

三是作者队伍中的每位成员都有着参与留守儿童的实践经验，有着自己多年来的深入思考。他们中有国家级心理咨询师，有正在知名大学学习的硕士研究生，有参与过大型书稿撰写的"草根"教师,有承担着国家基教中心留守儿童问题研究子课题研究的课题负责人,有教育成功学专家、方法动力学研究专家,既有学校领导,又有班主任老师,大家有着一流的教育理念作为支撑,为本书的质量提供了保证。

四是本书抱着一种讨论的态度,一种交流的愿望,秉承教育学、心理学、管理学的智慧灵光,对留守儿童心理、道德、学业、行为、交际、安全等多方面特征与不良表现进行分析,以关爱为主题,剖析成因,阐述对策,深入浅出地阐释了留守儿童学校教育的新问题。

本书的诞生,是一个筚路蓝缕的艰难过程,更是一个令人欣喜、让人鼓舞的过程。因为她是一部开山之作;一部帮一线教育工作者打开视野、令其激动万分的书籍。手捧书稿,我倍感欣慰,字里行间浸润了编者们的点滴心血与一颗颗充满温情的职业热忱。

最后,我祝愿范明刚校长带领自己的研究团队创造出更富有价值的成果。

山东省教师教育学会教师继续教育专业委员会副主任
山东省肥城市教师进修学校校长

臧修勇

二〇一〇年四月下旬

前　言

　　20 世纪 80 年代以来，随着我国城乡经济体制改革和现代化进程的深入推进，农村剩余劳动力开始大规模地向城市转移，而城市的一些下岗职工、技术工人等因产业结构调整等原因也相应地远走他乡或到国外务工，从而形成了一个特殊且较为庞大的弱势群体——留守儿童。在相当长的时期内，我国留守儿童普遍处于"生活上缺人照应、行为上缺人管教、学习上缺人辅导"的"三缺"状态。

　　家庭残缺，父母与子女分离，这是任何民族都不能忽视的人伦底线。作为社会经济转型期的时代产物，留守儿童在一段时期内还将长期存在。令我们感到欣喜的是，当前留守儿童的教育问题已经引起社会的普遍关注。我们在百度上搜索了一番，有关"留守儿童"的网页约有 8 260 000 多篇，"留守儿童教育"的网页约有 5 210 000 多篇。有些地方政府、社会机构、学校积累了一定的关爱留守儿童的经验，例如江苏省沭阳县的寄宿制办学模式，重庆市南川县鸣玉中学的"代理家长制"模式、安徽省肥东县的"留守小队"模式、重庆市南川县部分小学的"留守儿童之家"模式、四川省妇联建立的"留守儿童家长学校"模式、四川省广安市推行的民警介入保护模式等。以上模式虽然各有优势，但是也存在着缺乏相关的管理制度和安全管理政策支持、政策激励的问题以及经费保障等长效机制尚未形成、工作机制尚不完善、教育效果短效性、留守儿童家长的不确定因素、民警时间精力的有限性等问题。目前，很难找到一种系统化的教育与关爱留守儿童的良策。

　　面对留守儿童监护脱节增加的管理难度、关爱缺少导致的亲情观念淡薄、情感孤独引发的突出心理问题、道德失范引发的价值取向偏离、家校结合合力难以形成、管教乏力造成的严峻安全隐患等现实问题，政府应当发挥健全政策机制的主导作用；家长应当切实履行好自己的教育监护之责；社会应当强化对留守儿童的普遍关爱；学校应当担负起留守儿童教育主体的作用。显而易见的是，学校对于留守儿童的教育作用是无可替代也是最能见效的，学校与教师可以在观察与研究留守儿童的生活与学习现状的基础上，对其有效实施心理、道德、学业、行为、交际、安全、家校共育等多方面的针对性教育，为留守儿童撑起一片爱的天空。然而在具体的教育实践中，由于留守儿童本身的复杂性和多变性，很多学校领导与教师面对留守儿童教育往往束手无策，有时甚至是打着关爱的旗号，做着伤害留守儿童稚嫩心灵的事情。

　　为了更科学地引领广大家长、学校、社会力量合力关爱留守儿童的成长，我们聚焦于学校教育这个基点，由一线的专家和教师组建了"留守儿童的学校教育问题及对策"研究团队，历时两年的时间，系统化地梳理了近年来留守儿童教育的相关研究成果与成熟经验，提出了新阶段留守儿童学校教育的新对策。为关注留守儿童教育的广大教育工作者提供全新的视角，我们编写了《留守儿童的学校教育对策》一书。这既是我们长期以来研究留守儿童教育问题的经验总结与升华，也是对当前留守儿童教育现状的一种客观梳理与正本清源。我们编写本书希望达到三个目的：

　　第一，为中小学教师培训提供教材。搞好中小学教师的专业培训是确保我国留守儿童健康成长的重要举措。本书抱着一种讨论的态度，一种交流的愿望，秉承教育学、心理学、管理学的智慧灵光，对留守儿童心理、道德、学业、行为、交际、安全等多方面特征与不良表现进行分析，剖析成因，阐述对策，以关爱为主题，力求深入浅出地阐释留守儿童学校教育的新问题，并提出系统化的新举措。本书内容贴近中小学教师的工作实际，必将引发中小学教师的"头脑风暴"。

第二，帮助广大中小学校领导与教师转变观念。留守儿童的学校教育，需要学校领导和教师尽早转变教育理念、洞悉留守儿童的心理特点、提升教育智慧。思想是行动的先导，中小学学校领导与教师能否担当起教育留守儿童的重任，取决于其思想与理念水平的高低。

第三，给中小学学校领导与教师以实践上的指导。学校领导和教师的观念实现转变之后，还应明白留守儿童在各个方面出现问题的原因，怎样采用正确的方法教育留守儿童。

在本书的编写过程中，我们力求突出以下四个特点：

一是思想内涵深刻。在研究的初期，我们期望从浩如烟海的文献资料中找到最为科学有效的理论依据，遗憾的是，众多专家学者的论述大多是支离破碎的一家之见，缺乏系统化的理论阐述和实践案例的指引。本书浓缩了目前关于留守儿童教育的前沿理论与信息，还原了立体化的留守儿童本来面目，使读者认识到"留守儿童并非问题儿童，他们不应是被遗忘的一代，更不应是被毁灭的一代。"

二是行文的适切性。全书行文内容把留守儿童的学校教育置于时代背景之下，以学校教育为轴心展开论述，语言通俗流畅、浅显易懂，集理性的文字与经典的案例于一体，集理念高度与操作指导于一体，意在引发广大中小学学校领导与教师产生理性的思考。

三是内容的新颖。我们尽量在各章节中选入生动、新颖、典型的案例和简评，使中小学学校领导与教师更形象地理解留守儿童教育的基本策略。

四是实践指导性。本书注重理论联系实际，以强化中小学学校领导与教师的实践能力为宗旨。

本书是整个研究团队集体智慧的结晶。在此，我们记下每章的主要编者：第一章：康铭志、范明刚；第二章：周杨、杨东云、孙彦彦；第三章：曹新燕、孙彦彦；第四章：林强、范明刚、杨安普；第五章：李培林、黄行福；第六章：李长滨、欧阳叶、黄行福。苑书军、于洪飞、鹿晓英参与了后期的审阅修改。全书由范明刚、黄行福、孙彦彦、苑书军负责统稿。

本书的编写得到了诸多专家学者的关注与支持。在此，深深地感谢全国优秀教师、山东省教师教育学会教师继续教育专业委员会副主任臧传勇校长！感谢他对本书整体设计与构思提出的精辟见解。感谢江苏省省级教育规划课题《苏北留守儿童教育研究》课题组成员梁倩校长提出的宝贵建议。同时，衷心感谢所有关心并为本书写作、出版和发行做出贡献的人士！

在编写过程中，我们参考了部分现成的资料，个别地方我们几乎无法在书中标明文献资料的出处。书中有些地方可能借用了一些专家学者的真知灼见，我们真诚希望得到您的谅解，在此深表感谢！

范明刚

二○一○年四月下旬

目　录

第一章　留守儿童概述 ……………………………………………………… 1

　　第一节　留守儿童的界定 ……………………………………………… 1

　　第二节　留守儿童教育的现实性与重要性 …………………………… 9

　　第三节　留守儿童教育的"三位一体"教育趋势 …………………… 16

第二章　留守儿童的心理特征与教育对策 ……………………………… 22

　　第一节　留守儿童的心理特征与不良表现 …………………………… 22

　　第二节　留守儿童心理问题的成因 …………………………………… 30

　　第三节　留守儿童的心理教育对策 …………………………………… 38

第三章　留守儿童的道德特征与教育对策 ……………………………… 61

　　第一节　留守儿童的道德特征与不良表现 …………………………… 61

　　第二节　留守儿童道德问题的成因 …………………………………… 66

　　第三节　留守儿童的道德教育对策 …………………………………… 71

第四章　留守儿童的学业特征与教育对策 ……………………………… 85

　　第一节　留守儿童的学业特征及不良表现 …………………………… 85

　　第二节　留守儿童的学业问题的成因 ………………………………… 92

　　第三节　留守儿童学业成绩提高的对策 …………………………… 103

第五章　留守儿童的行为及交际特征与教育对策 …………………… 118

　　第一节　留守儿童的行为特征及不良表现 ………………………… 118

　　第二节　留守儿童的行为问题的成因 ……………………………… 123

　　第三节　留守儿童不良行为的干预对策 …………………………… 128

　　第四节　留守儿童的交际特征与不良表现 ………………………… 137

　　第五节　留守儿童交际障碍的化解对策 …………………………… 146

　　第六节　留守儿童生命安全教育的对策 …………………………… 156

第六章　家校共育,促进留守儿童健康成长 ………………………… 162

　　第一节　家校共育对留守儿童健康成长的重要性 ………………… 162

　　第二节　家校共育中学校对留守儿童的教育策略与方法 ………… 171

　　第三节　家校共育中留守儿童的家庭教育策略 …………………… 180

参考文献 ………………………………………………………………… 189

第一章　留守儿童概述

改革开放后，我国经济突飞猛进，综合国力不断增强。随着大批农民工涌入城市，城乡剩余劳动力外出务工，人口流动到经济相对发达地区，在外出务工人员的原居地渐渐形成一个新的社会群体——留守儿童。这些被家长留在家中的儿童要么由隔代亲属或亲属抚养，要么自我放养，其生存、安全、教育等一系列问题日益严重，受到全社会的普遍关注。

留守儿童是我国社会经济转型期的时代产物，在一段时期内还将继续存在。因此，充分认识这一特殊群体的共性，深入研究其特征及表现，并针对出现的问题有的放矢地开展教育，具有非常重要的现实意义。本章我们将从留守儿童的概念、产生背景、类型以及留守儿童教育的意义和教育发展趋势等方面进行阐述，帮助一线教师全面、系统地了解留守儿童群体。

第一节　留守儿童的界定

根据 2005 年全国 1‰ 人口抽样调查的数据推断，全国农村留守儿童约 5 800 万人，其中 14 周岁以下的农村留守儿童约 4 000 多万。再加上生活在城市的留守儿童，留守儿童群体总量将是个非常令人可怕的数据。如此惊人的数字每年还在不断地增加。这样一个庞大的待教育群体，到底是一群怎样的儿童？他们是在怎样的背景下产生的？教育工作者该怎样引导、教育、关心留守儿童？本节会引领您正确地认识留守儿童这个特殊群体。

一、留守儿童的界定

留守儿童，又被人称为留守孩子、留守子女、留守孩、留守学生。不同的称呼，凸显不同的理解重点。从学校教育这个视角观察与认识，我们可以称其为留守学生；从家庭的角度思考和理解，我们可以称其为留守孩子、留守子女和留守孩。而留守儿童这一称呼，则侧重从儿童这个群体角度来认识和理解，更凸显留守儿童这一群体存在的主体地位与特征。我们不妨把"留守儿童"这一名词分开来理解。

（一）"留守"一词的由来

《现代汉语词典》里这样解释"留守"一词：皇帝离开京城，命大臣驻守，叫做留守；或者部队、机关、团体等离开原驻地时留下少数人在原驻地担任守卫、联系等工作。

在中国，《汉书·淮阳宪王刘钦传》中早有记载："博上书：愿留守坟墓，独不徙。""留守"有居留下来看管之意。《汉书·张良传》中"沛公乃令韩王成留守阳翟。又有军队进发时，留驻部分人员以为守备"是指古时皇帝出巡或亲征，命大臣督守京城，便宜行事，谓之"京城留守"。至北魏始，"留守"为正式命官，其后历代沿置，职掌不一。"留守"一词一直沿用下来，现代指部队、机关等离开时，部分人员在原驻地担任守卫、联系等工作。

1991 年，电影导演胡雪杨的一部《留守女士》，又把"留守"一词激活。该片在 1992

年第 16 届开罗国际电影节荣获最高大奖。从此，"留守"一词便频频进入人们的视野，诸如"留守男人"、"留守丈夫"、"留守妻子"等词语竞相出现在各大媒体中。

（二）"儿童"范围的界定

在不同的视野中，"儿童"代指不同年龄段的群体。《现代汉语词典》（第五版）给出的定义是："儿童，指较幼小的未成年人（年纪比少年小）"。其中"少年"指"人十岁左右到十五六岁的阶段。"

在儿童心理学里，儿童的年龄段很长，从初生至十七八岁都属于儿童，而且根据心理发展的特点，把儿童心理发展划分为：乳儿期（初生至 1 岁）、婴儿期（1 至 3 岁）、学前期或幼儿期（3 至 6 岁）、学龄初期（6 至 12 岁），学龄中期或少年期（12 至 15 岁）、学龄晚期或青年期（15 至 18 岁）。

联合国《儿童权利公约》中规定儿童的年龄段是 0～18 岁，中国的《未成年人保护法》等法律的规定是 0～18 岁，医学界以 0～14 岁的儿童为儿科的研究对象。中国的儿童组织——少先队的队员年龄在 14 岁以下，而共青团员的入团年龄为 14 岁以上。但现在北京儿童医院已把患儿年龄增大到 18 岁，且增加青春期门诊。

本书侧重于从学校教育的角度来探讨留守儿童的教育问题。从儿童受教育的年龄来确定，2006 年 6 月 29 日第十届全国人民代表大会常务委员会第二十二次会议修订通过的《中华人民共和国义务教育法》第十一条规定："凡年满六周岁的儿童，其家长或者其他法定监护人应当送其入学接受并完成义务教育；条件不具备的地区的儿童，可以推迟到七周岁。"以 6 岁为小学的入学年龄，接受完 12 年教育后，就已经是 18 周岁了，正好是成年人。因此，我们认为 18 周岁以下的孩子都归属于儿童范围之内。

（三）留守儿童的概念内涵

国内学者对留守儿童问题的研究，始于上个世纪 90 年代初期。1994 年上官子木在《"留守儿童"问题应引起重视》一文中，首先提出了"留守儿童"这一概念，并呼吁社会各界对这一新的社会群体给予关注。事后，相关研究文章散见于报端，但大多没有进行系统的研究和探索，只停留于对农村留守儿童这一新生社会群体现象的表面观察及呼吁上。

由于研究群体的不同、政府职能部门关注的重点不同，很多学者对留守儿童的范畴感到困惑。中央教育科学研究所课题组在《农村留守儿童问题调研报告》中认为，"农村留守儿童"是指由于家长双方或一方外出务工而被留在原居地，并且需要其他亲人或委托人照顾的处于义务教育阶段的儿童（6～16 岁）。社会学者主要以留守儿童可能会涉及到的社会行为为研究对象，多把"留守儿童"定义为因家长一方或双方外出务工而被留在家乡，需要其他亲人照顾，年龄在十六岁以下的儿童。辽宁教育研究院"辽宁省农村留守儿童教育现状调查"课题组，以农村地区因家长双方或一方长期在外地务工而被留在户籍所在地，由家长一方或其他代理人监护的六至十六岁的未成年人为研究对象。江西省全南县对"留守儿童"的界定，则是采取家长双方都外出为标准的，如果以一方外出务工为准，统计数字将会增大很多。

我们认为，留守儿童是指由于家长双方或一方长时间流动到其他地区工作，而不能和子女在一起共同生活的儿童。这个概念有三个要义需要我们注意：

一是不管是城市还是乡村，家长只要有一人在外地工作，而自己在本地生活的儿童，就属于留守儿童的范畴。

二是家长或其中的一方，长时间流动到其他地区的时间，并没有具体限定。

三是从年龄上来说，家长双方或一方外出工作，儿童不能和家长共同生活在一起的18周岁以下未成年人，都归属于留守儿童范畴。因为他们虽然分属于不同的年龄段，有着不同的阶段特征，但他们都独立性不强，家长或其中一方不在身边，才表现出了"留守"具有的特征。

二、留守儿童产生的背景

留守儿童的产生并非某一区域的偶然现象，而是在全国范围内具有普遍性的现象。在其普遍性产生的现实情况下，有其深远的时代背景。根据调查研究发现，虽然不同区域的留守儿童与当地经济发展、社会环境、家庭环境的情况差异略显不同，但都没有脱离我国城乡经济社会发展不平衡这个特有国情的大背景。

（一）区域经济发展的不均衡

从宏观角度看，由于地理和历史等原因，我国不同区域的经济发展很不平衡的状况由来已久。改革开放后，富裕的东部沿海地区具有利用交通基础设施完备、人力资源充裕和科学技术发达等优势，于是迅速发展成我国的经济重心。在地理优势和特殊的优惠政策的影响下，较为贫困的西部内陆地区剩余劳动力渐渐向东部地区聚集。

从微观角度看，东西部地区的本区域内的各县、市、区也存在发展不平衡的现象。城乡差距也较为明显，劳动力多聚焦在人口密集、经济发展较快的城市中心、城乡结合部，很多农村只剩"老弱病残"居住，经济发展基本处于半荒废状态。

另外，与此同时，在社会转型时期，市场经济逐渐取代了传统的计划经济模式。很多国有企业由于不适应市场竞争机制而纷纷破产或改制，职工大规模下岗，社会转型像一股巨大的浪潮，不断地冲击着传统的经济体制以及人们的价值观念。城市下岗职工也不得不脱离原有的生活模式，背井离乡，外出务工，在经济利益趋使下，部分有经济实力的人也放弃所在城市的工作，涌向东南沿海或是远走国外务工。

正是由于区域经济发展的不均衡，使得越来越多的人们抛家别子，离开故土，走上外出务工之路，导致留守儿童的数量日益增多。伴随而来的是由于家庭教育缺失而造成的巨大教育危机与社会发展问题。

世界许多国家发展的经验证明，区域发展不均衡将会长期存在于经济增长的过程中，留守儿童作为社会经济转型期间区域经济发展不均衡的产物，他们的生活、教育等问题将在很长一段时间内存在于社会发展中。

（二）城乡二元分割的壁垒

半个多世纪以来，我国有农业人口和非农业人口之分。两种户口类型的人所拥有的经济资源、劳动方式和分配方式都存在较大的差别。而我国长期以来贯彻优先发展城市工业的政策导向，也使城市和乡村的经济、生活水平差距迅速拉大。随着市场经济体制的逐步建立和发展，第二、三产业对劳动力的需求越来越大，再加上城市化进程加速、农村劳动力过剩等一系列因素，最终推动了二十世纪八十年代人口流动规模的迅速扩大。1989年，中国大地第一次出现汹涌的民工潮。2000年第五次人口普查统计，离开户籍所在地半年以上的人口为1.2亿，农民工约为8000万人。目前，农民工人数已逾1.2亿。党的十六大报告提出，要用城乡统筹的眼光来解决中国的农业、农村和农民问题；党的十七大报告明确指出："统筹城乡发展，促进国民经济又好又快发展"，"建立以工促农、以城带乡长效机制，形成城乡经济发展一体化新格局"。这就意味着在一段时期内仍然还会有大量农村剩余劳动力要进入城市。城市发展需要大量的劳动力，而农村资金不足，生产力水平低下，劳动力过度剩余。有资料显示，我国耕地面积仅存十八亿多亩，按农村现有生产力水平和生产规模推算，仅需 1.5 亿劳动力就能够完成生产任务，而现在农村劳动力有近 5 亿，剩余劳动力近 3.5 亿。

城乡经济发展的不平衡，城镇化建设的不断提高及农村的"人地"矛盾，都不可避免地推动劳动力流向经济发达城市。而尚未能改善的户籍管理制度又使这些人不能与城市居民享有等同的待遇，众多务工者的子女只能留守在农村，继而产生了现在日益严重的"留守儿童"问题。

【信息快递】

家长外出务工，留守儿童剧增

河南、安徽、湖北、湖南、江西中部五省，是我国"三农"问题最为突出的地区，农民苦、农村穷、财政弱的问题十分普遍。据湖北省政府发展研究中心调查统计，2001 年，中部五省农村人口 2.55 亿，占总人口 78.22%，高出全国 5 个百分点，是全国农村人口比重最高的地区；这一地区农业人口人均占地仅为 4.2 亩，低于全国 6 亩的平均水平。由于农业人均耕地少，中部五省同时也是全国剩余劳动力最多、压力最大的地区。如要达到全国农业劳均耕地 6 亩的水平，就需要转移农业劳动力 3 133 万人；如要达到人均 8 亩的经济规模，则需要转移剩余劳动力 4 756 万人，占五省劳动力总量的一半，占全国剩余农业劳动力的 58.9%。在这种背景下，外出务工在中部地区形成一股热潮，不少地方因势利导大力倡导打工经济。据湖北省劳动就业管理局测算，湖北有 300 多万劳力到外省务工，比去年增加 10%，如果加上在省内城市务工的农民工，这支队伍更为庞大。

（来源：袁国志. 家长外出务工家庭悲剧频发，应关注农村留守小孩 [EB/OL]. 网易新闻中心 http://news.163.com/2004w04/12520/2004w04_1081769053069.html）

【简评】

留守儿童的出现是社会发展特殊时期的普遍现象，而农村留守儿童则是我国"三农"问题的衍生物，是伴随着农村劳动力外流而产生的一个巨大的社会群体。社科院学者陆学艺认为，改革户籍制度是解决"三农"问题的基础和前提。这一根本因素如果得不到解决，留守问题将很难打开局面。令人喜悦的是，尽管进展的速度有些慢，这种身份等级制度正在一些地方被改变。

（三）人们对高品质生活的追求

人人都有追求美好生活的权利，留守儿童的家长同样也心存一份渴望。他们希望通过艰辛的付出，凭借自己的劳动换来幸福生活。他们迫切希望自己的下一代能够摆脱农民的命运；城市一族则希望自己的外出奔波，能改善家庭经济状况，提高生活质量。他们离家在外终日忙碌，却无暇顾及留守儿童的成长与教育问题。于是，在这种生活状况下，其身后出现了一双双渴望父母关爱的"小眼睛"。

【聚焦现实】

美好追求的背后

在某城市，古佳就属于那种"幸福得像花儿一样"的少年。在学校里他甚至被称作"古少"。古佳的父亲是某石油公司派驻国外的技术人员，母亲在父亲出国后干脆去了深圳做生意，古佳只好和外婆住在一起。外婆的年纪大，耳聋眼花，真正照顾古佳起居的倒是家里的保姆。

"回家也没有事情做，还不如和同学聚聚呢！"古佳所谓的"同学聚会"无非就是吃吃喝喝，大家一起去上网玩游戏。"家里也可以玩，但是没法现场组团，还是大家一起玩有意思。"

古佳承认自己成绩不太好，但是并不认为自己是坏学生。他觉得自己的挥霍没有什么不合理的。"爸爸、妈妈怕我没钱花，每月往我卡上打两次钱。每次爸爸回来总是叮嘱我待人接物不要小气，要知道照顾自己，千万别委屈了自己。""其实我也知道很多同学跟我关系好就是因为我出手大方又讲义气，但是我喜欢交朋友，朋友多了就连过生日也热闹！"古佳家长最担心的不是古佳花钱大手大脚，反而是古佳不花钱。

【简评】

应该承认的是，人们的"城市化"冲动和对高品质生活的追求，带动了我国经济的进一步发展。但区域经济发展现状、特殊历史时期下的体制壁垒以及家长们的自身问题，共同派生了留守儿童群体的出现，其成长与教育问题又为社会发展留下了隐忧。像案例中的古佳的家长虽然能够通过自己的努力增加家庭收入，然而他们却忽略了古佳的教育问题，使其滋生了花钱大手大脚的恶习。这对于古佳的健康成长与良好性格养成是极为不利的。

三、留守儿童的常见类型

深入调查留守儿童的生活现状，关注其学校教育质量，我们发现留守儿童这个群体不仅非常庞大，还具有教育方面的复杂性与多变性。不同的生活区域、不同的监管情况、不同的自身表现造就了不同类型的留守儿童。本书从学校教育的视角、教育学、心理学视野中系统观察、研究留守儿童的特征，有利于通盘考虑其教育问题的症结所在，就可以强化学校教育职能，提高教育工作的针对性。需要特别说明的是，以下章节中，我们把6～18岁的留守儿童作为研究对象。

（一）不同区域的留守儿童

从分布情况上来看，留守儿童有城市留守儿童和农村留守儿童之分。这也是目前最广为认同的分类。由于农村的生活水平、学校办学条件、师资力量、监护人素质等都不如城市，大多数农村留守儿童存在着不同程度的问题，诸如卫生、安全无保障，心理发育不健全，学习成绩较差，行为习惯偏激等等。

从发生学的角度来看，城市留守儿童是与农村留守儿童同时产生的。异地劳动不是从今天才开始的，也并不仅仅局限于农村。造成留守儿童的原因是多方面的：家长异地务工、异地经商、进修学习、挂职下乡、家长离异、家长工作繁忙甚至家长把子女寄养在亲戚、教师家中等情况，都会导致留守儿童的产生。

就家庭经济状况而言，与农村留守儿童相比，城市留守儿童主要有两种情况：一种是家庭较为富足的。其家长属于高收入群体。由于工作的关系，他们既不能把留守儿童接到身边，也不能长久留在家中陪伴、照顾。这些儿童多在隔代长辈家居住，也有一些干脆进入寄宿制学校或民办贵族学校，连假期都很少回家。他们往往能够满足其物质需要，却无法改善其单调的生活、贫乏的情感，这就导致一些城市留守儿童将钱用于填充精神上的空虚、寂寞、恐惧，频繁出入网吧、游戏机厅，结交社会不良青年等，造成其在消费观、价值观形成方面的问题。另一种是家庭经济状况一般的城市留守儿童，其学习与生活情况与农村留守儿童的差异不大，但还存在着结交不良少年等缺点。

从数量上说，农村留守儿童的数量要大大超过城市留守儿童。从思想观念上看，人们通常认为城市比农村经济更发达，城市学校的办学水平比农村学校要高，监护人的素质也相对高。所以，在客观上也造成了人们对城市留守儿童的忽视。

（二）不同监管情况的留守儿童

从监护的类型上进行分类，是一种比较典型的方法。叶敬忠、王伊欢发表在《人口学刊》2006 年第 3 期上的《留守儿童的监护现状与特点》一文中，根据留守儿童的监护分类，分为单亲监护、隔代监护、上代监护、同辈监护四种类型。高亚兵发表在《中国特殊教育》2008 年第 7 期上的《不同监护类型留守儿童与普通儿童心理发展状况的比较研究》一文中，也把留守儿童分为上述四种类型，并进行了比较。他认为，隔代和上代监护的留守儿童心理健康问题较多，并且隔代监护留守儿童有较多的消极人格特征。相比而言，单亲和同辈监护留守儿童心理发展状况与普通儿童差异较小，这与隔代和上代监护人的文化程度有密切关系。这种类型的监护人受教育程度较低，思想观念比较保守落后，受教育的内容狭窄，沟通也比较困难。他们在对留守儿童的教育中溺爱多，迁就多。单亲监护人对留守儿童的消极影响较小，而同辈监护相对更好一些，他们沟通起来更容易。因此，不同的监管情况产生了不同类型的留守儿童。

1. 单亲监护型留守儿童

单亲监护型留守儿童是指父亲或母亲外出务工而由另一方在家照顾的留守儿童。据调查，此类型留守儿童监护人大多为母亲，其穿着、饮食等方面受到的照料与非留守儿童没有明显差异。但由于单亲监护人家庭劳动负担加重，对留守儿童的照料和教育缺少耐心，因此留守儿童被责骂和体罚的情况明显多于非留守儿童。而少量父亲监护的留守儿童，无论是哪方面的照料都与非留守儿童相差甚远，出现性格和心理问题的概率也更高。

2. 隔代监护型留守儿童

隔代监护型留守儿童是指家长外出后，由祖辈（爷爷奶奶/姥爷姥姥）来抚养的留守儿童。由于隔代监护人与留守儿童隔阂深，对留守儿童的教育方式落后，在饮食和衣着方面的照料明显不如家长在家时的情况，较非留守儿童也更差。并且，祖辈监护人在教育方式上也总是过于溺爱和放纵，导致很多此类型留守儿童有较多的消极人格特征，如乐群性、聪慧性、稳定性低，且兴奋性、忧虑性、紧张性、焦虑感、神经过敏性过高等。

3. 上代监护型留守儿童

上代监护型留守儿童是指由外出家长信任的近亲、邻居或朋友做监护人的留守儿童。上代监护人与留守儿童情感较疏远，对留守儿童的管束较少。但他们毕竟不是留守儿童的家长，对其教育往往或不会太认真或有所顾忌，与留守儿童进行情感上沟通不畅。因此，此类型留守儿童易出现忧郁、自闭等心理健康问题。

4. 同辈监护型留守儿童

同辈监护型留守儿童是指在家长外出的情况下，由年龄稍大的兄弟姐妹来充当监护人或自己照看自己的留守儿童。由于家长缺位，此类型留守儿童缺乏良好的家庭教育和引导，不仅要照料自己的生活、承受家庭的劳动负担，同时还要兼顾自己的学习，因此往往感觉身心疲惫，稍有不慎便会将留守儿童推向问题儿童的行列。

相比而言，隔代和上代监护的留守儿童心理健康问题较多；单亲监护对留守儿童的消极影响较小，单亲和同辈监护的留守儿童心理发展状况与非留守儿童差异较小。

（三）不同自身表现的留守儿童

从不同角度去认识和理解留守儿童，能使我们对这一群体的研究更符合客观实际。直接从留守儿童的自身表现上进行分类，也是一种分类的视角。本书正是侧重于从这一角度认识、研究不同类型留守儿童的特征与表现的。

1. 不同心理特征的留守儿童

人出生后最早接触的是父母，在长期的生活和感情交流中，子女受到父母无微不至的关怀和支持，得到情感需求上的满足。在这个过程中，子女对父母慢慢由"依"到"恋"，建立亲情。心理学认为，儿童对父母有着强烈的无可替代的依恋。正是这种亲子关系使得儿童获得心理上最坚强的支持力量，内心充实安全，使其面对外界时有基本的安全感。由于家长长时间的"不在场"，会不同程度地影响到留守儿童的心理健康。以李万兵在《农村留守儿童心理健康状况的调查与对策》中显示的 2008 年对四川省乐山市五通桥区留守儿童心理健康总体状况调查为例：

留守儿童的心理健康状况	百分比
心理健康，身心惬意	5.3%
儿童心理健康水平令人满意	55.4%
儿童心理健康水平令人不太满意	39.3%
心理健康水平一般	37.3%
儿童心理健康水平有待提高	2%

从留守儿童心理挫伤的情况来看，可以分为以下两种类型：

（1）乐观健康型留守儿童。这类留守儿童能正确看待家长外出和自己留守的现实，较好地调适自己的心态。其生活独立性比较强，遇事不怕困难，思想健康，乐观向上。

（2）心理缺陷型留守儿童。这类留守儿童心理健康水平较低，因长期留守而带来的孤独、寂寞、失落，易引发深层次心理问题。具体表现为认知偏差、亲情缺失、价值扭曲、性格缺陷、情绪波动等。

2. 不同道德表现的留守儿童

道德心理包括道德认知、道德情感、道德意志和道德行为。儿童时期是个性发展和道德形成的关键时期，家长的关爱、良好的家庭环境和教育对儿童道德健康发展有重要影响。反之，亲子教育的缺失，往往会导致留守儿童道德认知出现偏差，道德观念和道德行为习惯与时代文明相脱节。从留守儿童的思想品德状况看，可以分为以下两种类型：

（1）品德优异型留守儿童。这类留守儿童道德品质优秀，能树立较正确的道德标准、人生观、价值观。他们自觉性强，知错能改，不以自我为中心，能团结协作，能主动帮助他人。

（2）品性不良型留守儿童。这类留守儿童道德意志薄弱，自律能力差，极易受到社会不良诱因的影响而做出违背道德甚至违法的事情。具体表现为知行脱节、沾染恶习、诚信缺失、自私刁蛮等。

3. 不同学业情况的留守儿童

叶敬忠教授在研究中发现，留守儿童在学习上呈现两个极端，好的特别好，差的特别差。学习好的大多理解家长的辛苦，而另一部分留守儿童则早早地受到"读书无用论"不良思想的影响，厌学、逃学、辍学现象时有发生。以江西省全南县实验小学校调查为例，47%的作业完成情况"糟糕"，74%的在家长外出务工后成绩下降。从留守儿童的学习品质及成绩来看，可以分为以下两种类型：

（1）刻苦学习型留守儿童。这类留守儿童学习动机明确，学习习惯良好，其学习认真，成绩优良，不需要家长或是其他监护人过多的监督辅导，能够自主学习。

（2）学习障碍型留守儿童。这类留守儿童学习意志薄弱，学习热情不高，缺乏上进心，存在学习心理障碍，学习成绩普遍居于中等及以下水平。具体表现为习惯缺失、成绩分化、厌学情绪、独学无友等。

4. 不同行为类型的留守儿童

留守儿童自身的心理状况、道德认知、思想观念及性格特点，直接决定了其外在行为。我们通过对近 400 多名小学留守儿童进行调查，发现有过失行为的占 50%，有说谎行为的占 31%，有偷窃、破坏公物等不良行为的占 15%，有攻击行为的占 25%，有 20%的人经常迟到旷课，22%沉迷于打游戏，30%有过打架斗殴的经历。从留守儿童表现出的外在行为来看，可以分为以下两种类型：

（1）早熟懂事型留守儿童。这类留守儿童比同龄非留守儿童早熟，善解人意，其能体谅家长外出务工的辛劳，能自觉遵守校规班纪，行为养成较好。

（2）行为偏激型留守儿童。这类留守儿童缺少安全感，冲动叛逆。具体表现为孤僻退缩、暴力攻击、行为异常、仇视社会等。

5. 不同交际类型的留守儿童

人际交往能力是人们在社会生活中的一种重要能力，其能力的获得、朋友角色的认知和扮演，既需要人际交往的实践，也需要他人的指导。由于家长长时间的"缺位"，使得留守儿童缺乏人际交往知识与技巧的教育与引导。据肖富群《留守儿童社会化状况的实证研究》中记载，2007 年 1 月，调查者运用社会化的有关理论，对广西壮族自治区阳朔县义务教育阶段的不同年龄段的留守儿童进行了随机抽样调查。研究者先从阳朔县的 9 个乡镇中随机抽出 2 个乡镇，2 个乡镇各只有 1 所中学，直接选取，从 24 所小学随机抽取了 3 所。5 所被抽中的学校每个年级随机抽取 1 个班级。考虑到小学一、二年级的儿童难以完成问卷调查而没有被列入调查对象。他们借助对广西阳朔县 436 名儿童的抽样问卷调查资料，比较留守儿童与非留守儿人际交往情况如下：

调查项目	留守儿童	非留守儿童
有伙伴一起上学	82.9%	84.0%
和同桌关系好	73.8%	74.5%
经常参加伙伴的游戏	55.7%	63.9%
收到过同学的生日礼物	42.7%	45.4%
会举手回答老师的提问	90.0%	86.5%
是否班干部	30.5%	37.0%
亲戚对自己满意	94.7%	97.3%

通过以上数据我们可以发现，两类儿童在与老师的交往方面没有显著性差异，但在与其他人交往时却会有略微差别。从留守儿童交际情况来看，可以分为以下两种类型：

（1）积极交往型留守儿童。这类留守儿童适应能力、情绪自控能力比较强，比较合群。他们外向乐观，能较好地处理人际关系，表达自己的想法，愿意与人交往。

（2）消极交往型留守儿童。这类留守儿童或内向孤僻，不愿与人交往，或交友不慎。具体表现为交友不良、以自我为中心、盲目崇拜、友谊失真等。

在后面的章节中，我们将从以上五方面详细地论述留守儿童的类型特征及具体表现，并提出相应的教育策略，这里就不再赘述了。

第二节　留守儿童教育的现实性与重要性

随着我国经济的飞快发展，留守儿童数量激增，其生活、学习、心理和行为问题越来越令人担忧。我们不能不思考：应该如何面对留守儿童这一特殊群体，应该为之创设怎样的教育环境？社会、学校、家庭关注留守儿童的呼声虽高，但是还欠缺科学有效的教育策略做指引。尤其是工作在教育教学第一线的广大教师，对此问题往往束手无策。

本节将揭示留守儿童的基本状况，让您更深切地感受到改善留守儿童教育现状的紧迫性，增强留守儿童教育的使命感和责任感，唤醒社会、家庭、学校的责任意识，从而更深入地探索研究留守儿童教育的措施。

一、留守儿童的现状

留守儿童群体是伴随着我国经济发展，国家用工制度的变化以及社会转型而出现的，其存在具有较复杂的社会背景，也是社会转型期的客观存在。据全国妇联、中华家庭研究会在我国人口问题研讨会上透露：我国留守儿童呈继续增长的趋势。在一些农村劳动力输出大省，留守儿童占当地儿童总数的比例已高达18%至22%。这么多的留守儿童的生活、学习、心理与行为表现已经成为政府机构、社会团体的关注重点，诸多以省、市、县、乡甚至学校为统计单位的关于留守儿童的问卷调查结果给我们以有益的启示。我们汇总各区域调查数据，并结合个案分析，期望能找到解决留守儿童教育问题的方法。

（一）留守儿童的数据统计

2008年2月27日，全国妇联首次发布关于家庭教育和农村留守儿童的专业的、系统的调研报告——《全国未成年人家庭教育状况抽样调查报告》和《全国农村留守儿童状况

研究报告》，这是两份比较权威的资料。调查报告共涉及全国 10 个省市，有效问卷 11 529
份。调查显示，全国农村留守儿童已达 5 800 万人，占全部农村儿童的 28.29%，即每 4
个农村儿童里，就有一个以上留守儿童。其中 14 周岁以下的农村留守儿童约 4 000 万人。
留守儿童分布相对集中，多数在中南部省份，其中四川、安徽、河南、广东、湖南、江西
6 省的留守儿童数量占全国留守儿童总量的半数以上。超过半数留守儿童双亲外出，农村
留守儿童中，不能和家长中的任何一方在一起生活的达 52.86%，其只能和祖辈或其他监
护人生活在一起。30% 的家长每年回家一次，打电话成为留守儿童和家长联系的主要方
式。报告指出，由于长期分离，留守儿童在遇到问题时缺少家长的关怀，容易影响其心理
健康。近 20% 的务工家长在留守儿童 1 岁前就外出，其中，30% 的家长在留守儿童出生
1～3 个月就外出务工。有相当数量的农村留守婴儿由于母亲外出得不到足够的母乳喂养，
影响了正常的生长发育。

从以上统计状况可以看到，留守儿童数量多，临时监护人文盲多，家长外出后与留守
儿童长时间未见面情况多，相当多的留守儿童渴望得到家长的关爱与心灵交流。现实需求
得不到满足的留守儿童常常感到受歧视、孤独无助、悲观寂寞，甚至做事没有信心。这就
给一线学校及教育工作者提出了严峻的考验，解决留守儿童的教育问题已经到了刻不容缓
的地步！

（二）留守儿童的主要问题

在调查研究中，我们发现留守儿童在生存、安全、心理、情感、道德乃至行为等方面
都表现出不同程度的问题，有媒体甚至称其为"世纪之痛"。留守儿童在入学之前往往缺
乏良好的早期教育，绝大数没有享受过正规的幼儿教育，没有受到更多、更好的家庭教育
和行为引导。而入学后又因为家庭教育的欠缺，学校教育的针对性不足，以及社会关注度
不够，前景同样令人担忧。从留守儿童的自身状况和外部因素来看，以下两方面的问题尤
为突出：

1. 留守儿童的生存现状

与非留守儿童相比，留守儿童的生存现状日益恶化。亲情的缺位、物质条件的缺乏、
生命安全的威胁等现实问题都为留守儿童的成长埋下众多隐患。

（1）生活缺少照顾。在生长发育阶段，儿童的养育、保护显得更为重要。与非留守儿
童相比，由于缺少家长照顾，留守儿童容易在营养状况、身体健康等方面受到影响。主要
体现在三个方面：一是不能科学喂养。一些留守儿童因为母亲外出得不到母乳喂养，祖辈
又受经济条件所限，只能购买低价劣质的奶粉喂养，使得留守婴儿的健康成长受到影响。
二是缺少营养饮食。有些留守儿童家庭生活艰难，有的甚至连温饱都保证不了，有些寄宿
在学校的留守儿童常用方便面和零食代替主食，饮食营养根本得不到保障。三是缺乏照
顾。由于缺少家长的照顾，留守儿童的生活起居往往没有规律、没有保障，有的甚至还要
做繁重的农活。

【聚焦现实】

现代"放牛娃"

9 岁的留守儿童徐某和远房亲戚住在一起。徐某放学后唯一的一件事情就是放牛，在
田埂上、山上留下了她的身影。

11 岁的留守儿童朱某和奶奶住在一起。朱某的奶奶体弱多病，遇到奶奶身体不好时，朱某不仅要照顾好奶奶，还要肩负起家中的一切家务劳动，根本没有时间去学习。她的学习成绩一落再落，迟到、请假是常事，现已走到了辍学的边缘。

【简评】

家长务工对留守儿童的生活造成很大的影响，最主要的问题就是留守儿童的生活上很难得到照顾。像案例中出现的"逆向"照顾现象，幼小的留守儿童反而还要照顾年老体弱的长辈，承担着超出其能力的繁重劳动，这样的现象可谓屡见不鲜。

（2）安全缺乏防护。由于家长或其他监护人缺乏防范意识，留守儿童容易受到意外伤害，甚至成为不法分子侵害的对象。目前，留守儿童在安全方面存在三大隐患：一是家长或其他监护责任落实不好，留守儿童非正常死亡时有发生，其受到烧伤、烫伤、交通事故、电力事故、溺水等意外伤害的几率远远比非留守儿童高；二是留守儿童因缺少家庭和学校的有效监护而容易遭受各种人身侵害；三是留守女童被人猥亵与强奸案件、意外怀孕案件、农村寄宿留守女童被骗出学校遭人轮奸、被强迫卖淫的事件经常发生。根据公安部门有关调查显示，在被拐卖的儿童当中，流动儿童占第一位，留守儿童占第二位。

【聚焦现实】

一宗灭绝人寰的奸淫少女案！

学校开学后的第二个周末，当小梅和小宝在镇一中门前流连时，被当地派出所的公安带走了。她们是一宗触目惊心的奸淫少女案中的受害者和同犯。

2005 年 9 月，秦姓家长发现 13 岁的女儿忽然穿回来一套新衣服。家里经济并不宽裕，女儿哪来的钱买衣服？家长还在孩子身上发现了钱，这引起了全家人的怀疑。追问之下，女儿说买衣服的钱是南阳市的一个男人给的，交换条件是与该男子发生性关系。女儿又告诉家长，同村的一个女同学在她之前也被该男子"买处"。秦姓家长随即找到了那名女生的家长，这名女生述说了自己在南阳一家宾馆被该男子奸污的经过。原来作案人员是河南南阳市中年男子邓某。他从 2004 年的秋天开始"买处"，涉嫌奸淫幼女 17 名 20 次以上，其中包括 12 名 14 岁以下的幼女，而且"买处"案中的受害者大多是家长外出务工的在校初中生。

【简评】

17 名懵懂无知的小女孩，身心受到严重伤害！事件背后是由于家长出外务工，留守儿童缺少有效的安全监控与家庭教育指导。对案发的家长来说，这是一个难以解决的矛盾。他们缺乏家教理论和安全技能的传授，对留守儿童的伦理教育几乎是一片空白。处在青春萌动时期的留守儿童很难抵抗金钱的诱惑，犯罪分子正是利用这一点，在一年内得心应手，频频得手。虽然当地司法机关迅速破案，避免了更多的女童遭受侵害，但是恶行一时被制止了，隐患依然长期存在。实现留守儿童的健康成长，将是我国和谐社会建设中一个无法回避的问题。

（3）心理缺乏疏导。由于家长长期在外，许多留守儿童缺少倾诉和寻求帮助的对象。调查中，我们发现，绝大多数留守儿童最大的心愿是想和家长在一起。而当其家长回乡探亲时，留守儿童往往表现出与家长不同程度的隔膜和陌生感，出现性格上的缺陷和心理上的障碍，具体表现为内向、孤僻、缺乏自信、不善与人交流；情绪不稳定、易冲动、具有较强的逆反心理、自律能力差；受一起生活的老年人影响，留守儿童往往有固执、偏激、缺乏活力、心理老化等问题，身心健康令人堪忧。

（4）行为缺乏引导。多数留守儿童纪律观念差，自由散漫，在家里不听祖辈教导。教师对于留守儿童的教育也是"心有余而力不足"，甚至有些教师把留守儿童视为难以管教的问题少年，对其教育缺乏必要的耐心与智慧。而留守儿童由于得不到应有的教育和重视，容易产生我行我素的自卑心态，导致其学习与行为方面的自暴自弃。各种调查数据显示，留守儿童违法违纪的比例明显高于非留守儿童。

【聚焦现实】
迷途的"羔羊"
一些孩子并不懂得什么是犯罪，就犯下了让人无法原谅的罪恶。

案例1：一个15岁的留守儿童，因为没钱上网，用一把菜刀砍死一位老人，从她身上翻出300元，并从死者的冰箱里拿出吃的东西，然后又走进了网吧。

案例2：浙江苍南县三年前曾破获一个号称"七匹狼"的犯罪团伙，7名成员中有6名留守儿童，最大的才16岁，涉案300余起，包括收保护费、绑架、抢劫、强奸、盗窃、故意伤害等违法活动，其犯罪事实引起了社会各界的恐慌，也让人们警醒。

【简评】
有位学者曾用沉痛的笔调形容违法犯罪的留守儿童"就像脆弱的星星一样迷失深陷在黑夜里"。由于家长或是其他监护人法律意识淡薄，他们对留守儿童的精神和道德关注不够，使得留守儿童的一些错误行为不能及时得到指点和纠正，迟到、旷课、逃学、说谎、打架、欺负同学等行为也就在所难免，甚至有的留守儿童迷恋网吧和游戏厅，与社会上一些有不良习气的人混在一起，给社会带来诸多的不稳定因素。

2. 留守儿童的受教育现状
留守儿童的生存现状令人堪忧，其受教育状况更是问题严重，这主要表现在以下四个方面：

（1）家庭监护不力。留守儿童的家庭监护普遍存在着"重养轻教"的问题。据统计，80%以上的留守儿童是由祖辈隔代监护和亲友上代监护，年事已高、文化素质较低的祖辈监护人基本没有能力辅导和监督其学习。

（2）教育资源不足。虽然国家提出了教育资源均衡发展，但我国城乡二元结构的长期存在和国家政策上的倾斜，导致城市和乡村的发展极度不平衡，教育上也是如此。国家在教育投资上明显倾向于城市教育，农村学校在师资水平、软硬件设施上都难以与城市学校相比。尽管历经几次"普九"建设，自2001年又开始实施"以县为主"的农村教育管理体制，我国农村教育的发展与改革取得了巨大成就，初步实现了从"农村教育农民办"到"农村教育政府办"的根本性变革，但是这种单方面的改革依然难以解决农村义务教育投入总量的不足和结构失衡的难题。特别是农村"费改税"之后，取消了教育附加费，致使农村基础教育资金更是大大减少。在很多地区，学校房屋失修、教学设施简陋、合格师资紧缺的现象依然大量存在。特别是近年来受"教育产业化"思潮影响，农村优秀师资大量向城镇流动，农村学校教学质量进一步下降。

针对留守儿童的需求，学校与教师难以提供特殊的有效教育和关爱。而且，留守儿童所上的学校办学条件差、师资力量不足、教学理念相对滞后，学校与家庭之间缺乏沟通，这都导致留守儿童得不到更悉心的教育和关怀。再者，留守儿童大多在学校表现不积极，性格孤僻成绩较差，很难得到教师和同学的帮助，一个本来更需要特殊关怀的群体却慢慢成为学校和教师放逐的对象。

（3）学习缺少督导。由于家长外出务工，家务劳动及农活都落在了留守在家的老人或母亲（父亲）身上，甚至留守儿童也要忙于农活，其受教育权得不到有效的保护。有的家长甚至认为远赴他乡务工也是一条不错的致富道路，辛辛苦苦读书到头来还是要务工，还不如早务工早赚钱。这种"读书无用论"又导致了留守儿童学习观念淡薄，学习目的不明确，学习成绩因此有些下降。

临时监护人对留守儿童学习督促帮助不够、方法不当，也容易使其产生厌学、弃学现象。从调查情况看，留守儿童在学习上缺乏有效的督促和辅导的情况普遍存在，其学习成绩多数处于中游，或是呈现两极化的趋势，成绩优秀的较少。

（4）辍学率较高。家庭和学校监护不力，导致相当数量的留守儿童产生厌学、逃学、辍学现象。有资料显示，留守儿童在小学阶段的入学率相对高一些，初中阶段则呈明显下降趋势。中国人民大学人口与发展研究中心的研究显示，进入初中后，留守儿童在校率大幅度下降，14周岁留守儿童的在校率仅为88%。随着年级的升高，辍学率明显呈上升趋势，更可怕的是，在走访中竟有监护人说出"不可能也没能力让孩子上高中"的话语。

【聚焦现实】

"我讨厌学习"

长丰县杜集乡东黄小学名叫王陶（化名）的留守儿童，刚入学时，成绩和表现都很优秀。家长外出务工后，他跟祖辈一起生活。不到一年，他不仅成绩直线下降，而且成了班里的"淘气王"，他扬言："我讨厌学习。"爷爷奶奶虽然很着急，却无可奈何。

肥西县刘高镇在东莞务工7年的农民李生德，今年春节经济宽裕了，可心情变坏了。原因是他上高一的大儿子成绩下降，上初二的小儿子，成绩不见长，脾气却见长了。

【简评】

由于祖辈与其他监护人对留守儿童的教育意识薄弱，其对留守儿童的学习辅导与监督也就难以到位。另外，一些祖辈监护人存在溺爱现象，甚至会帮留守儿童向教师撒谎请假，这就导致了留守儿童学习目标不明确，学习态度不端正，学习成绩和学习自觉性普遍较差，道德观和守纪意识薄弱。

（三）留守儿童不等于问题儿童

在目前的留守儿童问题的研究中，有些专家学者或是一线教师错误地将"留守儿童"与"问题儿童"画上了等号。实际上，很多教育问题不仅仅存在于留守儿童中，也出现在非留守儿童中。正如华中师范大学教育学院雷万鹏教授所说："相对非留守儿童而言，农村留守儿童是一个弱势群体。由于家长不在身边，他们每天遇到的困难得不到解决。在儿童成长过程中，亲情缺失本身就是对儿童正常情感需求的剥夺和伤害。""但是，留守儿童并不等于是'问题群体'或者'问题儿童'。留守儿童需要社会关注、关爱、支持和干预，但这种关爱和干预不能脱离儿童成长的自然环境，既不能低估留守儿童发展中面临的困难，也不要过分地夸大留守儿童问题的严重性，给留守儿童贴上错误的标签"。在我们看来，每位留守儿童都是可以教育的，每位留守儿童都应该享受到优质的教育服务。

【聚焦现实】

曾经的留守儿童，今天的公益大使

贾金生，广西师范大学04级生物科学专业，广西省苗族自治县安太乡元宝村人，"为家乡培养人才"基金会发起人。

他出生在海拔2 000多米的元宝山深处，自小他的家长就和村里大多数人一样，靠外出务工养家糊口。贾金生与妹妹一道成了"留守儿童"。13岁时，天降大难，家长被山洪冲走，"留守儿童"连"守"的对象都没有了，彻底成了孤儿。几乎没有享受过家长温情的贾金生并没有气馁，靠叔叔的资助顺利考入广西师范大学。

2005年暑假，贾金生偶然发现，大学公寓里的生活垃圾到处都是，其中有不少可以回收。当天下午，他捡了一堆矿泉水瓶、易拉罐等送到废品收购站，居然卖了39元钱。这笔"不小"的收入，使贾金生备受鼓舞。开学后，他立即递交申请，成立专门负责校园垃圾回收的环保服务队，所得资金用以开展各种活动，提供各种勤工助学岗位。

这位留守儿童的自强足迹到此并没有停止。在对家乡情况认真调查后，贾金生设立了"为家乡培养人才"奖学金，募集资金和图书，在家乡设立"留守儿童图书室"，帮助从没拥有过一本课外书的家乡留守儿童读上了各种各样的图书。

【简评】

其实，不论所做事情大小，不论身份高低，能力如何，能够为留守儿童做些公益事情，都是难能可贵的，更是全社会每一个有责任感的人应该做的。目前，生活中许许多多像贾金生这样的留守儿童，正在用自己的坚强和拼搏谱写着一曲曲自强不息的人生乐章。贾金生的事迹告诉我们，留守儿童得到了关爱，也能健康茁壮地成长，也能反哺社会。

二、留守儿童健康成长是学校与家庭的共同责任

留守儿童的健康成长不仅是一个留守家庭的问题，也不仅是某一个区域的问题，而应该是社会共同关注的问题，学校与家庭要共同担负留守儿童的教育责任。这是当今学校教育和家庭教育的一项现实性课题。

（一）留守儿童健康成长是自身发展的需要

教育的最终目的是促进人的全面和谐发展，实现人整体素质的提高。童年是人一生发展的关键时期，童年期的健康成长是人自身发展的需要。而科学有效的童年期教育是保证儿童健康成长的必需。每个留守儿童的内心深处，都有着进取向上的意愿，都有着身心和谐发展的自然追求，都渴望得到适合自己的最大程度的发展与成长。作为教育工作者，我们要小心翼翼地走进留守儿童的内心世界，尽可能消除留守儿童生活上、心理上的各种困难与障碍，为满足其发展需要创造条件，使其幸福生活，快乐学习。

（二）留守儿童健康成长对家庭未来的现实意义

家庭是儿童生活的摇篮，儿童是每个家庭的未来和希望。家庭是社会的最小单元的细胞，每个家庭和谐稳定才能真正促成全社会的和谐稳定。留守儿童的家长外出务工的主要目的就是获取劳动收入，改善留守儿童的物质生活。留守儿童的健康成长是他们最大的心愿，也是他们的幸福之源。如果留守儿童因为留守而出现诸多的问题，就会成为留守儿童

家长最大的"心痛"。如果留守儿童能得到相对良好的生活照料和教育服务，就能解决家长的后顾之忧，使他们更安心地在异地工作，这在某种程度上说，可以为社会的和谐发展消除不稳定因素。为此，学校、社会、家庭要担负起教育之责，形成教育合力。

（三）留守儿童健康成长对学校发展的重要作用

学校与家庭在留守儿童的健康成长过程中占有重要地位，两种教育特点迥异，决定了两者分工不同，但其在留守儿童的心灵成长过程中所起的作用却殊途同归。家庭教育缺位会使留守儿童感到得不到亲情的温暖，学校教育不够会使留守儿童失去成长的希望和自信。这两方面需要共同承担教育责任。

随着寄宿留守儿童的增多，如果留守儿童的教育不到位，势必影响到非留守儿童的成长和学校的整体工作。所以，学校有必要强化留守儿童的针对性教育，加强对留守儿童的心理辅导，通过开展丰富多彩的课外活动，增加留守儿童与教师、同学的情感沟通，引导其树立正确的人生观、价值观，实现留守儿童健康成长与学校教育教学发展的和谐统一。从这一角度来看，留守儿童的健康成长有利于学校提升办学水平，有利于教师提升教育智慧，有利于实现教育资源的有机整合与平等共享。

三、留守儿童健康成长是国家未来发展与建设的必需

改革开放给中国带来了巨变，并悄然改变了留守儿童的生活。这一代人在没有父母陪伴的情况下长大，与城市家庭中被宠坏的"小皇帝"们形成鲜明对比的是，这些留守儿童已成为中国经济发展的孤儿，是被为了寻求更好的生活而被迫作出艰难决定的父母所"抛弃"的儿童。儿童是祖国的花朵，是社会的未来。诸多留守儿童的家长外出务工虽为国家的现代化建设做出了很大的贡献，但无法尽到抚养教育子女的责任。从这一角度来看，关注留守儿童的成长不仅是学校和家长的责任，同时也是各级政府和全社会的责任。近年来，各级政府领导关爱留守儿童的相关报道比较多见，例如 2004 年六一儿童节期间，国务院总理温家宝请了两个在北京务工的河南籍留守儿童到中南海过儿童节，还同他们合影留念。2007 年，温家宝总理在陕西考察期间，专门到农村看望因家长外出务工而和爷爷奶奶生活在一起的留守儿童，向其致以节日的问候和祝福。温总理指示："各级党委政府、有关部门、农村基层组织、学校和全社会都要关心这些孩子的生活、学习、医疗、安全等问题，并建立相应的管理和保障制度，使他们健康成长，也使外出务工人员无后顾之忧。"可见，留守儿童的健康成长是关系到国家未来发展、构建和谐社会的一件大事。

（一）留守儿童健康成长关系到新农村的建设发展

建设社会主义新农村，归根到底，需要千千万万有理想、有道德、有文化、有朝气的新一代农民。农村儿童的未来正是中国新农村的未来。只有让广大农村留守儿童健康地成长，我们才能解决农村家庭最关注的问题。家庭和谐了，农村社会也就幸福安康了，社会主义新农村建设、小康社会的建设目标才能实现。留守儿童的健康成长能有效提高外出务工人员的积极性，有利于建设安定、和谐的新农村，对社会主义和谐社会建设将具有深远的意义。

（二）留守儿童健康成长关系到社会的和谐稳定

由于留守儿童与父母的长期分离造成家庭教育的弱化、情感缺失和心理失衡，导致留守儿童不能健康成长，轻者逃学、打架，重者违纪犯法，给社会造成不良影响。面对留守儿童

15

教育问题的严重性，一些专家发出警示：留守儿童中的一些人很有可能会成为"被毁掉的一代"，成为国家新的不稳定因素。另一方面，在缺乏良好监护的情况下，留守儿童也容易成为犯罪分子侵害的目标。这都直接影响到社会安定，给社会治安带来极大的隐患。只有解决留守儿童的教育问题，才能从根本上消除社会的不安定因素。

（三）留守儿童健康成长关系到国家未来的发展

儿童是祖国的希望，留守儿童同样是祖国的未来，也是未来社会的构成部分。留守儿童的健康地成长不仅可以消除未来社会的潜在忧患，还有可能成为维护社会安定、和谐的强大力量。国家的建设，经济的发展，依靠未来人口的知识水平和技能，留守儿童将来也会成为父亲母亲，他们将来如何教育自己的子女取决于其今天所接受的教育和关爱，因此留守儿童的健康成长关乎国家未来的发展与建设。

留守儿童的出现是一个社会现象。为留守儿童创设一个相对良好的成长环境，使其健康成长，对留守儿童个人、家庭、学校乃至社会都是功在当代、利在千秋的头等大事。对留守儿童的教育，应引起各方重视，调动社会各界力量，共同关心与爱护留守儿童。

第三节　留守儿童教育的"三位一体"教育趋势

教育是个系统工程，仅仅依靠家庭教育、学校教育或是社会教育中的任何一支力量都是远远不够的。任何单方面的教育力量，都培养不出社会发展所需要的人才。留守儿童作为一个弱势群体，其教育需要家庭、学校、社会的协同作战，需要"三位一体"的教育模式来引领，这是教育发展的价值取向和必然趋势。

本节将结合各地的具体做法和经验，概述留守儿童教育"一体化"的内涵及做法，帮助读者全面了解留守儿童教育的发展。

一、留守儿童教育的三大支柱

留守儿童作为具有独立意义的个体，不是孤立存在的，而是依存于纷繁复杂的家庭生活、学校生活和社会生活之中的。所以，家庭教育、学校教育、社会教育是留守儿童教育赖以存在的三大支柱。

（一）留守儿童的家庭教育

家庭作为社会生活的基本单位，是儿童接受教育的第一场所。在家庭中可以学习基本的生活技能、文化知识，初步认识社会的文化规范和价值标准；可以体验到亲人的关爱和家庭的温暖。儿童对于社会的认识，离不开家庭教育潜移默化的影响。可见，家庭教育是教育系统工程的重要组成部分，是摇篮教育的支柱。

良好的家庭教育对儿童健康成长具有至关重要的积极作用，反之亦然。留守儿童由于家长一方或双方外出务工，家庭教育中家长对儿童指导作用、榜样作用，以及情感交流缺失，这必然对其成长产生负面影响。

作为留守儿童的监护人，家长应扮演好"第一任教师"的角色，不断强化自身的修养，给留守儿童树立良好的榜样，让留守儿童感受到家庭的温暖，感受到亲情所蕴含的激励鞭策的精神力量。同时，家长还应经常与学校保持联系，了解留守儿童在校学习情况，使家庭教育和学校教育有机结合，达到教育的目的。我们决不能因为留守儿童家长的"不在场"，而忽略了家庭教育在其成长中的重要作用。

（二）留守儿童的学校教育

学校作为专门的教育机构，有专业的教育工作者，在教育理论、教学经验等方面存在明显的优势，这就决定了学校教育的专业性和主导性。在留守儿童教育中，学校教育的作用逐渐超过了家庭教育的作用，成为最重要的教育环境因素之一，成为留守儿童教育的主体。学校教育是专业教育的支柱。留守儿童在学校中不仅可以巩固在家庭中学到的初步知识技能，还能更系统地学习新知识，养成良好的学习生活方式和习惯；可以通过与教师、同学的交往，在群体生活中约束自身行为，初步学会与人交往。

留守儿童的学校教育，看似不存在明显的障碍，其实不然。由于留守儿童家庭教育的缺失，无疑对学校教育提出了更高的要求。学校教育既要传道授业解惑，又要关注留守儿童的心理、情感、思想道德、行为等健康发展。留守儿童所在的地区经济落后，学校教育也相对滞后，教学水平不高、教学设施匮乏、教师队伍人才奇缺，这是留守儿童学校教育普遍存在的问题。而部分学校教育中缺少专门针对留守儿童的措施和特别关爱，更是令人担忧。

本书正是从学校教育角度，提出相应的教育教学策略。但需要指出的是，学校教育在留守儿童教育中占主体地位，但绝不是全部。脱离了家庭教育和社会教育的学校教育，是苍白的，是无力的。

（三）留守儿童的社会教育

社会是个大的教育环境。社会教育对家庭教育、学校教育具有强大的影响力。留守儿童生活在社会大环境之中，社会中积极的教育资源有利于留守儿童开扩眼界，学习到在学校中、课本上没有的新鲜事物；同样，社会中消极的教育资源也会给留守儿童的成长带来不良影响。由于缺乏理性的分析、判断和选择，一些留守儿童盲目、无秩序地学习吸纳社会中的各种负性资源，缺少家庭对其日常活动的约束和正确引导，社会中一些不健康的因素在留守儿童的健康成长过程中产生了不利的影响，致使其误入歧途。

学校教育作为留守儿童教育的主力，在其成长的过程中起着主导作用，但家庭和社会同样作为影响留守儿童发展的重要力量，也是不可或缺的，三者相得益彰。可见，学校、家庭和社会是影响留守儿童成长的三大支柱。

二、留守儿童教育的"一体化"构建

美国著名教育家杜威曾提出了"教育即生活"的重要教育思想。它强调教育离不开生活，教育是为了生活而存在的。陶行知先生也指出，教育要通过生活才能发出力量，成为真正的教育。学校教育、家庭教育和社会教育作为留守儿童教育的三大支柱，是相辅相成、缺一不可的。只有三位一体的系统化教育，才能构建出同向、同步、全员、系统的大教育模式，让留守儿童的教育更加全面，更加完善。

（一）构建留守儿童教育"一体化"的内涵

"一体化"（integration）又称为种群一体化和群落一体化，也称综合化，是指多个原来相互独立的主权实体通过某种方式逐步结合成为一个单一实体的过程。"一体化"的性质就是进化论者们所说的通过部分的结合所出现的全部新的性质（emergent whole）。

构建留守儿童教育的"一体化"，是指家庭教育、学校教育和社会教育有机结合，三位一体，相辅相成，探索出有利于留守儿童健康成长的大教育环境和教学模式，提高学校和家长、监护人之间的沟通有效性，及时了解留守儿童的情况，发现问题及时引导，共同教育，最终形成教育合力。

构建留守儿童教育"一体化"，就是要积极开发教育资源，形成全社会齐抓共管的大教育环境。三方共同努力，有利于相互协调、教育资源互补，全方位实施留守儿童的教育。

构建留守儿童教育"一体化"是教育发展的必然趋势，对社会的经济、文化发展能起到积极的促进作用，有利于从根本上解决留守儿童的教育、成长问题。

（二）构建留守儿童教育"一体化"的做法

留守儿童是新生的弱势群体，已经引起各级政府、各界人士的广泛关注和重视。各地政府、社会团体采取了各种措施来解决留守儿童的问题。其中，构建留守儿童教育"一体化"是最为广泛的一种做法。

1. 强化家庭责任，更新监护理念

提高监护人的素质，建立科学的家庭教育观念，是留守儿童教育的当务之急。要做到这一点，仅靠家庭自身是无法解决的。目前，针对家庭教育中存在的对留守儿童关注不够、过分溺爱、盲目满足要求等问题，各地采取了相应的补救措施，以强化家庭教育在留守儿童教育"一体化"中的功能。

（1）建立家长学校。许多地方以村委、社区居委会为依托，搭建平台，与留守儿童监护人进行面对面的交流，宣传科学的监护方法；定期、不定期地举办家庭教育知识系列讲座，对留守儿童监护人开展科学育儿、科学监护教育。

（2）加强经验交流。许多中小学通过召开家长座谈会，为家长和教师创设交流的平台，及时征求留守儿童家长对学校或教师的意见；举行家庭教育经验交流会，让家长介绍教育子女的先进经验，给家长们提供相互交流学习的机会，倡导科学的教子观、儿童观、人才观、亲子观和评价观。

（3）建立家校联系制度。由学校牵头，通过家校联系卡、联系信、电脑网络、电话联系以及"校讯通"、"家校通"等方式，及时将留守儿童在校情况反映给家长或其他监护人，同时学校进一步了解留守儿童在家庭中的情况。

【聚焦现实】

加强留守儿童家庭教育具体措施例举

重庆市全面推行"全国暨重庆市农村留守儿童示范家长学校"——南川市鸣玉中学的"代理家长制"。即在自愿原则下，倡议和发动机关事业单位干部职工、村社干部、有帮扶能力的共产党员和社会各界爱心人士做留守儿童的代理家长。代理家长制模式的优势在于帮助留守儿童提高学习成绩、促进个性发展和提高社交技能。

福建省泉州市通过家长学校建设，向留守儿童爷爷奶奶等监护人传授科学的教育方法。

莆田市学校写了给留守儿童家长的公开信，在信中介绍学校开展关爱留守儿童活动情况，要求家长与留守儿童经常联系、沟通，帮助其健康成长。

辽宁省葫芦岛市龙岗区岭东社区多次从学校聘请优秀教师为家长们讲授先进的教育理

念，讲学校的教育教学工作。

安徽省石台县妇联向社会公开招募一批有爱心、有责任感、有一定家庭教育经验的女性作为留守儿童的"代理妈妈"，加强留守儿童的家庭教育，帮助其解决困难，唤起全社会对他们的关注、关心、关爱。

重庆市南川县部分小学设立"留守儿童之家"，由教职工担任代理家长，由"家务委员会"负责管理，委员会设立"大家庭"和"小家庭"，"小家庭"由留守儿童所在学段留守儿童组成。"大家庭"按家务性质划分管理线，设总代理家长管理下的住宿、生活、学习、活动、物质等分项代理家长，分项代理家长组织人员对留守儿童需要代理的相应事物进行管理和研究。"小家庭"以学段划分管理线，由总代理家长管理学段代理家长，再由学段代理家长组织人员代理留守儿童各方面的事务。"大家庭"和"小家庭"分工合作，保证留守儿童"能住、住好""吃饱、吃好""能学、学好"；并负责管理留守儿童走亲访友、待人接物、调节心理、避暑防寒、购买物品等。留守儿童之家实行"家校一体化"管理，使留守儿童在学校找到家庭的良好感觉。留守儿童之家的优势在于给留守儿童营造了因父母外出打工而缺失的家庭温暖，让他们感到"家庭成员"般的关爱和快乐，有利于其人格的健全发展。

【简评】

随着城市化进程的推进，社会教育社区化是发展的趋势，成立社区家长学校是社区教育的重要任务之一，也是充分发挥社区教育阵地作用，有效加强家庭教育的有效途径。社会、学校和家庭教育互为桥梁，实现三边互动，构建留守儿童教育"一体化"，教育的三大支柱也不再是单一的个体，相互渗透，相互补充。以上举措使学校教育摆脱了孤身奋战的局面，增强教育合力，有利于留守儿童的健康成长。

2. 发挥学校作用，提高教育成效

学校是留守儿童接受教育的主要阵地，为了提高学校教育的有效性，以下几点亟待解决：

（1）加大投资力度，改善办学条件。针对经济落后地区、农村地区中小学教育资源匮乏的现状，各地采取了积极有效的补救措施。适当增加办学经费，改善办学条件；实行人才流动鼓励政策，支教下乡，提高教师的工资和福利等。这是加强留守儿童学校教育的重要保证。

（2）转变教育观念，树立科学思想。近年来迫于升学压力，学校教育中重智育轻德育、重课堂教学轻道德教育的现象依然存在。新课改提出了"以人为本"的育人观，已得到广大教师的认同。在留守儿童的学校教育中，教育者同样要坚持以留守儿童为本，树立时时处处为留守儿童着想的教育思想，帮助留守儿童确立人生目标，做其成长的领航者、关心者、促进者。

（3）营造育人环境，感受集体温暖。现在各校都在加强校园文化建设，创造优雅舒适的校园环境、民主和谐的文化氛围，丰富多彩的文体活动、关爱行动，这些都给予留守儿童情感抚慰，使其耳濡目染，体会到成功的快乐。学校还可以将留守儿童成立一个团队，采取"谈心交流、开展活动、结对子"等形式鼓励、肯定其成长表现，增强留守儿童的自信心，养成活泼开朗、积极向上的个性。

（4）强化学校管理，发挥主体作用。各地区针对在校生留守儿童数量，成立留守儿童教育管理工作领导小组，制定工作方案和细则，确定留守儿童帮扶对象，明确工作责任；

建立健全留守儿童成长记录袋，有的放矢地对留守儿童进行教育。针对留守儿童问题，各地区学校还应积极建立寄宿制学校，给留守儿童以特殊关照，提供良好的宿舍和食堂，分配生活辅导教师，帮助他们解决生活、学习上的困难。

3. 强化政府职能，社会齐抓共管

《中共中央国务院关于进一步加强和改进未成年人思想道德建设的若干意见》中指出，加强和改进未成年人思想道德建设，是全党全社会的共同任务。其中重视和发展家庭教育；广泛深入开展未成年人道德实践活动；加强以爱国主义教育基地为重点的未成年人活动场所建设、使用和管理；积极营造有利于未成年人思想道德建设的社会氛围；净化未成年人的成长环境；切实加强对未成年人思想道德建设工作的领导等都被纳入各级政府的重要议事日程。留守儿童作为未成年人中庞大的、弱势的群体，更需要政府参与、领导统一部署，通过有效的针对性政策、措施，促进"三位一体化"的大教育环境早日形成。

（1）加快户籍改革，逐步消除差距。上海已改"户籍制"为"居住地制度"，实施流动儿童的教育"以流入地政府管理为主、以全日制公办学校为主"的政策。只要是已经在同一个城市居住达到一定年限就给予农民工子女和城市子女同样的入学受教育机会。各地教育部门也加大了对接收流动儿童学校的督导，对学校的工作进行定期和不定期的检查。严厉查处入学多收费和乱收费的问题，从根本上杜绝城市学校对流动儿童歧视性待遇和收费，确保包括留守儿童在内的流动儿童教育政策的实施。

（2）加大扶持力度，改善生活环境。有些地区政府将农民工子女教育经费纳入地方财政预算，对在城市内设立的农民工子女学校的办学条件予以补贴，提供基本的场地，适当的建校拨款与师资支持等，解决了城市学校不接收留守儿童入学的问题。

（3）建立社区教育，完善监护体系。由部分地区村委会联合妇联、工会、学校和派出所，充分利用机关富余人员、中小学退休教师以及青年志愿者，共同构建农村中小学留守儿童健康发展的教育和监护体系。聘请退休教师、待岗大中专毕业生、老红军等做留守儿童的家庭助教，重视对家长和其他监护人的指导培训，加大家庭教育指导内容，努力营造关爱留守儿童的良好的社会氛围。

（4）加强社会治安，整治周边环境。很多留守儿童因为缺乏管教，加上生活费由自己支配，致使其频繁光顾甚至痴迷于网吧、游戏厅等娱乐场所。地方政府要加大治理力度，加强地方治安力度，净化留守儿童的生活环境。

（5）重视舆论导向，开展关爱行动。关注、关爱留守儿童是每个公民、整个社会都应重视的一件大事。各种宣传媒体要正确把握舆论导向，从一切为了儿童的发展出发，创造富有营养的精神食粮，让社会各界充分认识到关心留守儿童的健康成长就是关心一个国家、一个民族未来的发展，形成全社会都来关心留守儿童健康成长的良好氛围。

【聚焦现实】

社会关注留守儿童教育例举

四川省青神县于2005年被省政府妇儿工委确定为农村留守儿童教育保护试点县，2006年争取到世界银行中国发展市场（亚洲开发银行）对农村留守儿童教育保护项目3万美元赠款项目。自项目实施以来，青神县探索出具有地方特点的"农村留守儿童青神模式"，构建起"家庭、学校、社会、儿童"共同参与的"四位一体"的农村留守儿童教育

保护网络，其"明确一个实施主体，落实一个牵头单位，抓住一条责任主线，围绕一个工作中心，搞好一个教育结合，构建一张关护网络"的"六个一"工作模式引起了政府和媒体的高度关注。2007年下半年，为了进一步推广项目的经验，他们争取到5万美元的技术援助款，开展以完善青神项目模式，推广项目经验及建立解决农村留守儿童问题的政府政策，更好地影响全省其他地区的留守儿童教育保护工作。

2007年，福建省福州市晋安区已有8所农民工子弟学校，在校生达6 000多人。厦门市政府划拨出教育费附加728万元，用于扶持各区已经被批准并经评估确认教育质量较好的民办中小学。湖里区投入了500多万元用于改善民办学校的办学条件。

同一年，由全国妇联、江西省人民政府和中央电视台主办的"'春暖2007'爱心总动员——关爱留守儿童晚会"是由司法部、教育部、卫生部、最高人民法院、共青团中央、中国儿童少年基金会等相关部门和公益机构参与的大型公益活动。晚会上顾秀莲为中国儿童少年基金会、中央电视台经济频道共同设立的"春暖留守儿童关爱基金"揭牌，众多爱心企业在晚会上为"春暖留守儿童关爱基金"慷慨解囊。

2009年9月四川省巴中市组织拍摄留守儿童专题片，推出关注农村留守儿童系列报道，展出部分留守儿童生存、生活状况资料，推动社会各界关爱留守儿童。向社会各界发出关爱农村留守儿童的倡议，号召爱心人士捐款捐物、争当"代理家长"和辅导员，开通"亲情电话"，书写"亲子书信"，开展"1＋1"结对帮扶活动，招募关爱留守儿童志愿者……

【简评】

21

强化政府职能，动员全社会力量，才能确保留守儿童学业有教、亲情有护、安全有保。关心留守儿童是家庭、学校和社会义不容辞的责任。只有社会各界共同关注，多方位、多角度地采取相应措施，并建立起一套行之有效的机制，才能使留守儿童享受到正常、健全、完善的教育。

全国各地、社会各界的有力举措让我们看到了解决留守儿童教育问题的希望，但留守儿童的教育任重而道远，还需要在实践中不断摸索和完善。只有家庭、学校、社会密切配合，真正实现教育的"一体化"，留守儿童才能健康快乐地成长。

第二章　留守儿童的心理特征与教育对策

众所周知，完整的家庭结构和良好的家庭教育对儿童的心理发展和社会化进程起着极为重要的作用。然而，这种作用往往被一些家长或监护人甚至教师所忽视，导致一些留守儿童长期陷于情感缺失和心理失衡状态，其心理健康得不到良性发展，一些消极的心理特征逐渐显现，积淀为不同程度的心理问题，严重影响了留守儿童的健康成长。

本章中，我们将客观地分析留守儿童的心理特征及表现，并揭秘其心理问题的成因，有针对性提出留守儿童心理教育的若干对策，期待能够为一线教师教育留守儿童提供一些借鉴。

第一节　留守儿童的心理特征与不良表现

目前，大多数留守儿童独立性较强，经常在家做家务，自理能力较强，部分留守儿童则比较任性，有为所欲为的倾向；有的比较早熟，思考问题比较全面，且过早地思考一些对其年龄段而言过于沉重、过于成熟的人生问题，还有部分留守儿童则明显表现出自私自利、嫉妒心强、内心封闭、情感冷漠、自卑懦弱等心理特征与不良行为。一位校长曾说，"光凭外表就能看出谁是留守儿童，他们一般都比较闭塞、不活跃、跟人交流少、不乐观、不合群"。

那么，留守儿童具有怎样的心理特征？其不良表现背后折射了哪些问题？我们应如何看待留守儿童的不良心理和行为表现？本节将为您做出系统的分析。

一、留守儿童的心理特征

所谓心理特征，是指一个人或一类人在诸多因素影响下，在心理活动中形成的不同于别人的、典型的、稳定的特征。

随着留守儿童群体激增，人们对留守儿童的心理特征进行了许多调查研究，取得了一些成果，但也存在一定的认识偏差，将心理特征与行为表现甚至与诱发因素等相混淆，将留守儿童等同于问题儿童，给留守儿童贴上了错误的标签，加重了留守儿童本人及其家长的心理负担，甚至造成了教育对策上的偏差。正如华中师范大学教育学院雷万鹏教授所指出的：目前一些对留守儿童的调查研究和媒体报道存在误区，常常先入为主，用有色眼镜选择适合研究假设的素材，"把留守儿童妖魔化"，其实很多结论是片面的，实际上，有些问题不仅仅存在于留守儿童中，也出现在非留守儿童中。我们应根据心理特征的特点，找出留守儿童与非留守儿童的不同典型特征。

心理学家艾里克森在其所提出的人格发展八个阶段理论中谈到，人在心理成长的每个阶段都有其特定的任务，每个阶段都存在着特有的心理危机，危机不消除，将影响人的终生。而根据每阶段的发展任务完成效果，就会形成人格发展的两个极端：完成得好就会形成积极的品质，否则就会形成消极的品质。

在儿童成长的过程中，如果某个阶段的任务不能很好地完成，就会影响下一个阶段的心理发展，甚至心理发展迟滞，形成诸如看不到生活的希望、意志薄弱、没有生活目标、能力差、不诚实等品质。

留守儿童正处于学习成长的关键时期。在这一时期，亲子关系及同伴交往是他们健康人格形成的两大基本条件，而且，年龄越小的儿童，亲子关系对其成长的影响越重要。然而，对于留守儿童来说，由于长期与父母分离，失去了人格形成这一基本条件，同时，其同伴交往也会受到不同程度的影响。

由此可见，留守儿童的心理特征具有独特性、复杂性、稳定性、发展性等特点，积极特征与消极特征并存。作为教育工作者，全面系统地认识留守儿童的这些心理特征是非常必要的。

（一）独立性与依赖性并存

独立性是和依赖性相对立的一种心理特征，表现为做事有主见，不受或很少受别人和周围环境的影响，能为自己的行为负责。大部分留守儿童，都体现出较强的独立性。其父母不在身边，很多事情没法依赖父母，于是，较早地学会了自己照顾自己。与非留守儿童相比，留守儿童有较强的生活自理能力。

在观察中发现，有的留守儿童是隔代监护，因为祖父母岁数大，留守儿童非但得不到老人的照顾，还过早地挑起了生活的担子，做起了家务事。调查显示，81%的留守儿童经常在家做家务，而非留守儿童则有近90%不做或很少做家务。总体来说，留守儿童的生活自理能力要显著高于非留守儿童。

然而，也有一部分留守儿童受祖父母溺爱，加之父母心存愧疚而对其百依百顺，宠爱有加，导致留守儿童依赖性强，缺乏独立承担责任的胆量和能力，失去了对外界环境的正确判断。这在城市留守儿童中较常见。这种依赖性若长期存在下去，则会潜在地侵蚀留守儿童内心中的独立性，形成消极的心理特征。

（二）孤独寂寞与亲情缺失并存

孤独是指人的社会交往动机在合群行为得不到满足时所产生的内心体验，是一种封闭自我的心理和行为表现。留守儿童没有父母陪伴身边，体验不到父母的亲情，童年大多在孤独寂寞的状态下度过。网络上广为流传的一篇留守儿童作文《我不喜欢月亮》就是这种现状的真实写照，其中"我不喜欢看月亮，因为月亮每个月的十五都会圆，而我的家人却没有团圆。我是那么的希望父母能够和我一起吃团圆饭，一起看月亮。"可以说，留守儿童是一群"情感饥饿"的孩子。情感的缺失使他们极度渴望亲情，需求得不到满足让他们产生强烈的孤独感。

情感缺失造成了留守儿童的孤独心理，他们不喜欢与人交往，不喜欢参加一些集体活动，更不喜欢表现自己，他们用一层孤独的外衣，把自己包裹起来。这是留守儿童的一种自我防御心理，与此同时，他们却在极力地期待能够得到别人的关心和爱护。

留守儿童的孤独寂寞与亲情缺失如同一把无情剑，不仅刺伤了留守儿童本人，也刺痛了留守儿童的家长和教师，引起了社会的普遍关注。

【聚焦现实】

姐弟俩的心愿

6岁的小男孩李辉刚上一年级，父母都在外打工，与他相依为命的是姐姐李婷。李婷仅仅11岁。这是一对留守姐弟。好在他们的家庭生活状况相对较好，经济上没有过重的负担。可李辉和李婷这两个孩子的性格都很内向，很少与村里其他孩子往来，甚至姐弟俩还经常成为村中一些调皮孩子欺辱的对象。姐弟俩最大的心愿就是希望能和爸爸妈妈在一起，他们觉得自己需要保护、需要关爱、需要温暖！从空洞的眼神里，能够读出他们的期盼、胆怯，还有无尽的孤单。

【简评】

李辉和李婷两姐弟都属于情感饥渴型的儿童。他们缺的不是钱，而是父母亲的关爱，亲情的呵护。丰裕的物质生活不能弥补亲情缺失所带来的心灵伤害。没有父母情感的滋润，留守儿童的心灵就是空虚的，他们的眼睛就是无神的，他们的性情就是抑郁的，他们的生活就是寂寞的！而孤独寂寞可能引发的潜在危机却无法预料。

由于长时期的孤独寂寞，一些留守儿童表现出抑郁寡欢的心理特征。健康心理学告诉我们：抑郁是人一种持续的情绪低落的心理状态，表现为孤独、忧虑、悲伤、兴趣减退、动作缓慢、思维迟缓甚至厌世轻生等等。留守儿童群体中普遍存在着抑郁心理。《别样童年》调查显示，27.6％的留守儿童存在抑郁这种心理。

我们知道，抑郁心理对留守儿童的身心健康有极大的影响，它常伴随一些身体的不适应感，如头痛、失眠、食欲不振、身体疲惫等。另外，抑郁的儿童因常感到忧郁哀伤，不会主动交朋友，甚至别人主动接近时也会逃避，由此影响人际交往，养成孤独、怯懦的性格。

（三）意志坚强与心理脆弱并存

意志是人自觉地确定目的，并克服困难支配行动，从而实现预定目的的心理过程。良好的意志品质包括行动的自觉性、果断性、坚韧性和自制性。一些留守儿童做事有一定的计划，遇事不怕困难，耐挫能力强，是留守儿童乃至非留守儿童的楷模。同时，还有不少留守儿童心理脆弱，耐挫能力差。一些留守儿童的心理防线十分脆弱，经不起任何打击和失败，平时的学习中哪怕是一次测试不及格都会导致他们烦躁不安、垂头丧气，甚至自暴自弃。

【聚焦现实】

自强自立的留守儿童——杨俊楠

杨俊楠是河南省鲁山县土门办事处庙庄小学三年级学生，1995年，由于她家地处深山，无经济来源，父母被迫外出打工，家中只留下了小俊楠和相依为命的奶奶。奶奶年迈而又疾病缠身，连自己的生活都难以料理。七八岁的杨俊楠只能自己洗衣服，做饭，冬天5点钟，天还没亮她就起床做饭，有时还给奶奶煎药、倒茶、端饭，从没叫过一声苦，说过一声累，把家打理得井井有条。

在照顾奶奶的同时，她还连年被评为学习标兵、三好学生，受到同学的称赞、老师的表扬。

【简评】

杨俊楠小小年纪就要面对父母远离、独立承担家庭责任的问题，这的确是很大的挫折，但杨俊楠不怨天尤人，勇敢面对困难，用稚嫩的双肩挑起家庭的重担，靠的就是顽强、坚韧的意志，而且越挫越勇，不愧是留守儿童乃至所有儿童的楷模。正所谓"宝剑锋从磨砺出，梅花香自苦寒来。"生活是个大课堂，在这个大课堂中，杨俊楠所学到的东西，有很多是学校中所学不到的。

（四）责任感强与自私自利并存

责任感是一种高级情感，是一个人对自己、自然界和人类社会，包括国家、社会、集体、家庭和他人，主动施以积极有益作用的精神。留守儿童的责任感主要表现在主动分担家庭责任，认识到父母外出打工不容易，生活上注意节俭，希望用好的成绩报答父母等。一些留守儿童认为，自己作为家庭中的一员，虽然年龄还小，不能为父母亲分担重任，但可以做一些力所能及的事情，还可以在学习上有所作为。据调查，在留守儿童回答"最想对父母说的一句话"时，多数孩子的回答是"我想你们，我会好好学习的""爸爸妈妈辛苦了"等。这些稚嫩的话语反映了留守儿童与非留守儿童的不同之处：留守儿童的责任感更强，心理也更加成熟。

然而，由于平时缺乏正确的教育引导，且隔代抚养人大多偏于溺爱，部分留守儿童犯了错，祖辈不但不管教，而且还袒护，久而久之，这些留守儿童表现出形成了心胸狭窄、自私自利的不良心理特征。这部分留守儿童多以自我为中心，一事当前先考虑个人的需要与得失，不顾及他人的利益和感受。

【聚焦现实】

震灾中的小英雄

汶川大地震发生后，一个名叫张吉万的留守儿童走进了无数人的视野，并让人鼻子发酸。他年仅 11 岁，身躯羸弱，却背着 3 岁的妹妹在飞石不断滚落的路上走了十几个小时，逃离了危险。人们从记者抓拍的图片中看到了小吉万眼神的坚毅和对妹妹不离不弃的深爱，有位网友动情地为他献上诗文："别哭，妹妹，相信我 11 岁的双脚，不怕地动山摇，相信我 12 小时的奔跑，我在你就在！"

【简评】

是什么支撑着小吉万付出了同龄孩子难以想象的努力，背着妹妹走出了危险境地？是责任感，是爱的力量。小吉万说，父母不在家，照顾妹妹是他的责任，照顾妹妹是很平常的事。从小吉万那凝重的表情里，人们解读出了责任感。一个成熟的小男子汉让世人感叹留守儿童中也有富有责任心的强者存在！

（五）自卑心理与虚荣心理并存

自卑与虚荣看似截然相反的两种心理特征，实际是一个问题的两面。自卑是指与非留守儿童相比较，留守儿童因感觉失去坚强的依靠和保护，失去了父母的关爱而产生的低人一等的心态。有的留守儿童由于长期缺乏父爱和母爱，产生了被遗弃的感觉，缺乏自信，比较自卑，他们害怕别人同情的目光，强烈渴望家庭的亲情。然而留守儿童渴望亲情的心理无法得到满足，情感长期处于被压抑的状态，最终感到自惭形秽，怕被他人看不起，不敢与人交往，不敢参加集体活动，把自己严实地封闭起来，甘心生活在被人遗忘的角落里。

另一方面，部分留守儿童为了掩盖自卑心理，极力追求优越感，争强好胜，力图在某方面超过别人，由此形成虚荣心理。有的家长为了弥补对留守儿童的爱，宁肯自己省吃俭用，也要想方设法满足留守儿童的物质需求，给留守儿童大把的金钱，但有些留守儿童根本不懂得父母的良苦用心，用花钱消费来满足自己的虚荣心。甚至有的留守儿童以摆阔的形式来显示自己经济上的优越感，用虚荣心来掩盖自己的自卑，日久便形成了自卑与虚荣并存的心理特征。

【聚焦现实】

陷于自卑的陈文龙

10岁的陈文龙读三年级，爸爸在外务工，陈文龙与妈妈一起生活。在与记者交流的十五分钟时间里，陈文龙的双臂始终下垂紧并着，不敢直视记者的眼睛，采访中他几次欲转身离开。记者在采访中还遇到过几个留守儿童，在此之前他们还和小伙伴活泼玩耍，但在陌生人面前会突然变得沉默，甚至一个简单的问题都羞于回答。

【简评】

留守儿童沉默、封闭的原因很多，自卑就是重要原因之一。由于缺乏家长的关爱与交际引导，一些留守儿童从小就产生了自卑心理，当留守儿童蜷缩在自己的天地里而无法进入社会时，就会产生逃避或恨世的心理。如果不对他们进行真正有效的疏导，不帮助他们树立正确的人生观和价值观，即使在他们长大成人后，心理也是不健康的。

（六）态度嬗变与性格缺陷并存

性格缺陷，顾名思义即性格不健全。心理学家认为性格是表现在对自己、对他人、对社会所持的态度及与之相应的习惯化行为方式，是较稳定的心理特征。它是在一个人生理素质的基础上，在社会实践活动中逐渐形成发展的。由于每个人所处的环境不一，各人的性格就会有不同的特征。

性格是人与环境相互作用的结果，也是社会经验学习的结果。在性格的诸多特征中，态度起着决定性作用，而态度与成长的环境密不可分，也与习得的经验因果相连。人际关系和文化背景对性格形成的影响，早已为人所关注。由于其所处的特殊环境，留守儿童难以得到性格正常发展的丰富"土壤"，所以对自己、对他人、对社会的态度发生了嬗变，并直接影响行为方式的变化，究其实质，是因为诸多社会环境因素的缺失。

研究表明，部分留守儿童在性格方面是存在明显缺陷的。有的心理专家对此归纳了下列几种常见类型：

（1）无力性格：精力体力不足，对客观事物缺乏热情，对精神刺激、心身矛盾容易产生"心理过敏反应"，诱发心理疾病。

（2）不适应性格：情绪不稳定，判断力差，对社会环境和人际关系不适应，对精神压力抵抗力差。

（3）分裂性格：性格孤独、内向、不合群、怕羞，回避与他人交往接触，情感冷淡或淡漠。

（4）强迫性格：追求自我安慰，易拘泥于小事而不放松，遇事犹豫不决，要求十全十美。

（5）癔症性格：性格不成熟，自我为中心，热情有余，稳定不足，情感带戏剧性色彩，暗示性强。

（6）偏执性格：敏感多疑，易嫉妒，易闹矛盾，常责备他人。

（7）爆发性格：易怒，易激动，细小的刺激会引起强烈的情绪反应。

其实，只要我们细致观察一番就可以发现，以上类型的性格缺陷，在留守儿童身上都或多或少地存在，只是不同的留守儿童所含特征稍有差别而已。

二、留守儿童的心理不良表现

孔子曾说："少成若天性，习惯成自然。"儿童期是人的心理发展的关键时期，也是行为习惯养成的重要时期。留守儿童的心理发展及其行为表现，既有其积极的一面，也有其消极的一面。积极的心理特征及行为表现，容易形成对留守儿童的阳性强化，有利于留守儿童的身心发展；而消极的心理特征及其在日常生活、学习中的行为表现，对其心理的健康成长则易于产生严重的负面影响。因此，对于留守儿童的消极心理特征及其不良表现更应给予高度关注。

（一）情绪容易波动

所谓情绪波动，主要是指一个人的心情时好时坏，自己难以控制。一般人都会有情绪波动的体验：心境好时得意洋洋，心情舒畅；心境不好时闷闷不乐，心烦意乱，甚至感到生活索然无味。而留守儿童由于生活在特殊的家庭环境中，情感体验非同一般，情绪变化也更加难以捉摸。

美国心理学家马斯洛认为，安全的需要、爱和归属的需要是人的基本需要。如果这些基本需要得不到满足，人就会感到威胁和恐惧，就不会有安全感。马斯洛的需要层次理论告诉我们，健全的家庭、父母的关爱是满足儿童安全感和爱的需要的重要保障。

然而，与家长长期分离的留守儿童，得不到应有的庇护和亲情抚慰，情感需求长期得不到满足，普遍缺乏安全感，导致其产生焦虑、孤独、抑郁、自卑、嫉妒等不良情绪，且情绪极易波动。另一方面，留守儿童多由隔代监护人照看，而隔代监护人本来就存在溺爱倾向，家长又存在补偿心理，自然对留守儿童就比较娇惯，造成其比较任性，遇到不顺心的事情急躁易怒；或者表现得情感脆弱，为一点小事就抹眼泪。在学校里，这类留守儿童时常表现得情绪低落，对各种活动及学习缺乏应有的积极性，不爱与别人交往，沉默寡言，上课注意力不集中，课间不与同学玩耍，上学放学独来独往，对什么都不感兴趣，表情冷漠；在遇到困难时，又容易惶恐不安，不知所措；或表现为消极悲观，孤独无助，将困难放大；当受到别的同学欺负或感到"不公平对待"时，容易激动，甚至出现过激行为。

【聚焦现实】

缺乏安全感的孩子

有一名留守儿童的父母外出打工，她跟奶奶一起生活。平时总是觉得没人关爱自己，自怜自艾。有一次他感觉不舒服，去问奶奶，奶奶摸了摸她的头说"没多大事，不用看医生"。可是这个孩子躺在床上，感觉越来越难受，快要死了，就跑出去给在北京打工的妈妈打电话，哭着说"我快不行了"，结果她妈妈当天就从北京坐飞机赶了回来，到医院一检查，原来只是普通的感冒。

【简评】

一个荒唐的举动，一场巨大的虚惊，原因何在？在于该留守儿童情绪的失控。每一个留守儿童都期盼父母之爱，尤其是在生病或感到困难无助时，更需要亲人尤其是父母的抚慰和支持。正是因为对亲情的过度渴望，变得感情脆弱，一次小小的感冒就将其精神击垮，以为自己快要死了，世界末日到了。由于过度恐慌，情绪波动太大，失去控制，该留守儿童便做出了如此荒唐的举动。当然，现实生活中类似的案例并不少见，留守儿童因缺乏安全感而变得敏感多疑，进而出现强迫症、抑郁症等现象。

（二）人际交往受阻

留守儿童或由单亲抚养，或隔代照管，或投亲靠友，这使其无法与双亲及时沟通与交流，而且有的留守儿童好奇心强，求知欲旺盛，不断追求潮流和新鲜事物，与祖辈代管者缺乏共同语言，贫于交流；与其他临时监护人由于亲情相对较淡，彼此间存在隔阂，平时也少于沟通，没有倾诉和交流对象，逐渐变得沉默寡言。一些具有自卑心理的留守儿童，感觉自己处处不如别人，于是不敢与人交往；意志力薄弱的留守儿童，经不起挫折，一旦遭受失败，就有可能一蹶不振，就更加不自信。其在学校里不愿参加集体活动，不敢跟别人竞争，总是独来独往，躲避老师和同学。遇到困难也不愿寻求帮助，常被教师和同学忽略，导致功能性失调的退缩行为。

（三）不良习惯频生

打工让打工者的生活得到了明显改善，也让打工者的子女们过上了衣食无忧的生活，但物质生活的富足并没有给留守儿童带来精神生活质量的提高，相反，部分打工者对于子女的精神生活完全采取放任自流的态度。"物质＋放任"的家庭教育方式让家长对留守儿童的内心生活缺乏了解。这部分留守儿童在家长的物质满足中，浸染了很多诸如好逸恶劳、奢侈浪费、乱花钱摆阔气等不良习惯。这些不良习惯严重导致了留守儿童人生观的错位和心理发展的偏颇。

另外，在外界环境的诱惑下，一些留守儿童还沾染了社会不良习气，不仅在家里不听监护人劝导，我行我素，在学校也自由散漫，品行较差，不遵守规章制度，经常迟到、旷课、逃学、说谎、欺负同学、拉帮结派、打架斗殴、小偷小摸、抽烟喝酒，甚至与社会上一些有不良习气的成人混在一起，干起违法犯罪的勾当。

（四）厌学倾向明显

在调查中，我们发现，相当多的留守儿童存在厌学心理。比如：应该上学的时间却磨磨蹭蹭地不想上学，提起上学就心烦气躁，或者情绪低落。在学校里，表现为上课不认真听讲，不遵守课堂纪律，作业不按时完成或干脆不做等。

也有不少留守儿童，由于缺乏有效的监护和引导，没有养成良好的学习习惯，没有掌握科学的学习方法，因而学习成绩大多处于中下游。调查发现，留守儿童中成绩优秀的不足3％，80％以上的留守儿童成绩中等或偏下。学习成绩的落后，进一步挫伤了其学习积极性，使其学习兴趣下降，进而产生厌学情绪，逃学辍学现象也时有发生。而且，部分留守儿童在学习上缺乏进取心。调查显示，只有20％的留守儿童能考入普通高中，10％的就读职业高中和中专，多达70％的孩子在中考之后便走上了打工之路。可见，厌学造成的后果是严重的。

（五）网络依赖严重

网络是一柄双刃剑，利用好了，便对工作、学习和生活有辅助作用，相反就会带来巨大危害。网瘾现象作为一种心理和行为问题，在青少年中具有一定的普遍性。留守儿童为寻求精神寄托，会频频接触网络。

随着节假日等闲暇时间的增多，因无人监管，自己的自控能力又差，因而有不少留儿童就长期泡网吧、玩游戏。据调查，目前我国约有4 000万未成年网民，网瘾少年约占10%左右，其中留守儿童占有相当大的比例，且大有蔓延之势。权威机构证实，80%的网络游戏含暴力、色情、欺诈成分，"是绝对的精神毒品"。作为未成年人的留守儿童沉迷网络游戏，严重影响了其学习、生活和身心健康，并会引发诸多社会问题，给家庭和社会带来危害。

【聚焦现实】

网瘾让他无法自拔

张伟（化名）是一位高中生，因为父母分居两地，且都有各自的事业，无暇过问张伟的生活学习，只是逢年过节时会拿张伟的学习成绩与其表姐优异的成绩进行比较。从初三开始，张伟就迷恋上网，打架，已经是高中生的他每周六、日回家上网玩游戏，周一返校后再睡两天，周四就必须要请假出去，找朋友喝酒等等，周末回家接着上网。张伟的母亲提起孩子的教育问题就泪如雨下，怎么办呢？当笔者问及张伟上网玩游戏的感受时，他说："在网络里杀人，太痛快了！"听了他的话，笔者不寒而栗。

【简评】

留守儿童在自己成长的关键时期因缺少父母的思想教育而变得心灵空虚。这些留守儿童为了填补心灵的空虚去寻找发泄的平台。新世纪的网络就成了他们最痴心的朋友。现在的留守儿童一旦沾上网瘾就如着了魔，整天新飘飘然，犹如幽灵一般魂不守舍。他们可以夜以继日坐在网吧里，什么事都不想什么活都不干。犹如吸了毒的人一样，堕落无聊之极。网瘾让留守儿童迷失自我，无法进行正常的生活、学习，甚至网络里的暴力会让他们在现实里无法自拔。留守儿童的网瘾问题得不到解决，潜在的社会问题就会日积月累，最终成为大的祸患。

（六）早恋问题突出

当前，青少年早恋现象越来越严重，且已逐渐趋向低龄化。这种现象在留守儿童中比较突出。父母不在身边，留守儿童孤独寂寞，缺乏亲情的温暖和爱的滋润，长期处于精神寂寥状态。正像黑龙江一个留守儿童在给老师的信中写的那样："我一个人就是一个家，一个人想，一个人笑，一个人哭。"为了寻求情感寄托，一些留守儿童只好转向同龄人寻求异性朋友的"情"和"爱"，以此弥补家庭般的温暖，感受爱与被爱的滋味，甚至不惜代价偷尝禁果，给双方尤其是留守女童造成严重的身心伤害。

【聚焦现实】

未成年的"妈妈"

小芳是一名留守儿童，她长得漂亮可爱，今年13岁。父母都在外地打工，她和70多岁的奶奶生活在一起。奶奶年老体弱，耳朵也有点聋，管不了小芳。小芳像一只快活的小鸟，她经常逃学，整天泡在网吧和录像厅里。当奶奶发现小芳有问题时，13岁的小芳已经是足月待产的"孕妇"了。当他们把小芳送到医院做检查时，"胎儿横位"必须立即做剖腹产手术。看着这么幼小的一位高危"产妇"，令家长感到一阵阵心痛，泪水簌簌落下。

在母亲的逼问下，小芳说她和本村一个叫小兵的男孩常在一起玩，小兵比他大两岁，父母也都在外地打工。他俩一起上网吧，一起看录像，看完录像回家后就模仿着做。小兵的父母也赶回来了。面对两个"小畜牲"，四个大人束手无策。当他们把小芳送到医院做检查时，小芳已临产，且必须立即做剖腹产手术，这给两个孩子的身心都造成了极大的伤害。

【简评】

小芳和小兵都是留守儿童，都缺乏亲情的抚慰和家庭的监管。为了填补情感的空白，寻求家庭的温暖，他们过早地趟入"爱河"，接触到了在他们这个年龄阶段不该接触的性，模仿成人的"游戏"，过早偷吃了"禁果"。然而，十几岁的孩子，还不知爱为何物，却开始品尝到了爱的苦果。这不仅仅是孩子的错，家长更应该为这一苦果买单。

"小芳现象"的核心问题，就是："留守儿童的网瘾＋早恋"。这个问题的背景就是：年轻的父母外出打工，把子女托给老人抚养。老人一般溺爱子孙，管理上又力不从心。处于这样特殊的家庭环境中，留守儿童失去约束，极易受到社会不良文化的诱惑。他们整日迷恋于网吧、录像厅，时时经受着暴力、色情的"熏陶"。处在身心发育关键时刻的青春期留守儿童，缺乏辨别良莠的能力，从好奇到模仿，做下了不该做的事。当家长、学校发现时为时已晚。"小芳现象"的蔓延，严重地危害了青少年一代的身心健康，严重地危及祖国的未来！

第二节　留守儿童心理问题的成因

一般来说，影响儿童发展的因素有三个：遗传、环境和教育、儿童自身的能动性。遗传为儿童的发展提供了物质基础，环境和教育对儿童的发展有着特殊的作用，儿童在与环境之间的相互作用中所表现出来的主观能动性是促进儿童发展从潜在可能状态转向现实状态的决定性因素。这三个因素同样也影响着留守儿童的心理发展。其中，环境和教育表面看来是造成留守儿童与非留守儿童不同的最直接原因，但从留守儿童所表现出来的个体差异看，遗传及个体主观能动性也起着不可忽视的重要作用。所以，留守儿童心理问题产生的原因是多方面的，既有外部因素，也有内部因素，是内外因共同作用的结果。

一、留守儿童心理问题的外部因素

我们在调查中发现，影响留守儿童心理问题产生的主要因素是外部因素，即环境和教育，其中包括家庭教育、学校教育以及社会教育大环境。教育环境在对留守儿童的德智体等方面的影响过程中，家庭、学校和社会的教育重点各有侧重，如家庭多渗透生活教育及人生发展的指导等，学校更多侧重于文化知识教育、道德教育等，社会教育则多从社会准则、社会道德入手指导与促进留守儿童的社会化发展。三者在教育内容及任务方面既有侧重又有交叉，在教育方式方法上各有优势及局限。正是三者的优势互补，相辅相成，构成了留守儿童赖以生存发展的外部大环境，为留守儿童的心理发展奠定了基础。再者，三者在留守儿童心理问题产生的过程中也都负有不可推卸的责任。

（一）家庭教育不完整

每个人来到这个世界上，最先接触到的是家庭。家庭教育在整个教育过程中与学校教育、社会教育是相辅相成。但家庭教育是一切教育之源，与学校教育及社会教育相比，家庭教育具有早期性、针对性、感染性、连续性及稳定性、内容及方式方法的灵活性等特点和优势，它对人的早期启蒙教育和人生指导的终身教育中，具有不可替代的独特作用。家庭教育的优劣，对于孩子接受学校教育及将来走向社会，乃至对他一生的成长发展，都会产生极其巨大而深远的影响。而留守儿童的家庭是不完整的，没有得到应该得到的家庭庇佑，没有享受到应该享受的父母关爱与呵护，没有接受到应该接受的完整而良好的家庭教育。这些必然影响到留守儿童的健康成长与发展。

1. 亲情缺失

和谐的家庭氛围是儿童心灵成长的摇篮，温暖的亲情则是儿童心理发展的原动力。在人的心理发展过程中，有三个最重要的自我要素：依恋体验、客体关系和自我认同。这三个要素都是在亲情的呵护下形成的。依恋体验使人能够感受爱并产生爱与被爱的能力；客体关系让人获得依赖与独立及信任他人的能力；自我认同可以协调自卑与自尊，激发创造潜能并促进自我不断发展。其中，依恋关系是儿童身心发展过程中的一个基础。良好的依恋关系能够满足儿童的基本生理需要，使他们在感受父母之爱的过程中学会爱父母，爱他人，并以此为基础建立良好的人际关系。如果儿童自幼没有与父母形成良好的依恋关系，就会产生不安全感，对周围的人和事也容易形成不信任感，以至于不能与周围人友好相处。而客体关系与自我认同的缺失，则容易让儿童获得依赖他人、信任他人的能力，不利于儿童独立人格及自尊、自信心的建立，容易导致儿童自卑、消极悲观性格的形成。

对于留守儿童而言，客观的生活现实的影响，让其无法像非留守儿童那样形成正常的依恋关系、客体关系及自我认同等自我因素，安全感普遍缺乏或较低，对周围的人和事缺乏信任，因而极易导致焦虑、抑郁与敌对等情绪的发生，性格上也往往变得胆小、孤僻、自卑、悲观，缺乏积极进取精神。情绪上容易引起波动，感情较脆弱，在日常生活中表现为交往不良、自暴自弃、厌学逃学或者出现攻击或暴力行为，有的则通过早恋、网络等寻求慰藉，有的甚至走上犯罪道路等。

【聚焦现实】

课堂上的哭泣

初三留守女生李某，平时沉默寡言，不和同学交往，也不喜欢亲近老师，常常独来独往，表现得很不合群。在一次作文课上，老师要求同学们以《我的妈妈》为题目作文，写着写着，李某竟然放声大哭起来。经老师询问才得知这个女孩的爸爸、妈妈、姐姐从她读五年级开始就到外面打工，一直没有回来。多年来，她一直和80多岁的奶奶生活，心里常常充满各种恐惧和无助。

【简评】

外界环境的变化，会对留守儿童的心灵产生一系列的刺激。当这些刺激正好触到留守儿童的伤心处时，他们内心中存在的心理问题便会毫不掩饰地袒露在别人面前。李某之所以在作文课上放声大哭，正是亲情缺失对她的伤害和折磨所致！这也正是留守儿童渴望亲情抚慰的典型表现。

俗话说"心病还需心药治"。留守儿童的不良心理表现需要在亲情的抚慰下才能痊愈。由于工作以及知识阅历等原因，留守儿童的家长往往认识不到问题的严重性，当他们发现留守儿童有了心理问题时，往往束手无策、悔之晚矣。

2. 家庭教育误区

近年来，家庭教育在我国得到前所未有的重视和发展。家庭教育的影响力正日益得到更多家长的重视，他们不断开始想办法解决自身的家庭教育问题。但对于留守儿童的家长来说，由于工作条件的限制加上自身的家庭教育意识还有些欠缺，以及监护人对留守儿童家庭教育的无力等，这一系列的复杂因素让留守儿童的家庭教育不可避免地陷入了一个个的误区，影响了留守儿童的健康成长。

误区一："病要大夫看，儿童要教师教"——教育是学校的事

有不少留守儿童的家长，尤其是农村留守儿童的家长或监护人把教育孩子的全部责任推给了学校，认为"病要大夫看，孩子要教师教"。这部分家长或监护人狭隘地认为教育就是指学校教育，教育只是学校的事情，是教师应该做的工作；他们没有意识到教育留守儿童是家长应尽的义务，没有真正领会"养不教，父之过"的真正含义。这种错误的观念在农村留守儿童家长中极其普遍，这也是留守儿童的家长一走了之，平时很少关注留守儿童教育的主要原因之一。

误区二："儿童只要有人照看就行"——家庭忽视儿童的心理情感需求

不少留守儿童的家长仅仅满足于儿童能够吃好穿好，生活有人照料，没有意识到儿童除了吃穿等基本生活需要外，更加需要家长或监护人在心理、情感上给予呵护和关爱。这部分留守儿童的家长普遍认为把儿童放在自己的老人或兄弟姊妹处放心，所以跟家里的联系很少，偶尔打电话，也无非是要求其听话、好好学习之类，却很少问及其情绪和情感需要。大部分临时监护人，又多以"照看"为义务，只要儿童不出意外就行，至于其心理需要和精神追求之类的问题更是闻而不问；即使他们关注了，也不能解决根本问题。

误区三："学习好比什么都强！"——对子女文化知识学习上的期望值过高

由于我国家庭教育中长期以来的"成龙"情结；加上"有了好成绩，考上好学校将会与好职业挂钩"的观念在家长头脑中根深蒂固；或者是因为不少家长想在孩子身上实现自己尚未实现的梦想或希望孩子通过求学改变家庭的命运等。不少留守儿童的家长在子女文化知识学习上存在过多要求和过高期望，过分关注其学习成绩，不断对其提出学习上的高要求，给留守儿童造成较大的心理负担，有的甚至产生考试焦虑及厌学心理。我们在调查中发现，留守儿童的家长从监护人、学校老师等处了解留守儿童的情况时，他们往往把关注点集中于留守儿童的学习成绩上。

误区四："挣了钱就是给子女花的！"——用金钱或物质满足留守儿童

有部分留守儿童的父母为弥补对子女的关爱，适当平衡自己的负疚感，就在物质、金钱方面尽量满足子女，甚至有求必应。对于留守儿童在学习或者生活上的种种要求，喜欢用金钱满足来作为条件。比如，在留守儿童的家长心中有一种错误的"钱能进行家庭教育"的观念。留守儿童成绩好了、表现好了就能得到钱或者物质奖励。而对留守儿童身上存在的坏毛病，家长或临时监护人则百般迁就，或者视而不见，忽略了对其的道德教育、法制教育以及心理健康教育。这样会导致部分留守儿童价值取向发生偏差，认为读书无用、打工一样挣大钱，开始把人生发展方向定位为打工挣钱。

（二）学校心理健康教育重视程度不够

近年来，随着社会对留守儿童的关注，学校也开始重视留守儿童的教育，并采取了一些相应的措施。然而，学校对心理健康教育的整体重视程度还远远不够。由于长期受应试教育思想的影响，一些学校依然把智育放在第一位，忽略了留守儿童的精神需求及心理需要，忽视了对留守儿童的心理健康教育。从学校这个大集体到班级小集体，还没有形成关

爱留守儿童心理问题的氛围，缺乏对留守儿童心理问题的及时发现，相应的心理健康教育还比较滞后。另外，在对留守儿童的学校教育问题上，教师对留守儿童心理问题的外在表现的关注力度不够，不能够及时地发现留守儿童的心理问题，并给予适当的关爱与心理指导。这主要表现在：

1. 智育重于心育

很长时间来，尽管我们倡导全面发展的素质教育，但应试教育的机制仍在现行的学校教育中起主导作用，考核学校和教师的主要标准还是成绩与升学率之类的硬指标，对留守儿童进行心育的程度远远比不上智育。因此，不少学校坚持将智育放在首要位置，对留守儿童的心育策略则一再忽视。没有意识到智育只是全面发展教育这一有机整体的一部分，甚至不少教师仍在以成绩高低作为唯一的评价标准。

在这种主导思想的影响下，由于缺乏监管和指导，因而使多数留守儿童学习成绩处于中下游，行为习惯亦存在不良现象，最终被打入"差生"或"坏学生"的行列，普遍受到不公正对待或常常被忽略，甚至是受到歧视或批评。由于在心理发展中存在障碍，因而使留守儿童的学习无法达到非留守儿童的学习程度，其在学习中受心理问题的阻碍，人格发展中又缺少教师的适当关爱，导致了一系列心理问题的产生。

2. 缺乏师爱

"没有爱就没有教育"，爱是教育的源泉。由于亲情的缺失，留守儿童更加渴望得到教师的爱。应该承认，大多数教师是关爱留守儿童这一弱势群体的。但是由于种种原因，师爱在传递的过程中流失了，没有被留守儿童感受到。首先，受智育第一思想的影响，教师通常比较青睐学习好的儿童，而对成绩一般或很差的则缺乏热情，尤其对不断给教师制造麻烦的留守儿童更是缺乏必要的耐心，甚至有时会对他们采取讽刺挖苦等激将法以求触及其灵魂。虽然是出于对留守儿童的爱，但这种方式一般不为非常敏感和脆弱的留守儿童所接受，相当一部分留守儿童得不到教师的尊重与喜欢；其次，由于教师们工作压力大，心理负担重，有时可能将这种不良情绪带进了班级，把留守儿童当成了"出气筒"，这会对部分长期缺乏关爱的留守儿童造成较大伤害；再者，有些学校班额太大，教师很难照顾到每一位留守儿童，这种现象在城市学校中比较突出。教师对职业的幸福感还缺少一定的认识，缺少良好的心理调适能力，导致了他们对留守儿童关爱不够。对于这部分特殊群体，教师往往会感到教育的苍白与失望。

无论什么原因，留守儿童都不应该排除在"师爱"之外，他们还应该得到教师更多更真诚的关爱，以抚慰其脆弱而受伤的心灵。

【信息快递】

问卷调查："遇到困难你找谁帮忙？"

前不久，广东省的有关部门对留守儿童就有关问题进行了调查，其中一项调查内容是："生活中遇到困难时，你找谁帮忙？"调查结果显示，生活中遇到困难"自己解决"的占 47.6%，排在第一位；其次是"找父母帮忙"占 31.9%。不可思议的是"找老师帮忙"的只有 4.6%，排在最后。在调查"遇到烦恼时，你怎么办？"这一问题时，选择"告诉老师"的占 12.6%，也是排在所有选项的最后，排在首位的是告诉家人。

【简评】

以上现象说明，教师在协助家长监护农村留守儿童问题上，存在明显缺位。留守儿童无法从老师那里得到心理方面的指导，得到心灵的抚慰，对师爱的失望会严重地伤害他们稚嫩的心。因此在遇到困难和烦恼时，他们不是去告诉老师，而是选择独自面对或向远在外地的父母求援。长此以往，留守儿童的心理发展会面临偏差的危险。

3. 班集体的漠视

班集体是留守儿童生活学习的又一重要场所，它为留守儿童的人格形成及心理发展提供了重要的基础性条件——同伴交往。一个有着正确舆论导向及强烈凝聚力的班集体对其中每一个成员的健康发展都起着巨大的作用。留守儿童在积极向上的班集体环境里心情愉快，关系融洽，自然会产生安全感、归属感、自豪感，而且会学会尊重他人、关爱他人、学会合作与交往，学会承担责任，尽情展示自己的才能，增强自信心，从而促进其心灵的健康成长。对留守儿童而言，这样的班集体无疑是最理想的。然而，受社会大环境的影响，不少班集体存在着漠视留守儿童的不良风气。留守儿童在这样的环境里往往感到孤独、自卑和无助。不少留守儿童因成绩差而在班里抬不起头来，自信心受到无情打击，积极性被严重挫伤。为了更好地保护自己不再受到伤害，有的留守儿童干脆将自己封闭起来，独来独往，导致人际交往不良，甚至影响性格的发展。

4. 校园文化单调

校园文化因趣味性、参与性、实践性等优势表现出非凡的功能，它对培养留守儿童的高尚情操、开发个人潜能、促进综合素质的提高都起着潜移默化的重要作用，直接或间接地影响着留守儿童思想观念、道德品质、心理人格、行为习惯等各个方面。亲情的缺失使留守儿童更加向往温馨充实的学校生活，单调乏味的家庭氛围令其更加渴望丰富多彩的校园文化活动。针对留守儿童的心理特点，我们应积极营造温馨的、积极向上的校园文化氛围，大力开展留守儿童喜闻乐见又具教育意义的校园文化活动，这样不但会慢慢冲淡留守儿童与父母分离的痛苦，渐渐滋养其因缺乏情感浇灌而逐渐枯萎的心灵，而且对形成积极乐观的健康心态及正确的人生观、价值观都是十分有利的。

但在目前，不少学校存在校园文化活动单调乏味的现象。一位从教20多年的教师曾说："刚刚参加工作的时候，学校经常组织学生出去春游、外出野餐，班级之间也常举办歌咏比赛、书法展览等活动，学生在这种开朗、健康、富有生气的环境中，身心都得到健康发展。可现在呢，学校光让孩子拼命学习，课外活动几乎没有，就连一周两次的体育课也常被别的课程挤占。"这位教师所说的校园活动单调匮乏现象是非常普遍的。可想而知，单独针对留守儿童所搞的文化活动就更加稀少了。为了填补内心的空虚，为了寻求新颖刺激，精力旺盛而又有着强烈好奇心的留守儿童将精力转向了学习以外的地方，如参与网络游戏、赌博、搞小团伙、打架斗殴、早恋等，对校园生活产生厌倦心理，出现厌学、逃学现象。

（三）缺乏良好的社会环境

墨子言："染于苍则苍，染于黄则黄，所入者变，其色亦变。"社会就是一个大染缸，它对人一生的发展都起着至关重要的作用。少年儿童阶段，人的可塑性最强，最容易受到周围环境的影响，因而社会环境对包括留守儿童在内的所有少年儿童的影响是最大的。值得关注的是，该阶段的留守儿童对社会事物的观察能力较差，辨别是非能力不强，抵制错误思想侵蚀的能力也较弱，在接受社会信息时，往往表现为"贪婪地吸收""天真地思考"

"轻易地接受"等特点。然而，社会为留守儿童提供的环境良莠不齐，"天使"与"魔鬼"同在；社会教育也缺乏明确的目的性和阶段性，这对留守儿童心理的健康发展必然产生负面影响。

对留守儿童而言，社会政治、经济大环境的影响是间接的，直接影响其发展的社会环境就是周围的具体环境，包括家庭、学校、同辈团体、大众传播媒介、社区及社会文化等。留守儿童所处的社会环境存在以下三个方面的忧患。

1. 追求金钱与物欲的大环境

目前，我国正处于社会转型期，社会上正滋生蔓延着贪图享乐、封建迷信、赌博斗殴等不良思想，"一切向钱看"的拜金主义思想比较普遍，一些大众传媒对此起到了推波助澜的作用。比如在电视、网络、报刊杂志等留守儿童经常接触的媒体上，广告铺天盖地，不断刺激着人们日益膨胀的购买欲望和对物质享乐的追求，一些栏目甚至就是在纵容、宣传不劳而获以及"撞大运"的投机思想；个别政府部门只关心经济建设，疏于对少年儿童包括留守儿童的教育和保护等，对留守儿童的健康成长造成较坏的影响；再加上父母是为了挣钱远赴他乡务工的，让留守儿童感受到"金钱"无比重要。一些留守儿童对读书没有兴趣，对"将来挣钱，挣大钱"却抱有极大热情；也有一些家庭比较富裕的留守儿童在生活上一味追求高消费，追求时尚，吃穿用都讲究名牌。长此以往，必然导致留守儿童人生观、价值观出现偏差，心理发展受到不良影响。

2. 社会活动场所监管不力

目前，娱乐消费的社会活动场所越来越多，它一方面方便了人们的生活，另一方面也制造了不少麻烦，带来了一些负面影响。就留守儿童而言，对其影响较大的就是网吧、游戏厅等场所。这些场所确实为一部分群体提供了上网、搜集资料及沟通娱乐的方便，但却不适于未成年人出入，这也是法律所不允许的。然而现实中，由于缺乏监管或者监管不力，有些网吧经营者不仅容许未成年人进入，甚至引诱其长时间泡在那里。有不少留守儿童成了通宵达旦、废寝忘食的"网虫"，患上"网络综合症"而无法自拔。另外，在一些书摊儿、小书店这些儿童喜欢逗留的地方也存在着不少问题。比如适宜少年儿童阅读的书刊太少，而那些公开的非法夹带色情、暴力内容的不健康读物却比比皆是，各种散布凶杀、暴力、淫秽色情内容的音像制品充斥着市场，某些电子游戏充满低级趣味的内容。这对于渴求知识、识别能力较低的少年儿童的发展是十分不利的，尤其是留守儿童，由于缺乏父母的监管和及时指导，同时又拥有更多时间及金钱上的自由，更容易受到这些不健康文化垃圾的侵蚀。

3. 公益机构及公益活动匮乏

在广大农村普遍缺乏公益活动。闲暇时间，留守儿童除了帮家里干农活，就是看电视、和小朋友们凑在一起玩游戏，或者到田野中瞎逛。由于基础娱乐设施十分匮乏，用水泥板搭成的乒乓球台就是最好的健身娱乐场所，然而这也只有在学校里才有。公益机构在农村几乎等于零，什么少年宫、科技馆、电影院统统与他们无缘。众多的农村留守儿童在这样的环境里觉得孤寂无聊，无所事事，更加思念远在他乡的亲人。在城市，适宜青少年活动的场所也相当缺乏，一些少年宫、科技展、少年体校大多因经费匮乏而移作他用，即使勉强运作，也因设施和器材无法更新和补充而对留守儿童失去吸引力。

二、留守儿童心理问题的内部因素

留守儿童自身的原因是形成其心理问题的内因，内因才是问题产生的关键因素。外部因素只是心理问题的导火索，是诱发因素，外因通过内因起作用。我们在调查中发现，有的留守儿童身心健康，生活适应性强；有的还能自立自强，勇敢面对生活的磨难，用稚嫩的肩膀挑起家庭的重担，像坚强自立的杨俊楠，感人至深的地震小英雄张吉万等；有的留守儿童则心理脆弱，消极悲观，心理问题频生。可见，不同留守儿童心理特征不同的深层次原因是其自身的原因，这应该引起我们的高度重视，而且要针对留守儿童各自不同的问题进行有效的专业帮助和干预。

具体而言，导致留守儿童心理问题的内部因素主要包括个体的遗传素质、心理过程、个性特征等三大因素。

（一）遗传素质

遗传素质是有机体天生具有的某些解剖和生理的特性，主要是神经系统、脑的特性，以及感官和运动器官的特性，具有相对稳定性和不易改变性，它是留守儿童心理发展的前提和基础，主要在儿童感知和气质方面有较大的影响。我们知道，包括留守儿童在内的每个儿童出生时，就通过遗传从父母那里继承了神经系统的特征，特别是大脑的结构和机能的特点，以及每个人特有的高级神经系统类型的特点。不同的神经系统类型决定了儿童不同的气质类型，不同的气质类型因素影响儿童的情绪和性格的发展，同时部分留守儿童的心理特征在一定程度上也受遗传的影响。根据调查和临床观察，在精神病患者的家族中，患精神发育不全、性情乖僻、躁狂抑郁等神经精神病或异常心理行为的留守儿童占相当比例，而且血缘关系越亲近，患病率越高，这正是遗传因素的影响。

遗传素质是留守儿童心理素质发展必不可少的生物前提和基础，留守儿童作为身心兼备的整体，与遗传因素的关系十分密切，对于留守儿童的心理问题，我们在了解其客观影响因素的同时，还要追溯他的家族史，如果家族中有抑郁症、躁狂症、强迫症以及精神分裂症等病史，就要注意留守儿童是否有烦躁、焦虑、注意力不集中以及厌食等情况，以便及早求助医生。

（二）心理过程

心理过程是指心理活动发生、发展的过程，也就是人脑对现实的反映过程。它是一种心理活动状态，主要包括认知过程、情感过程和意志过程。心理学研究表明，个体的心理状态一旦形成，就会影响以后的心理发展和变化。留守儿童是 18 岁以下的未成年人，其心理过程的发展尚不成熟。在外界诱因刺激下，不成熟的认知水平、情感状态及自控力水平在不同程度上影响着留守儿童的心理健康，并形成某些心理问题。

1. 认知失调

认知是指人认识客观事物，反映客观事物的特性与联系，并揭露客观事物对人的意义和作用的心理活动。每一个个体头脑中都具有各种认知因素，这些认知因素自身的发展和各认知因素之间的关系可能是协调的，也可能是不协调的。一旦某一认知因素发展不正常或某几种认知因素之间关系失调，就会产生认知矛盾和冲突。处于青春期的留守儿童，一方面认为自己已经长大，希望独立处理自己的问题，一方面又对父母有一定的依赖性，渴望父母亲情，这种独立性与依赖性的矛盾就是由认知失调引起的。这种矛盾和冲突会使其感到紧张、烦躁和焦虑，产生负性情绪体验。如果成人能及时意识到这种认知冲突，帮助留守儿童调整认知，将会减缓其由认知冲突导致的不适感。但留守儿童缺乏与父母交流的机会，成人不能及时帮助其调整认知，大脑为保护自我而主动激活自我防御机制，以某种歪曲现实的方式来应对现实，极力减轻或消除内心冲突。

认知因素之间的失调程度越严重，则留守儿童期望减轻或消除失调、维持平衡的动机也就越强烈。如果这种需要和动机长时间得不到满足，不能实现，则可能产生心理偏差或心理障碍。人的认知不是自然成熟的，需不断得到成人的引导，留守儿童认知过程长期缺乏正确的引导，在自我认知及社会认知方面容易造成偏差，最终引发心理障碍。

【聚焦现实】

从噩梦中醒来的留守少女

17岁的留守少女楚楚，从小父母就不在身边，她是在奶奶身边长大的。楚楚很孤独，无法跟父母诉说心里话。她渴望跟父母在一起，可那只是她的一个梦。用楚楚的话说"没人知道我有多么孤独。我多想全家人一起吃顿饭，多想妈妈唱歌给我听、爸爸给我买新衣服。这只是我的一个梦。"14岁时母亲把她托付给姨父照顾，姨父用虚伪的关怀掩盖他丑恶的目的。青春萌动、渴望温暖的楚楚把感情寄托在姨父身上，不惜众叛亲离，直到第二次怀孕后姨夫离开她，她才醒悟，此时楚楚已是伤痕累累。（来源：新浪网，发布时间：2006—09—06 10：40：11）

【简评】

楚楚自幼缺少亲情，渴望温暖，但她得不到自己想要的父母亲情，进入青春期后没有对爱情的正确认识，将情感投射到姨夫身上，成为情感的受害者。投射就是自我防御机制的一种，这种消极的自我防御机制最终会更深地伤害个体的心理健康。留守儿童的家长及教师必须关注留守儿童的认知发展，这样才能及时发现问题，解决问题。

2. 自控力水平低

根据戈特弗里德森（M. R. Gottfredson）的自控力水平理论，导致中小学生产生心理问题的重要原因是自控力水平低。自控力也叫自制力，是指人们能够自觉地控制自己的情绪和行动，既善于激励自己勇敢地去执行采取的决定，又善于抑制那些不符合既定目的的愿望、动机、行为和情绪，也是一种重要的意志品质。自控力水平对人走向成功起着十分重要的作用。自古代百科全书式科学家亚里士多德，到近代的哲学家们都注意到："美好的人生建立在自我控制的基础上。"自控力的形成起源于生命的早期，除了受个体神经系统类型和认知影响外，主要是来自于父母行为的影响。如果父母关心子女，监督他们的行为，善于发现异常行为，并且控制这些行为的发生，孩子就会形成稳定的自控力水平。留守儿童作为一个特殊群体，缺乏必要的外部监控，情绪波动大，对自己的行为举止难以控制，易受外部不良因素的诱惑，受自控力水平的影响更大。调查表明，留守儿童的自控力普遍低于非留守儿童。留守儿童的许多不良表现，如不良习惯问题、网瘾问题、早恋问题等都与其自控力低下直接相关。留守儿童从小缺乏父母的监督，父母不能及时有效地对其进行正确的人生观、价值观教育，对子女行为监控不力，由此造成留守儿童的自控力相对低下，在难以抵御外部诱惑的情况下更容易出现问题行为。

（三）个性因素

个性因素亦可称人格因素，是指一个人区别于他人的、在不同的环境中一贯表现出来的、相对稳定的、影响人的外显和内隐行为模式的心理特点的总和。个性因素包括性格、气质、能力和个性倾向性等因素。个性因素是心理活动因素的核心，它对一个人的心理健康有极大影响。尤其是个体的气质和性格，对心理健康的影响更大。

气质是个体与生俱来的心理活动的动力特征，类似于我们平常说的"脾气"、"秉性"。心理学研究表明，气质只是心理活动的动力特点，不决定人的能力大小、成就高低和品德好坏，但个体的气质类型会影响其心理健康。在大多数导致留守儿童心理问题发生的情形中，很大程度上是由于这些留守儿童气质和性格中存在某种不良的行为倾向。这种行为倾向在不良环境的诱导下易于导致心理问题的出现。例如，胆汁质的留守儿童有暴躁、任性、感情用事等倾向，容易被小事激怒而做出过激行为，而抑郁质的留守儿童有多疑、孤僻、郁闷、怯懦等倾向，容易出现情绪低落、社交退缩甚至自杀行为。

根据人的心理活动是倾向于内部世界还是倾向于外部世界，我们把性格分为内倾性和外倾性两种。从留守儿童心理健康的角度讲，两种性格差异很大。外倾性性格的留守儿童，对外界很感兴趣，把注意的焦点集在外界；对自己看得比较淡，对自身的弱点、缺陷以及别人对自己的评价满不在乎；同时自我感觉很好，习惯于看到自己的优点和长处。因此，凡事比较想得开，情绪积极乐观，患心理疾病的人很少。内倾性性格的留守儿童，眼光向内看，内心敏感，追求完美，忧虑意识强，很在意自己的成败得失、兴衰荣辱，习惯于看到自己的弱点、缺陷，以及种种不足。所以内倾性性格的留守儿童，凡事太过认真，多忧虑，患心理疾病的较多，尤其是明显内倾的留守儿童。

研究表明，一些性格缺陷对留守儿童的心理影响很大。例如，谨小慎微、求全求美、墨守陈规、心胸狭窄等性格，很容易导致留守儿童形成强迫性神经症；易受暗示、情绪多变、易激惹、自我中心等性格，很容易导致留守儿童形成癔症等心理疾病。当然性格缺陷有时并不影响留守儿童的日常生活，甚至不影响学习及成绩，但性格缺陷会影响留守儿童的人际交往。所以，当留守儿童出现性格缺陷时，会使其在社会生活中出现与人交流的障碍。这种恶性的心理循环一旦形成，就容易使留守儿童逐渐产生严重的心理问题。

第三节　留守儿童的心理教育对策

在留守儿童的诸多问题中，心理问题尤为突出。通过前面章节的表述，我们能够体会到其亟待解决的紧迫性。然而，在过去相当长的时间内，我们的教育对留守儿童心理问题的关注还远远不够，相应的教育教学对策严重缺乏，导致留守儿童出现心理问题时不知所措，有不少心理问题因得不到及时有效的解决而变得越来越严重，这些都严重影响了留守儿童身心的健康发展。所以，当务之急是全社会都应积极行动起来，关注留守儿童的心灵成长，关心他们的心理健康。作为教育轴心的学校教育更应该发挥主导作用，积极探索针对留守儿童不同心理问题的教育对策，主动为留守儿童的心理健康发展撑起一片蔚蓝的天空。

一、建立留守儿童心理档案

所谓留守儿童心理档案，是指对留守儿童个体的心理发展变化特点、心理测验结果、学校心理咨询与辅导记录等材料的集中保存。这些资料按照一定的程序排列，组成一个有内在联系的体系，如实反映留守儿童的心理面貌。建立留守儿童心理档案，是加强学校对留守儿童心理健康教育工作，推动留守儿童心理健康教育向纵深发展的前提条件和必要保障。它有助于确立学校对留守儿童心理健康教育工作的目标、内容、方法与途径，有助于学校对留守儿童心理健康教育工作的诊断、分析、解释与评价，为学校对留守儿童心理健康教育工作提供操作指南及动态的检测手段。建立留守儿童心理档案是一项具有很强的科学性、专业性和技术性的工作，心理教育工作者只有在了解了建立留守儿童心理档案的意义、原则、方法以及管理要求的基础上，才能建立起科学的心理档案，才能正确使用与管理好心理档案。

（一）建立留守儿童心理档案的原则

建立留守儿童心理档案的原则是指心理健康教育工作者在建立留守儿童心理档案的过程中必须遵循的基本准则，它是确定留守儿童心理档案内容、选择测评工具、结果分析与解释及处理中所必须遵循的指导思想和基本要求。

1. 客观性原则

客观性原则是指在心理档案建立过程中要尊重留守儿童的客观心理事实，要有科学而严谨的态度。这一原则是留守儿童心理档案真实性、科学性的有力保障，是保证留守儿童心理辅导实效性的基本前提。贯彻这一原则要求做到：其一，在测评工具的选择上要有科学性，要选择那些有较高的信度和效度的标准化心理测验；其二，施测时必须遵循严格的操作程序；其三，对建档过程中所获得的结果或信息，要以科学、慎重的态度来描述和解释，并结合留守儿童的特点进行分析归纳，进而提出合理的有针对性的教育培养建议。

2. 保密性原则

保密性原则是指心理健康教育工作者要对留守儿童心理档案的内容做到绝对保密，不得随意将心理档案的内容告知他人，这是建档工作的普遍性道德准则。贯彻这一原则要求做到：其一，只要是留守儿童不愿意公开的、不利于留守儿童心理健康发展的和违反心理咨询工作原则的内容就必须严格保密；其二，留守儿童的心理档案不同于一般人事档案，只有心理健康教育工作者才能建立和处理，不能作为留守儿童品行评定的依据，也不能作为留守儿童的终身档案放进人事档案材料。不过，当留守儿童有明显自杀意图或伤害他人的倾向时，可以适当突破保密性原则。

3. 系统性原则

系统性原则是指在留守儿童心理档案建立过程中要树立系统观、整体观，全面搜集留守儿童的相关信息，对留守儿童的心理状况进行系统检查分析，以便从整体上把握留守儿童的心理特征。贯彻这一原则要求做到：其一，心理档案本身要有系统性，要将留守儿童心理现状及影响留守儿童心理发展的因素包括进去。其二，测评工具的选择使用方面要前后一致，不能随意选用。其三，留守儿童心理档案的建立必须定期进行，即要对留守儿童的心理发展进行定期的追踪研究，了解留守儿童心理发展的连续过程和量变质变规律，使心理档案能反映留守儿童在教育条件下系统的心理变化过程。

4. 动态性原则

动态性原则是指心理健康教育工作者要以发展变化的观点看待留守儿童，以积极的态度指导和帮助留守儿童，把心理档案建设成为一个动态的档案。这是因为留守儿童的身体发育和心理发展尚处在迅速成长的时期，心理发展的过程就是一个动态变化的过程。贯彻这一原则要做到：其一，教育工作者既要尊重留守儿童当前的心理事实，又要以发展变化的观点对待留守儿童；既要在一个时间横断面上了解留守儿童心理发展的性质与状态，又要善于在时间延续线上考察留守儿童心理发展的潜力水平。其二，心理档案的内容要随着留守儿童心理发展而发展变化。其三，对于留守儿童某一时期所表现的某些心理问题或征兆，可能属于成长过程中的正常波动或暂时性的轻微失调，教师切忌机械套用某些诊断标准对此进行标签式归类，而应以动态的视野寻求其心理机制的运行轨迹和外部影响的发展脉络。

（二）建立留守儿童心理档案的程序

留守儿童心理档案的建立，不是一蹴而就的，必须依照一定的程序进行：

1. 留守儿童心理档案内容的确定

留守儿童心理档案的内容主要包括留守儿童的综合资料、心理测评资料以及心理健康教育活动记录等三大部分。留守儿童的综合资料是指影响留守儿童心理发展的基本资料，如：留守儿童的人口资料（包括姓名、性别、出生年月等）、身体状况、家庭生活环境、学校学习生活情况及重大社会生活事件等。心理测评资料是指留守儿童经过心理测量得出的反映留守儿童心理状况和心理特点的资料，主要包括留守儿童的能力状况、人格特征、心理健康状况等方面的记录、分析及教育建议。留守儿童心理健康教育活动记录是指对留守儿童心理和行为障碍进行心理咨询与辅导的记录。

2. 留守儿童心理档案资料的搜集

确定了留守儿童心理档案的内容后，就要搜集相应的资料，这是建立留守儿童心理档案的前提。留守儿童资料搜集的主要方法有：观察法、访谈法、问卷法、作品分析法和心理测验法等。

（1）观察法。即教师有目的、有计划、有系统地观察处于自然条件下儿童的行为表现，对所观察的事实加以记录和客观的解释，以了解留守儿童心理和行为特征的一种方法。观察法可随时运用于日常的教学、人际交往甚至日常生活的所有方面，教师可以直接观察到这些现象发生、发展的过程，获得第一手资料。

（2）访谈法。即教师通过与儿童及相关人员进行口头交谈的方式来搜集儿童有关心理和行为特征等数据资料的一种方法。访谈法可以灵活地、有针对性地搜集留守儿童的资料，这种方法有利于对留守儿童的各种心理与行为问题进行多层次和多方面的探索。由于访谈是面对面进行的，因而对辅导教师自身素质要求比较高。

（3）问卷法。即心理辅导教师用统一、严格设计的问卷来搜集儿童有关心理和行为特征等数据资料的一种方法。运用问卷法搜集留守儿童资料有两个优点，一是标准化程度较高，整个过程严格按一定程序进行，从而保证了对留守儿童研究的准确性和有效性；二是收效快，能在短期内获得留守儿童的大量信息。运用该法的关键是要设计好问卷，如：问卷设计应遵循目的性、非暗示性、适度规模等原则；在表述问题时，应正面肯定提问，不要用假设句、反问句或否定句；在问题排列方式的设计上应做到：时间上有连续性，内容上由浅入深、由易到难，敏感性问题和开放式问题放在问卷的后面等等。

（4）作品分析法。即教师借助留守儿童的作品来搜集研究其有关心理和行为特征等数据资料的一种方法。如通过对留守儿童的各种作业、试卷、模型和其他创作作品以及留守儿童的日记、信件、作文等的分析，可了解留守儿童的心理活动。

【聚焦现实】

"妈妈走了，把温馨也带走了"

"妈妈，自从你走后，我觉得家里的一切都变了，即使离家很近，也觉得很遥远。每次放假回家，我都会习惯地叫上一声'妈'。这时，屋里没有任何声音，就像一个在空荡山野上的破庙。放下书包，走进厨房，看不到你为我做饭的背影，听不到那锅与铲相碰的声音，也闻不到饭菜的香味。我惟一能看到的是锅里的脏碗和残水，能听到蚊子嗡嗡的声音。以前那种温馨的感觉再也找不到了，因为它被你带走了。"

"有段日子，我想你都快想疯了。你曾经用过的梳子、镜子，整理得干干净净的床铺与衣服，摆放得规规矩矩的东西，我丝毫不敢挪动，因为看着它们，感觉你好像还在我的身边；我每天都看新闻，总希望能在电视上看到你；每天都想打电话给你，可是又不知道电话号码。孤独像潮水一样冲击着我的心灵，渐渐地，我开始控制不住自己的情绪了，总是想找个地方发泄一下。于是，门、墙便成了我攻击的目标。有时候手撞得红肿，也感觉不到痛，神经似乎已经麻木了。打累了，便往床上一躺，不一会儿就像失去知觉一样进入了梦乡。而在梦里，我又回到了那个温馨的家。"

【简评】

以上文字，摘自于一个留守儿童的日记。从这篇日记中，我们可以了解到该留守儿童的家庭情况、心理状态、行为表现等信息，尤其从中剖析出他内心深处对亲情的极度渴望，以及因亲情缺失而导致的心理失衡、行为失控等行为状态。从中搜集到该留守儿童有关心理健康方面真实、可靠的资料和信息，为建立该留守儿童的心理档案提供了重要依据。

（5）心理测验法。心理测验法是依据一定的心理学原理和技术，对人的心理现象或行为作出推断和数量化分析的一种手段，因其测验项目、测量过程、评分标准等都经过了标准化，使得这一方法具有较强的客观性、科学性，使它成为心理学中最主要、最常用的方法，也是我们建立留守儿童心理档案最主要的方法之一。运用心理测验法的关键是选择合适的测验量表进行施测。在选择合适的测评工具时首先要考虑选择标准化测验，其次要明确测验的目的、功用及使用范围，要选择适合于留守儿童年龄特征的、信度和效度都较高的测验。

3. 留守儿童心理档案的建立

留守儿童心理健康档案不同于一般的人事档案，它的建立是一个系统工程。一般情况下，留守儿童心理档案的建立要经过对资料的统计及结果解释、提出教育对策与建议、撰写测评报告、建立心理档案等几个步骤。

（1）统计及结果解释。心理健康教育工作者要对通过各种方法搜集来的留守儿童的资料进行及时整理。比如，对于留守儿童的心理测验问卷，要按照每一测验所提供的计分标准进行统计，并要将原始分转换成标准分。在计分统计过程中要实事求是、客观公正；然后再将统计分数赋予一定意义，并将有意义的信息传递给作为当事人的留守儿童或其教师和家长。

（2）提出教育对策与建议。根据结果解释，围绕如何发展留守儿童的能力、优化人格、促进心理健康、提高学习成绩等方面来提出教育对策与建议，这是建立留守儿童心理档案的目的所在。因此，我们要在对统计结果解释的基础上，结合留守儿童的实际情况，给留守儿童提出科学的、有针对性的建议或辅导策略。

（3）撰写测评报告。搜集的资料最终都要体现在测评报告中。测评报告是心理测评的最终结果，其中所做的综合性判断和诊断结论对今后的教育和干预具有决定性影响。一个有效的测评报告应具备以下特征：有针对性、描述具体行为、描述个体的独特性。此外，撰写的报告还要做到具体、准确。

（4）留守儿童心理档案的建立。建立留守儿童心理档案，首先要选择好档案的形式，常见的形式主要有文本式和电脑软件式。文本式又分专项卡片和档案袋方式两种。专项卡片可包括留守儿童综合资料和各种心理测评资料。使用档案袋保管留守儿童的心理档案时，应给每位留守儿童分别建立档案袋，其格式应根据需要和资料内容设计。电脑软件的形式可以减少差错，防止资料丢失，且工作效率高。其次是将信息准确填写或录入。这样，一份完整的档案就建立起来了。

（三）留守儿童心理档案的使用与管理

建立留守儿童心理档案的主要目的是给辅导教师提供教育、训练、辅导、咨询、转介服务等方面的依据，也为鉴别、诊断、建议提供重要信息。因此，留守儿童心理档案就只能严格控制在辅导教师手里，使用时应遵循保密性原则，研究并确定出档案的保密类别和保密等级。另外辅导教师使用留守儿童心理档案时一定要慎重，解释档案要科学、严谨。如果通过诊断发现留守儿童有心理疾病，应抱着高度负责的态度及时转介，不要做超出能力范围的事情，以免对留守儿童造成更严重的伤害。

辅导教师对留守儿童的心理档案必须加强日常管理。首先应建立留守儿童心理健康教育专区，专门负责留守儿童心理档案的建立、使用和管理工作。其次，应建立健全留守儿童心理档案的管理制度，明确管理者的职责。再者，学校还应建立留守儿童心理档案计算机管理系统，提高留守儿童心理档案的现代化管理水平。

二、开设留守儿童心理教育活动课程

留守儿童的心理档案细致地记录了每一个留守儿童真实的资料，为我们全面、客观地掌握留守儿童的心理健康状况、有针对性地采取相应的教育对策提供了科学的依据。当然，留守儿童的心理问题不是从"留守"那一天起就表现出来的，它是一个渐进的过程。对留守儿童进行心理教育的根本目标不是解决留守儿童的心理问题，而是在预防留守儿童心理问题出现的同时，促进留守儿童个体积极主动的发展，最终实现留守儿童自我帮助、自我发展和自我成长。所以我们不能等待留守儿童出现心理问题再去解决问题，而应积极面向留守儿童群体，主动采取相应的教育对策，保证留守儿童群体整体性的心理健康。开设留守儿童心理教育活动课程，能够有效地对留守儿童进行群体指导，是一种重要的心理教育对策。

（一）开设留守儿童心理教育活动课的必要性

进行留守儿童心理教育，开设留守儿童心理教育活动课，是解决留守儿童各种问题最为重要的途径之一。开设心理健康教育活动课的意义在于：

1. 心理教育活动课程的开设有利于调动留守儿童的主体性

心理教育活动课程就是教师根据留守儿童的心理特征，有目的、有计划、有组织地通过留守儿童主动性的活动项目和方式，使留守儿童的心理品质受到实际锻炼，进而培养和提高留守儿童心理健康的一种课程形式。这种课程将年龄相仿、境遇相似的留守儿童集中在一起，使参与活动课程的留守儿童获得一定的心理平衡，彼此交流不再有所顾忌。同时心理教育活动课程以活动为中介展开课程，注重留守儿童个体经验的参与，通过课程实施让留守儿童在活动中找到更多的共同语言，让每个留守儿童在活动中感受、体验、接受训练和启示，潜移默化地发展留守儿童的参与意识、实践意识、主动意识、创造意识，从而充分调动留守儿童的主体性。

2. 心理教育活动课程的开设有利于系统加强留守儿童心理健康教育

留守儿童的心理教育活动课程以培养留守儿童健康心理为宗旨，通过心理健康活动，优化留守儿童的心理素质，促进留守儿童的心灵成长。留守儿童心理健康教育活动课程的总目标以发展和预防为取向，也就是说，心理活动课程不仅面向个别有心理问题的留守儿童，而且面向整个留守儿童群体；不仅局限于解决留守儿童当前所面临的心理问题，而且以预防为主，着眼于留守儿童的未来。通过心理活动课程的实施，帮助留守儿童自我探索、自我调整、自我成长，最终促进其人格发展，这也是心理健康教育的终极目标。留守儿童心理教育活动课程的宗旨与目标，决定了开设留守儿童心理教育活动课程是留守儿童心理教育必不可少的形式之一，它加强了留守儿童的心理健康教育。

留守儿童心理教育活动课程的具体目标要根据留守儿童的实际情况设定，具有一定的序列性，由一系列子目标构成。表 2.1 是一个针对初中留守儿童人际交往能力的心理教育活动课程系列目标设计，单元目标下有 7 个主题作为课时目标。活动对象为初中二年级的留守儿童，这些学生缺乏自信，自卑、敏感，人际交往中存在两极性，要么极具攻击性，要么自我封闭，人际交往能力欠缺。这个单元的活动目的是发掘留守儿童的优势，使他们更好地认识自己，控制自己不适当的行为，促使初中留守儿童形成较好的人际交往能力。

表 2.1　单元目标：寻找朋友

主题序号	主题名称	活动目标
1	萍水相逢	促使留守儿童参与团体活动并相互认识
2	旋转沟通	增加团体凝聚力和相互熟悉的程度
3	第三只眼	增进留守儿童的自我了解，形成鲜明的自我概念
4	七嘴八舌	培养留守儿童客观公正的态度，学会尊重他人不同的意见
5	图画你我他	训练留守儿童的同理心，学会换位思考
6	做个调解员	培养留守儿童掌握调节冲突的能力
7	携手未来	让留守儿童回顾和评价所参加的主题系列活动，并展望未来应有的良好行为，树立自信心

这个留守儿童的心理教育活动课程系列主题明确，活动方式多样，目标连贯、系统，循序渐进，在不同的活动阶段实施不同的训练重点，在培养留守儿童的人际交往能力方面能够起到较好的作用。

（二）心理教育活动课程的教学内容与形式

心理教育活动课程一方面要讲授一些必要的心理健康知识，让留守儿童了解什么是健康的心理，在学习和生活中遇到困惑怎样进行自我调适以及怎样维护自己的心理健康；另一方面要有针对性地对留守儿童已经遇到或可能遇到的带有普遍性的困惑与问题进行指导和帮助，既要解决留守儿童的现实问题，又要有效地防止新问题产生。在教学内容上，一方面我们强调心理健康知识要呈螺旋式上升与提高，内容要有一定的系统性；另一方面每堂课的具体内容要具有针对性，即贴近留守儿童实际，以其心理需要和所关心的热点问题组织活动内容。在教学形式上，心理教育活动课的教学要以实践和活动为基础展开，除了一些必要的知识需要讲解外，主要是以留守儿童群体参与性的活动形式为主。

1. 留守儿童心理教育活动课程的教学内容

由于留守儿童群体中广泛存在自我意识错位、学习成绩较差、人际交往不足、生活适应能力差，缺乏积极的情感体验等问题，留守儿童心理教育活动课程内容就大体可分为留守儿童的自我意识辅导、学习心理辅导、人际交往辅导、生活适应辅导等，针对青春期的留守儿童还要特别关注青春期辅导。

（1）自我意识辅导。自我意识是人格形成、发展和改变的基础，是人格能否正常发展的重要标志。留守儿童生活中缺乏成人的必要引导，普遍存在错误的自我意识。留守儿童的自我意识辅导大体可从三个层面展开：

自我认识——可从自我知觉、自我概念、自我评价等角度进行；

自我体验——可从自尊、自信、自强、自立、战胜自卑、对抗挫折等角度进行；

自我监控——可从自我监督、自我完善、自我调控等角度进行。

（2）学习心理辅导。学习是留守儿童的主要任务，对留守儿童而言，学业的失败必然带来心理上的痛苦，甚至带来人格发展的扭曲。由于在学习上缺乏必要的辅导，绝大多数留守儿童学习成绩不理想，因此留守儿童心理教育活动课程的一个重要内容就是关注留守儿童的学习心理。学习心理辅导主要包括两个方面：一是智力因素发展性辅导，特别是记忆方法、逻辑思维能力、空间想象能力、创造思维能力的辅导；二是非智力因素发展性辅导，包括学习需要、学习动机、学习习惯、学习方法、学习情绪以及考试焦虑的处理等。

（3）人际关系辅导。人际交往对儿童的健康成长具有特殊的意义，良好的人际交往满足了儿童的归属感，有利于个体更好地认识别人，探索自我。许多留守儿童具有人际关系不良的特点，更需关注人际关系辅导。开展留守儿童人际关系辅导要特别关注亲子交往辅导，满足留守儿童的亲情需要。同时关注师生交往辅导、同伴交往辅导、与监护人的交往辅导等。

（4）适应能力辅导。我国心理学家冯忠良认为，从广义上讲，心理健康泛指个体对社会的良好适应。所谓适应，指有机体与环境能保持适度的动态平衡。留守儿童在成长过程中，会面临许许多多的适应性困难，例如父母离家后对环境的改变不适应、对学习方式的改变不适应、对挫折的不适应等。因此，心理教育活动课程要引导留守儿童顺利度过人生道路上最为动荡的时期，有意识地加强环境适应教育、挫折教育、消费休闲教育等。

（5）青春期辅导。青春期是人生发展路上的事故多发地带，这个时期的儿童由于身心发展失衡，常常出现一些问题与困惑，如情绪不稳定、性的困扰、人际冲突、人格冲突、性别角色混乱等。青春期的留守儿童由于缺乏父母的及时指导，更容易出心理问题。所以，帮助青春期留守儿童掌握正确、科学的性生理、性心理知识，了解和认识青春期的生理和心理发展特点，接纳和塑造自己的青春形象，认同自己的性别角色，了解青春期异性交往的行为规范，增进健康的异性交往是青春期留守儿童心理教育活动课程的重要内容。

当然，在活动课程的开展过程中要为留守儿童提供充分展示才干的机会，让每个留守儿童体验成功，帮助其在认识自我的价值的基础上树立自信，培养正确的自我意识，建立良好人的际关系，以及合理调控情绪、提高挫折承受能力。

2. 留守儿童心理教育活动课程的教学形式

留守儿童的心理教育活动课是以留守儿童积极主动的参与活动为主要特征的。留守儿童的心理教育活动课程的设计，提倡用创设问题情境、小组讨论、心理游戏、角色扮演、小调查、小测验等各种形式，让留守儿童思想活跃起来，以使其全身心地获得心理感悟，通过感悟内化为自己的行为习惯，通过习惯形成稳定的心理品质。在此介绍几种主要的教学形式：

（1）心理游戏。心理游戏是最受留守儿童喜爱的活动形式之一。它具有趣味性、自由性、虚构性、创造性、社会性的特点。瑞士的心理学家皮亚杰认为，游戏是思考的一种表现形式。在心理游戏中，留守儿童的身心处于放松状态，积极性高涨，能最大限度地发掘展示自我，在互动中产生团体凝聚力，达到彼此互相信任、经验分享，促进了参与者"玩"中学，"趣"中练，"乐"中长才干，"赛"中增勇气，"情"中互交往。更主要的是，游戏能够让留守儿童摒弃心灵中那道长期以来积存已久的心理屏障，在游戏中充分认识自我，尝试到与同学合作的快乐。心理游戏种类繁多，如常见的"同舟共济"、"信任背摔"、"解开千千结"、"压力飞飞飞"等，都能调动起留守儿童参与活动的积极性，起到非常好的教育作用。在设计游戏时，教师要本着趣味性原则，以能够激发留守儿童最大参与热情为最佳选择。对于游戏中的每一个环节，教师都要精心设计，切忌不要因为自己的疏忽而伤害留守儿童那感脆弱的心灵。

（2）角色扮演。角色扮演就是通过留守儿童扮演模仿一些角色，重演部分场景，使留守儿童以角色的身份，充分表露自己或角色的人格、情感、人际关系、内心冲突等心理问题，进而起到增进自我认识，减轻或消除心理问题，促进心理发展的一种教学形式。心理教育活动课程中的角色扮演主要包括哑剧表演、角色互换表演、镜像表演、心理短剧表演等。

哑剧表演要求留守儿童不以语言或文字来表达自己的意见或感情，而用表情和动作来表情达意。如表演"期盼父母回家时"、"与同学发生矛盾时"、"生气时"等，这种方式可以促使留守儿童非语言沟通能力的发展。角色互换表演有两种含义，一种是在剧中 A 和 B 交换各自的角色，通过角色交换，增进彼此的了解；另一种是扮演一个与自己现实生活中的角色完全不同的角色。例如，现实生活中一个从欺负别人的过程中寻找快乐的留守儿童，表演一个总被欺负的人，通过表演，加深对他人的了解以及自我了解，学会用他人的眼光来看自己。镜像表演是指看别人扮演自己的一种形式。心理短剧表演是通过舞台艺术的形式把留守儿童学习、生活中的一些事情搬上课堂，表现内心的冲突和情绪波动，它有趣、简单易行，留守儿童容易接受。表演结束后进行自由讨论，在交流与反思中，消除留守儿童的心理困惑，达到认知协调。

角色扮演游戏的设计内容要以留守儿童的生活情境为主体，或者设计相关的故事情节。这些故事情节要有启发性，能够让留守儿童在角色体验中懂得一些简单的人生道理，慢慢体会到如何在父母不在身边的日子里学会自理与自律。特别是对角色互换的体验，通过真实生活情境的再现，让留守儿童看到生活中一些留守儿童的不良表现，能够引以为戒，达到心理教育中的预防目的。

（3）集体讨论。集体讨论是在教师的引导和组织下，留守儿童对自己生活和学习中出现的某些问题发表自己的看法，表述自己的意见，相互启发、相互学习的一种方式，也是让留守儿童发现自我价值的一种心理教育方式。教师在讨论的过程中，设计的问题要简约，层层递进，起点要低，便于留守儿童思考。通过讨论可以交流意见、集思广益、解决问题，集体讨论时不一定要讨论人生大道理，应该针对在生活和学习中的问题，提出一种合理的解决方式，引导其在心中克服"留守"的阴影，逐步提高留守儿童的口头表达能力、独立思考能力及分析和解决问题的能力。心理教育活动课上常用的讨论方式主要有小组式讨论、辩论式讨论、配对式讨论及脑力激荡式讨论。

留守儿童的心理教育活动课的最终目的是促进留守儿童心理健康的发展，因此，它必须以留守儿童的需要为出发点，以留守儿童的活动为主体，以灵活多变的形式、丰富实际的内容去吸引他们，提高他们的心理自助能力。

（三）心理教育活动课程的教学程序

活动主题确定后，一节心理教育活动课程如何具体展开就是一个焦点。台湾学者王智弘提出的心理辅导活动课程流程，为我们的留守儿童心理教育活动课程提供了很好的范本。参考王智弘的活动课程流程，我们设计了留守儿童心理教育活动课程的教育程序，具体包括：

1. 暖身活动

采用一些轻松的活动或游戏，营造一种开放、接纳的气氛，酝酿一种轻松、活泼的情绪，激励留守儿童的参与兴趣。

2. 创设情境或设计活动

教师依据心理教育活动课程的目标及内容，创设有效、合适的活动或情景，吸引留守儿童主动参与到学习中来。

3. 催化互动

教师在活动中利用团体动力因素，催化留守儿童彼此参与和互动，让留守儿童在自己与同伴、自己与教师的活动中，增进自身的心理健康发展。

4. 鼓励分享与自我探索

教师充分调动留守儿童自身的教育资源，鼓励留守儿童作深入的自我探索，通过自我开放、自我体验、自我领悟、自我实践等有效行为，促进自我成长。

5. 整合经验

留守儿童的参与以及彼此间的分享与回馈，使留守儿童能把别人以及在活动中获取的新经验与自身的经验加以整合，从而深化心理教育的效果。

6. 促成行动

为落实留守儿童领悟与经验整合所取得的效果，鼓励留守儿童马上采取行动达成效果，以确保心理教育活动课的效果在知、情、行三个维度上的整合。

7. 活动延伸

教师在活动课结束时必须布置一定的作业，一方面要鼓励留守儿童把课程中取得的领悟与演练的成果迁移运用到日常生活中，另一方面还要充分发挥"学校——家庭——社会"这一立体教育网络的支持作用，真正促进个体的成长。

下面是一位老师为留守儿童设计的一节主题为《珍贵的友谊》的心理教育活动课程，请参阅。

【课例展示】

《珍贵的友谊》教学课例

（一）放《友谊花开万里香》音乐开场，主持人讲开场白。

（二）进行"相互采访"活动。

1. 所有的留守儿童围成圆圈坐，两人一组，互相自我介绍。

2. 访问活动结束后，每个留守儿童介绍被他访问的另一位留守儿童，再由被介绍者补充。教师告诉其他成员要注意听，记住团体内每个成员的特征，然后进行认人比赛。

（三）心理短剧表演。

1. 一个留守儿童不小心踩到另一个留守儿童，被踩者很气愤，结果两人吵起来。

2. 组长发书时，把一本脏书发给留守儿童，两个人互不理解，争吵起来。

（演员在这个时候定格，主持人说话："遇到这种情况，如果我们能将心比心，站在别人的角度去想一想，也许结果会不一样，大家看……"）两个短剧中的留守儿童换位，继续表演。

1. 踩到人的留守儿童连忙说对不起，另一个留守儿童也说："没关系，路滑也难免会这样，我们大家以后小心点走就是了。"两人高兴地离去。

2. 组长把这本脏书留给自己，拿了下面的一本好书给这个留守儿童，这个留守儿童看到了说："那本书应该是轮到发给我的，还是给我吧。"两人在互相谦让。

短剧在这里再定格，主持人问："为什么换种想法，换个'位置'，结果竟会有如此大的变化呢？"（大家讨论，随意发表意见。）

主持人小结：在交往中，只要我们能多为别人想一想，多站在别人的角度去看问题，其实很多问题或矛盾都很容易解决，并且还能增进双方的友谊呢！

（四）"跛子指挥瞎子走路"游戏。

全班分成若干个小组，每队成员两人，一个当瞎子，一个当跛子。由每组的瞎子背跛子，跛子指挥瞎子前进，从规定的一侧，走到前方 4 米处绕红旗回来，然后再换下一队，最快轮完的一组获胜。

（五）老师总结。

父母不在身边的日子里，许多同学感到孤独、痛苦，不愿与人交流。可大家知道吗，人的一生有许多感情是很宝贵的，其中之一就是"友谊"。著名科学家培根说："友谊能使快乐倍增，使痛苦减半。"所以，同学们，请敞开你的心接受友谊吧，请交出你的心珍惜友谊吧，让朋友来分享你的快乐，分担你的痛苦。你将会获得别样的幸福和财富！

【简评】

最好的心理教育不是说教，而是巧妙的引导。在真实的课堂环境中，对于留守儿童的表现，我们不要摆出一副师道尊严的面孔去教导他们，而应该发挥留守儿童的主动性、参与性，让他们适当换位思考，适当发表一些个人观点，在讨论中形成有效的做法。这样，整个课堂才能够真正走进留守儿童的心中，达到良好的育人效果。

三、开展留守儿童心理素质训练

除了开设心理教育活动课程外，开展留守儿童心理素质训练也是保证其整体心理健康的一项重要对策。留守儿童的心理素质是其在长期的留守生活中形成的心理活动在个体身

47

上的积淀，是其在思想和行为上表现出来的比较稳定的心理倾向、特征和能动性，其中包括智力因素与非智力因素。留守儿童心理素质训练就是在心理学科学原理和方法的基础上，通过有目的的、主动的、有意识的心理素质练习和调整，对受训者进行有意识的影响，最终使以往的心理与行为发生积极而持久的改变，包括认知的突破、情绪情感的调试、行为的转变和人格的改善，从而在这个训练过程中使留守儿童心理完善起来，全面发展其个性，提高留守儿童的心理健康水平。

（一）心理素质训练的主要内容

心理素质是由认知、情感、个性、意志等心理品质构成的，这决定了留守儿童心理素质训练目标与内容的多层次性。心理素质训练的主要内容比较丰富，主要有：认知发展训练、情绪稳定训练、意志优化训练、个性完善训练和人际和谐训练。但并非每次心理素质训练都必须包含这些内容，必须因需制宜，需要什么就训练什么。

（二）心理素质训练的基本方法

心理素质训练重在活动，重在留守儿童的参与，同时注重行为塑造，使良好的习惯性行为内化为留守儿童的心理素质，通过师生的共同活动达到训练目的。所以它在实施过程中要采用灵活多样的方法进行。

心理素质训练的方法主要有以下几种：

1. 价值观辨析法

价值观辨析法是在教师的安排下，留守儿童通过讨论、辩论等方法，利用理性思维和情绪体验来检查自己的行为模式，并把自己的行为模式与他人的行为模式进行比较，解决价值冲突，进而按照较符合要求的价值观支配自己的言行。常用的价值观辨析法有小组讨论法、两难故事法、脑力激荡法等，适用于不同的心理素质训练，如小组讨论法适用于留守儿童自我评价、学习态度、个性、人际交往等方面的心理素质训练，两难故事法适用于留守儿童个性塑造及品德形成等，脑力激荡法多适用于留守儿童思维能力训练。

【聚焦现实】

小组讨论：《小虫和大树》的故事

教师为留守儿童讲述《小虫和大树》的故事："在非洲科罗拉河畔的一个小山坡上，有一棵死去的庞大古树。据生物学家估计，它屹立在地球上已经有四百多年的历史。漫长的岁月中它虽先后遭受十四次雷电袭击，无数次的雪崩、风暴摧残，它都骄傲地挺立过来，不畏一切强暴。可谁曾想到在一群不起眼的小虫子的攻击下，它却倒下了。这些蛀虫穿透树皮，蛀空树干，用它们微弱的、不间断的进攻，最终彻底瓦解了大树的战斗力。"

故事讲完后请留守儿童分小组讨论：

1. 一棵大树经得起雷击、飓风的袭击，却经不住小虫的攻击，这是为什么？

2. 小虫把大树蛀倒了，靠的是什么？

3. 从这个故事中你受到什么启发？想想自己的意志力怎么样，还应做哪些努力？

留守儿童在经过激烈的讨论后达成共识：大树轻视了小虫，结果被小虫击垮，小虫蛀倒大树，靠的是一种坚持精神。所以我们不能轻视别人，要看到别人身上的优点，也不能自我贬低，要看到自身的长处。

【简评】

这是教师运用小组讨论法进行的社会认知和意志品质训练。富有哲理性的故事能够激发留守儿童进行积极的思考，引发留守儿童在思考的基础上展开热烈的讨论。在讨论的过程中采用主动检查自己的行为模式，在反思的基础上帮助留守儿童形成正确的价值观。

2. 榜样引导法

榜样引导法就是教师利用留守儿童模仿性强的特点，为其树立榜样，让其通过观察榜样行为，使自身受到强化，模仿榜样的言行，从而实现心理素质训练的目的。

榜样最好选择留守儿童身边的优秀个体，这样的榜样可亲、可敬、可信并与学习者有较大相似性，易于模仿，易于激发留守儿童的学习欲望。从内容说，榜样引导法较适合个性塑造，良好行为习惯的养成等。

3. 行为强化法

行为强化法是教师运用强化手段来巩固留守儿童良好行为、消除不良行为的方法。所谓强化是指任何有助于机体反应概率增加的事件，可分为正强化、负强化。凡施加某种影响并有助于反应概率增加的事件叫正强化。如一个顽皮的留守儿童经常不按时完成作业，当他在教师教育下按时完成了作业时，教师及时给予表扬或奖励，这就是对留守儿童的这种良好行为进行了正面强化。所谓负强化是指移去某种不利影响并有助于反应概率增加的事件。例如：某留守儿童做作业非常拖拉，但却非常喜欢看电视，常因看电视影响做作业的质量和速度。这时就可以将看电视作为惩罚的刺激物，不能按时完成作业，就不允许看电视。为了看电视，该儿童就会加快写作业的速度。这种以不许看电视作为惩罚以形成儿童快速做作业的良好行为的做法就是负强化。由于负强化效果欠佳，而且可能带来一些负作用，所以在心理素质训练中多采用正强化。行为强化法的重点是针对良好行为习惯的养成和不良行为的矫正，在心理素质训练中可以适用于留守儿童的行为塑造和矫正。

4. 心理暗示法

心理暗示法是人或环境以非常自然的方式向个体发出信息，个体无意中接受这种信息，从而做出相应反应的一种方法。心理学家巴甫洛夫认为：暗示是人类最简单、最典型的条件反射。从心理机制上讲，它是一种被主观意愿肯定的假设，不一定有根据，但由于主观上已肯定了它的存在，心理上便竭力趋向于这项内容。我们在生活中无时不在接收着外界的暗示。比如，电视广告就对人们的购物心理具有较强的暗示作用。在观看电视时，反复播放的广告信息就进入了人们的潜意识，购物时，这些沉积于潜意识中的广告信息就会左右人们的购买倾向。心理暗示的这种巨大作用，使它成为一种重要而富有实效的心理素质训练方法。

常用的积极的心理暗示法主要有：录音催眠暗示法、扩大优点法、淡化消极因素法等，这些方法都有很好的暗示效果，并可应用于各类心理素质训练。如果某一留守儿童有办事拖拉、优柔寡断、缺乏时间观念、懒散等毛病，想去掉这些毛病，就让他每晚睡觉前将录音机打开，给他反复播放这样的录音："我有说干就干的工作作风，我喜欢当机立断，我惜时如金，我很勤快，我有勤劳的美德。"每晚放半个小时，使他在录音播放中睡着，这样反复播放数周后，暗示语就会生效。期望自己成为什么样的人，就用什么样的语言暗示自己。今日的暗示，就是明日的现实。

除以上几种方法外，角色扮演法也是心理素质训练中比较常用的方法，可适用于各类心理素质训练。在心理素质训练过程中，各种方法要根据各自的适用范围，灵活应用。

四、实施留守儿童心理咨询

学校开展的心理咨询是对留守儿童实施心理健康教育最重要的途径之一。心理咨询与活动课、心理素质训练等形式的不同之处在于，活动课、心理素质训练主要是面向全体留守儿童，以发展和提高留守儿童心理健康为目的，而心理咨询则更多地关注有心理问题的留守儿童，以改善、恢复留守儿童的心理健康为目标。一旦留守儿童出现心理问题，最有效的做法就是寻求这种由专业人员实施的专业救助。

（一）个体心理咨询

心理咨询是心理咨询师协助求助者解决各类心理问题的过程，它的终极目标是助人自助。面对来访的留守儿童，心理咨询师要通过启发、引导、支持、鼓励等形式，帮助留守儿童领悟到内心存在的冲突，矫正错误的认知，做出新的有效的行为，从而达到解决问题、促进发展、完善人格的目的。

1. 心理咨询的基本原则

心理咨询的原则即心理咨询师在工作中必须遵守的基本要求。在对留守儿童的心理咨询中，咨询师遵循心理咨询的基本原则，方能保证咨询和治疗的效果，并在最大限度上维护留守儿童的合法权益。心理咨询的原则包括保密原则、倾听原则、限定原则、来者不拒往者不追原则等等，在此重点介绍以下原则：

（1）保密性原则。保密原则是心理咨询中最为重要的原则。这一原则要求在没有得到留守儿童同意的情况下，不得将其资料泄露给任何人，咨询中要向留守儿童说明，一旦咨询人员泄密，留守儿童有权诉诸法律。在公开案例研究或发表文章必须使用来访留守儿童的个人资料时，必须充分保护其利益和隐私，使其不致于被他人对号入座。当然，保密并不是绝对的，比如当发现留守儿童有危害自身或他人的情况时，应根据需要通知有关部门或家属，但应将有关保密信息的暴露程度限制在最小范围。

（2）价值中立原则。在对留守儿童的咨询过程中，心理咨询教师应持一种非评判性态度，对来访留守儿童的语言、行动和情绪等要充分理解，不得以道德和个人价值的眼光评判对错，更不能将自己的价值观强加给留守儿童。比如不得对留守儿童说："你的这种想法是不符合社会道德的""你的做法是荒唐的"之类的话，如果心理咨询教师不得不表明态度，可以说："我十分理解你的心情""你谈的情况从心理学角度完全可以理解"等，"理解"一词是最中性化和非评判性的，既不是支持也不是反对。非评判性态度可以使来访留守儿童感到轻松并无所顾忌地袒露心声，将其内心世界展现在心理咨询教师面前。

（3）助人自助的原则。助人自助原则是指心理咨询的最终目标是帮助来访者获得心灵成长和人格完善，这也是心理咨询的实质所在。心理咨询之妙就在于它帮助了一个人，却让那个人感到好像是他自己帮助了自己似的。面对来访的留守儿童，心理咨询教师不仅要帮助他消除当前所面临的心理问题，更重要的是要通过咨询激发留守儿童积极向上的动力，增强其独立性，减少其依赖性，使其对自己负责，敢于面对生活，善于处理人生的各种命题，面对挫折和困难能从容应对。因此，每一次针对留守儿童的心理咨询，都应看成是使其向自我完善之目标迈进的一步，而整个心理咨询过程则应成为帮助来访留守儿童学习并成长的过程。

2. 个体心理咨询的基本程序

心理咨询是一个过程，对留守儿童的心理引导就是心理咨询教师运用相关的心理学理论协助来访的留守儿童解决各类心理问题的过程。为了取得咨询的成功，心理咨询还须遵循一定的程序。

（1）资料的搜集。临床资料是进行心理咨询工作的基本依据，没有它，心理咨询就会盲目或无从入手。所以，对留守儿童的咨询自然也应从搜集临床资料入手。搜集资料的途径多种多样，比如摄入性会谈、观察、访谈、问卷调查或心理测验等等，可以根据实际情况选择。资料的内容应包括人口学资料、个人成长史、个人及家族健康史、个人生活方式及受教育情况、社交状况、目前生活学习状况、近期生活中的遭遇等等。资料的搜集要尽可能做到全面、可靠。

（2）资料的整理与分析。最初收集来的资料往往是相互交错、混杂在一起的，这给后来的思考、判断带来不便，最好的办法是按资料性质进行整理，这样做的好处是，收集的资料分门别类，一目了然，容易判断不同资料之间的纵向、横向以及逻辑关系。

在资料整理的基础上对资料进行分析，分析分为四步：第一，排序，即按出现时间，将来访的留守儿童所有资料排序；第二，筛选，即按可能的因果关系，将那些与留守儿童问题症状无关的资料剔除；第三，比较，即将来访留守儿童的所有症状按时间排序，再按因果关系确定主症状和派生症状；第四，将与症状有关的资料进行分析，找出造成问题的主因和诱因。

（3）综合评估。把来访留守儿童的自我叙述及临床获取的资料包括心理测评结果进行分析比较，将主因、诱因与临床症状的因果关系进行解释，确定心理问题的由来、性质、严重程度，确定其在症状分类中的位置。

（4）诊断。根据综合评估结果，形成对来访留守儿童心理问题的诊断。

（5）鉴别诊断。为防止误诊，还应鉴别诊断。鉴别诊断可以通过症状定性、症状区分、确定鉴别诊断的关键症状和特征及现行的症状诊断标准等方法进行。

（6）制定咨询方案。咨询方案是对来访留守儿童实施心理咨询的完整计划，它是心理咨询进入实施阶段时必备的文件。方案的制定，必须按照来访留守儿童心理问题的性质、采用的治疗方法、咨询的期限、咨询的步骤以及要达到的目的等具体情况制定。咨询方案的内容必须包括以下几方面的内容：①来访留守儿童的概况；②诊断及鉴别诊断；③与来访留守儿童协商制定咨询协议；④确定咨询及治疗方法；⑤确定咨询的步骤和阶段；⑥确定阶段性咨询预期目标及评估方法；⑦确定最终预期目标及评估方法；⑧确定预期后果；⑨确定咨询意外和失败的对策及措施；⑩确定本方案允许意外修改的可能范围等。

3. 心理咨询的主要方法

心理咨询是对有心理困惑或心理问题的留守儿童进行的专业帮助。为了保证心理咨询的效果，心理咨询教师需要熟练掌握心理咨询的各种技巧和方法。下面介绍几种适合留守儿童的心理咨询方法：

（1）阳性强化法。阳性强化法是行为主义心理学家创造的一种行为治疗方法，即以阳性强化为主，及时奖励正常行为，漠视或淡化异常行为，以达到建立或保持正常行为、消除异常行为的目的。阳性强化法对那些有行为障碍、长期遭受批评、缺乏自信的留守儿童尤其适用，也适用于平时比较调皮、不太受教师同学欢迎的一般留守儿童。其工作程序是：明确治疗的目标→监控目标→设计新的行为结果→实施强化。

（2）合理情绪疗法。合理情绪疗法是美国心理学家埃利斯首创的一种心理治疗方法。这种方法旨在通过纯理性分析和逻辑思辨的途径，改变来访者的非理性观念，以帮助他解决情绪和行为上的问题。该理论认为，使人难过和痛苦的，不是事件本身，而是对事件的不正确解释和评价。比如有的留守儿童因一次考试成绩不理想而导致焦虑，整日惴惴不安，心神不定，害怕考试，甚至影响到正常的学习与生活。合理情绪疗法就是让其意识到：真正使他焦虑的不是考试成绩不好，而是他对这一事件的错误观念，他存在"我必须考好""考不好是不能被原谅的""这次考不好我就完了"等错误观念。因此当面对此类型的来访留守儿童时，心理咨询教师要帮助他们进行理性分析和逻辑思辨，改变其不合理的观念，并建构其理性观念，最终帮助留守儿童摆脱不良情绪困扰，维护心理健康，促进其人格健康发展。其工作程序是：心理诊断阶段→领悟阶段→修通阶段→再教育阶段。

（3）系统脱敏法。系统脱敏法是由精神学家沃尔普提出的一种行为治疗方法。它的基本原理是：让一个原本可以引起微弱焦虑的刺激，在来访者面前重复暴露，同时来访者以全身放松予以对抗，从而使这一刺激逐渐失去了引起焦虑的作用。系统脱敏法可用于治疗留守儿童对特定事件、人、物体或泛化对象的恐惧和焦虑。其工作程序是：学习放松技巧→建构焦虑等级→系统脱敏。

（4）冲击疗法。冲击疗法是用来治疗恐惧和其他负性情绪反应的一类行为治疗方法。它适用于被恐惧或其他负性情绪困扰的留守儿童。冲击的方法是让来访留守儿童持续一段时间暴露在现实的或想象的能够唤起强烈焦虑的刺激情境中，不给以任何强化（哪怕是同情的眼光也不给一点），任其自然，最后迫使导致强烈情绪反应的内部动因逐渐减弱乃至消失，情绪反应自行减轻乃至消除。其工作程序是：筛选确定治疗对象→签订治疗协议→治疗准备工作→实施冲击治疗。

（5）厌恶疗法。厌恶疗法是通过附加某种刺激，使来访者在进行不适行为时，同时产生令人厌恶的心理或生理反应。如此反复实施，结果使不适行为与厌恶反应建立了条件联系。以后尽管取消了附加刺激，但只要来访者进行这种不适行为，厌恶体验依然产生。为了避免厌恶体验，来访者不得不中止或放弃原有的不适行为。比如针对染上烟瘾的留守儿童，心理咨询教师就可以采用该法帮其戒掉恶习。在治疗过程中，给他讲吸烟的危害；看因吸烟导致的癌变肺的解剖标本；带他去病房看有吸烟史的呼吸科病人，看病人们痉挛性的咳嗽及满面通红、涕泪交流、近乎窒息的痛苦状；看他们吐出的大堆大堆发出恶心腥味、布满血污的浓痰。然后让留守儿童吸烟，通常情况下他会感到不舒服、恶心，因为他一吸烟，就会想到那些令他恶心、不舒服的东西，吸烟与"恶心"建立了联想。若想不恶心，就得戒烟。这一方法的工作程序是：确定靶症状→选用厌恶刺激→把握时机施加厌恶刺激。

（二）团体心理咨询

针对留守儿童的团体心理咨询就是将有心理问题的留守儿童组成团体，通过团体内人际间的交互作用，促使个体留守儿童在团体活动中观察、学习、体验，认识自我，接纳自我，学习新的态度与行为方式，具备良好的生活适应能力，促进人格完善。

与个体心理咨询相比，团体心理咨询影响广泛，效率高，咨询效果易于巩固，尤其适用于人际关系适应不良的留守儿童。因为团体心理咨询为留守儿童提供了良好的人际交往场所，创造了安全、温暖、相互信任、彼此支持的团体氛围。置身于精心营造的交往环境中，留守儿童更易于以他人为镜，探索自我，调整自我，发展与人相处的能力。当然，团体咨询亦有局限性，比如：留守儿童深层次的心理问题不易暴露；个体差异难以照顾周全；有的成员可能会再次受到伤害等。

1. 确定留守儿童团体心理咨询的目标

留守儿童团体心理咨询必须有明确、具体、积极、可操作的目标。目标的确立要在广泛了解留守儿童意愿、动机及充分考虑社会文化背景的基础上进行。目标确立分为三级：第一，一般目标：即所有留守儿童团体心理咨询都具有的目标，如：增进留守儿童心理健康、培养留守儿童与他人相处及合作的能力等。第二，特定目标：即每个留守儿童团体心理咨询要达到的具体目标。例如：针对情绪低落的留守儿童确定"走出情绪低谷"的目标；对网瘾留守儿童确定戒除网瘾的目标。第三，每次团体活动的目标：随着团体的发展，每次活动目标都会有所不同。

2. 团体心理咨询方案的制定

恰当的团体方案是留守儿童团体心理咨询得以顺利进行的有效保障。团体领导者正是依据团体方案而周密组织和实施团体活动，一步步引领留守儿童健康发展，最终实现心理咨询目标。一个合格的留守儿童团体咨询方案，必须符合五个方面的要求，即：计划的合理性，目标的明确性，操作的可行性，过程进行的发展性，团体效果的可评价性。

留守儿童团体心理咨询方案一般包括以下几个方面的内容：留守儿童团体的性质、名称、目标、领导者、对象与规模、活动方案、活动时间、活动设计的理论依据、活动场所以及评估方法，最重要的是团体活动方案，包括团体过程规划、单元执行计划等。

【聚焦案例】

设计举例："放飞心灵驿站" —— 被焦虑情绪困扰的留守儿童团体咨询方案

①团体名称：放飞心灵驿站。

②团体总目标：接纳自己、接纳别人、了解焦虑情绪的来源、学会管理自己的情绪。

③团体性质：结构化。

④团体对象：被焦虑情绪困扰的留守儿童，性别不限。

⑤团体规模：8～10人。

⑥团体地点：学校团体心理咨询室。

⑦活动频率：6次；每周一次；每次两小时，周五下午4：00～6：00。

⑧领导者及训练背景：心理咨询师2名（男女各一名）；心理学专业。

⑨招募方式及成员筛选标准：咨询师筛选，自愿参加。

单元活动计划

活动名称	单元目标	活动内容	时间
1. 心灵之约	认识团体，相识，澄清期望，集体规范	引言－滚雪球－倾诉烦恼－结语	2h
2. 心灵相通	提高集体凝聚力与参与度；检验自己的焦虑程度，认识自己的情绪反应	相亲相爱一家人－焦虑自评－讲解认识领悟－结语	2h
3. 心灵密码	引导深入觉察自己的焦虑情绪，让成员认识焦虑产生的因素	现场自画像－刮大风－当我小的时候	2h
4. 心灵解码	家庭对人性性格的影响，进一步领悟焦虑产生的因素	突出重围－原生家庭	2h
5. 心灵鸡汤	学习管理焦虑情绪，学会处理焦虑情绪	成长三部曲－突破困境	2h
6. 美丽心灵	回顾团体过程，整理团体经验的心得，继续交流评估成效	回顾收获－摇篮曲－评估量表－珍重再见	2h

每一次团体活动的内容也应提前设计好，通常情况下，每次团体活动内容大都包括三个方面：①热身运动。为了打开团体咨询开场的僵局，也为了增进成员彼此互动并尽快进入团体，增加团体凝聚力，活动开始一般都要开展一些热身运动，如："微笑握手"、"成长三部曲"。热身活动的时间一般是15～20分钟，若热身不足，则团体难以有效启动；若热身过度，则会本末倒置，影响团体咨询活动的正常进行。②主要活动。指团体的核心活动，它是关系到团体咨询目标是否达成的关键。一般是根据团体心理咨询的目标而设计，由于所处咨询阶段及目标的不同，活动的内容、形式也不同。常用的活动类型有绘画、深入讨论、角色扮演等等。③结束活动。一般在每次团体活动结束前5～10分钟，教师应对该次团体活动进行总结，预告下次团体活动的主题，布置家庭作业等等。

3. 团体心理咨询的实施

团体心理咨询是帮助参与团体的留守儿童解决心理问题的有效手段，是带领留守儿童团体成员进行自我探索、自我成长、完善人格的过程。团体心理咨询的实施通常要经过以下程序：

（1）甄别团体成员。并不是每个儿童都适合参加团体心理咨询，因为在团体心理咨询中，团体内的成员要互相配合得宜，才能产生积极效果。因此，要对留守儿童开展团体心理咨询，首先需要对留守儿童进行甄别和筛选。从团体咨询的特点看，成为团体成员的留守儿童应该具备以下特征：①自愿报名参加，并怀有改变自我和发展自我的强烈愿望；②愿意与他人交流，并具有与他人交流的能力；③能坚持参加团体活动全过程，并愿意遵守团体的各项规则。个别留守儿童由于性格内向、羞怯孤僻、自我封闭，或有严重的心理障碍等原因，虽然有参加团体心理咨询的愿望，却不可能在团体中获益，所以不宜参加团体心理咨询。

（2）引导成员相识并形成信任关系。留守儿童团体组建起来之后，首先面临的就是团体成员间陌生、缺乏信任的问题。因此，引导成员相互认识并形成彼此信任的友好关系十分必要。对此，教师可以采取以下措施：①寻找相似性。针对留守儿童间的陌生感、不适应感，教师可以帮助其寻找彼此的相似性，最常用的话题是："谈谈你为什么来参加这个团体？"②彼此交流。教师应创造机会鼓励成员相互交谈，鼓励方式应因人而异。如：对于过于谦虚的留守儿童，应说明人人都有机会表达，不必等待最后才开口；对于表达能力较差的留守儿童，不宜在其未准备好时点名发言，以免增加其焦虑感。③专心聆听。留守儿童在第一次聚会中，有的急于表达自己；有的沉默寡言；有的为准备自己所要表达的话题而无暇注意别人的表达；有的窃窃私语。这都会影响到团体互动，所以，教师应引导成员学会聆听他人的心声。④运用练习。通过练习活动有助于增强成员参与团体的兴趣、促进讨论、深化话题等。通常所用的练习有：信任之旅、同舟共济、解开千千结等。

（3）促进团体成员探索自我。一个人要适应社会生活，并建立良好的人际关系，前提是必须先了解自己，接纳自己，进而认识别人，接纳别人。留守儿童团体咨询的最主要课题，是引导他们进行自我探索，帮助他们勇敢而开放地表达自己，形成健康的自我形象，增强自觉发展的能力。通过团体咨询中的自我探索练习，留守儿童能更清楚地认识自己及未来发展的可能性，发掘自身潜能，提升自我觉察和觉察他人需要的能力，协助留守儿童更好地自我接纳、自我成长。

（4）做好团体心理咨询的结束工作。留守儿童团体咨询活动终归是要结束的，但由于团体成员之间建立了相当亲密、坦诚、互相支持的关系，留守儿童往往对团体咨询活动的终结会有强烈的失落感，易于产生分离焦虑。辅导教师应特别审慎处理。过于仓促或过于拖拉的结束都会影响团体咨询的最终效果。为了使团体咨询画上完满的句号，辅导教师应通过提前宣布团体即将结束、带领成员回顾团体历程、进行团体成效评估、协助团体中的留守儿童做好面对未来生活的准备、互相道别与祝福等几个步骤的工作，使成员做好结束团体咨询的心理准备，愉快而充满信心地结束团体活动，并在结束过程中进一步巩固团体咨询的效果。

五、不同类型留守儿童的心理干预对策

根据留守儿童的心理特征及不良表现，我们把有心理问题的留守儿童分为认知偏差型、亲情缺失型、性格缺陷型、情绪波动型四种类型。作为一名有责任心的教育者，要积极关注留守儿童的心灵成长，关心其心理健康，为留守儿童的心理问题提供专业帮助，针对不同类型的留守儿童采用不同的心理干预对策，主动帮助留守儿童解决相关心理问题。

（一）认知偏差型留守儿童的心理干预

留守儿童的认知偏差即认知曲解，是留守儿童在认识和判断事物时，与事实本身所产生的某种差别或偏离，主要包括没有事实根据的主观推断、以偏概全的选择性概括、对事情的过度夸大或缩小、非黑即白的绝对化思维等。伴随留守儿童的认知偏差，会产生各种负面情绪及与之相应的行为问题。对此我们可以采取多种策略进行干预和纠正，以帮助留守儿童在现实生活中更好地实现决策和判断。

克服留守儿童认知偏差最有效的方式是运用合理情绪疗法与留守儿童进行辩论。具体的操作过程包括三步：

1. 找出留守儿童的认知偏差

一般情况下，留守儿童意识不到自己存在认知偏差，这就需要辅导教师积极主动地与留守儿童进行交谈，通过具有明显的挑战性、质疑性的提问技术，找出导致其情绪困扰和行为不适的真正元凶——认知偏差。比如针对因一次考试不及格而产生低落情绪的留守儿童，辅导教师要引导他找出引起情绪低落的认知偏差："我必须考好"、"考不好说明我是

个一无是处的人"等。

2. 与留守儿童认知偏差进行辩论

在辩论过程中辅导教师要依照认知偏差留守儿童的观点进一步推理，采用质疑式和夸张式的方法，最后引出谬误，引导其一步步推翻自己的观点。例如针对上例留守儿童的认知偏差，辅导教师直接提出以下问题："一无是处的含义是什么？""如果你因一次考试失利就认为自己是个一无是处的人，那么你以前的成功经历表明你是一个什么样的人？""按照这种思维，一个优秀的学生必须保证每次考试都成功，不能有一次考试失误。一位成功人士，必须从起点开始就是成功的，不能有一次失败，否则他就不可能成功。事实是这样吗？"

3. 帮助留守儿童形成正确的认知

一般来讲，有认知偏差的留守儿童并不会轻易主动地放弃自己的信念，会寻找各种理由为自己辩解。这就需要辅导教师时刻保持清醒、客观、理智的头脑，根据其回答紧紧抓住留守儿童回答中的非理性内容，通过不断重复的辩论，使其为自己偏差的认知辩护变得理屈词穷，并逐渐形成正确的认知。

【聚焦现实】

我的苦恼

13岁的留守儿童李小伟跟随母亲生活，父亲长期在外打工。每次看见母亲严肃的样子，他就非常恐慌，担心自己有什么事做错了。只要母亲没有笑容，他就感到焦虑，有压力，非常不舒服，每天这样，他感到非常苦恼。

辅导老师首先帮助李小伟找到他的认知偏差：人们只要没有不顺心的事就必然满面笑容，一个人只要不笑，就必然是在生气；我决不能做错事，只要做错一点事，就不是好孩子，就会惹母亲生气，而母亲一旦不高兴，也必定是我惹的，如果不能使母亲笑颜常驻，我就是罪大恶极。

根据李小伟的认知偏差，辅导老师依次提出问题：

一个人只要不笑，就必定是在生气，这对吗？即便母亲不笑是在生气，就一定是针对我吗？即使母亲不笑是因为生我的气，就一定糟糕透了吗？……

在辩论的过程中，李小伟逐渐认识到自己的认知偏差，形成正确的认知：人们经常是不笑的。母亲与常人没有什么不同之处，所以也会经常不笑；母亲的生活中除了孩子，还有许多其他事情，她的情绪受很多因素的影响；人不可能不出错，我只要做到知错就改并尽量少犯错误就是一个优秀的孩子。在解决这一问题的基础上，辅导老师教给李小伟寻找认知偏差的方法，达到助人自助的目的。

【简评】

李小伟的问题就是由认知偏差造成的心理问题。这种心理问题如果仅仅停留在平常的安慰或消除负面情绪上，就不能从根本上解决他的心理问题。运用合理的情绪疗法，教师帮助李小伟找到了偏差的认知，并逐渐帮助他调整认知，从根本上提高了他的心理健康水平。

（二）亲情缺失型留守儿童的心理干预

亲情缺失是留守儿童面对的最严重的现实问题，也是引起其他心理问题的根源。可以说关注留守儿童的亲情缺失是解决留守儿童心理问题的重中之重。加强亲情缺失型留守儿童的心理干预应以真诚的关爱为基础，帮助留守儿童弥补缺失的亲情，让其在学校里感受到"家"的温暖和"亲人"的关爱。

1. 帮助留守儿童宣泄情感

亲情缺失容易造成留守儿童孤独、寂寞，有时甚至嫉妒非留守儿童，怨恨自己的父母，这些消极的情绪对留守儿童的心理健康极为不利。为了消除留守儿童因亲情缺失而导致的不良情绪，辅导教师要适时地给留守儿童提供条件和机会，鼓励留守儿童通过不同渠道和方式来表达、释放自己的情感、情绪。比如设立留守儿童倾诉热线、宣泄小屋、心声留言，鼓励留守儿童写心情日记等都是很好的方式。

【聚焦现实】

留守儿童的"心理宣泄屋"

怎样减少留守儿童成长中产生的心理烦恼，让他们的心灵得到减压？安徽淮上区梅桥中心小学设立留守儿童"心理宣泄屋"，让留守儿童体验别出心裁的儿童心理辅导。

学校专门腾出两间房屋，请心理咨询师设计方案，配备了各种类型的布熊。一次，辅导老师选了两名心情比较沉闷的留守儿童进屋体验。半个小时后，儿童笑眯眯地走出了宣泄屋。查看录像，一名儿童一会儿抱着布熊低声倾诉，一会儿怒目圆睁，狠狠地打上几下；另一个儿童疯狂地对黑熊拳打脚踢。等其心平气和了，老师才从他们口中得知，一个儿童想妈妈了，另一个儿童上网被爷爷打了一顿。他们说，揍了黑熊，这事就不放在心上了。

【简评】

心理宣泄屋是一种非常成熟的情绪宣泄法，它对于宣泄不良情绪、缓解内心压力有很好的作用。安徽淮上区梅桥中心小学的这一做法对缓解留守儿童的亲情缺失非常有效。这种方法在使用时要注意：待留守儿童情绪平复下来后，教师要注意及时进行正面引导。

2. 搭建亲子沟通平台

大量事实表明，留守儿童的精神核心常常是自己的父母，父母离得再远，其他监护人也很难占据这个核心位置。因此，搭建父母与留守儿童之间的交流平台就显得尤为重要。为此教师首先要做好留守儿童父母的工作，通过电话联系或其他有效沟通途径，向留守儿童父母讲明亲子沟通的重要性，并帮助他们掌握亲子沟通的方式方法，指导留守儿童父母利用亲情电话卡、亲情网络平台或者亲情信件等方式，加强留守儿童与父母间的沟通，为留守儿童提供情感支持。

3. 建立代理家长制

帮助亲情缺失型留守儿童，重在弥补亲情。为满足留守儿童对父母的渴望之情，学校可以专门安排教师做留守儿童的代理家长，与留守儿童"结对子"。通过结对子活动，让教师成为留守儿童的代理家长，掌握留守儿童的基本情况，像父母一样关心其精神成长与喜怒哀乐，注重留守儿童的心理生活、道德情操、审美情趣的教育，与留守儿童沟通情感，弥补留守儿童的亲情缺失。代理家长要善于发现其闪光点，有了进步及时给予表扬和肯定，帮助留守儿童树立信心，从而享受家的温暖，促使其在良好的发展轨道上迈进。

（三）性格缺陷型留守儿童的心理干预

性格缺陷型留守儿童是指性格明显偏离正常的留守儿童。常见的性格缺陷有：偏执型性格、依赖型性格、冲动型性格、焦虑型性格、强迫型性格、分裂型性格等。性格的缺陷使这些留守儿童的生活、学习及人际交往明显受到影响，给自己及他人造成痛苦。因此，学校应该对其给予积极关注，并进行心理干预。

1. 帮助性格缺陷型留守儿童学会自我探索

性格缺陷型留守儿童大都意识不到自己的缺陷，对自己缺乏正确全面的认识。辅导教师可以通过活动课程或心理咨询等方式，运用"自画像"或"我了解自己吗?"等主题活动，促使性格缺陷型留守儿童进行自我探索，深刻剖析自己，承认个人性格中存在着诸如偏执、多疑、焦虑、冲动等缺陷，认识到性格缺陷给自己或他人带来的内心痛苦，引导其树立改变自己性格缺陷的信心。

比如，对于性格偏执的留守儿童，辅导教师要引导其朝着有利于自己身心健康的方向思考，不要朝着有利于猜疑的方向思考，学会反思自己："为什么我会无端猜疑别人?""如果我怀疑错了，在别人面前多没面子，而且今后如何与其交往?"这样多问几个为什么，可以让偏执型的留守儿童在做事之前冷静思考，打消无端的猜疑，不做有损于人际关系的事情。

2. 引导性格缺陷型留守儿童学会与人沟通

有不少留守儿童性格缺陷的形成是因为长期对周围的人和事存在偏见、误会，又没有进行有效的沟通造成的。如偏执型性格缺陷的留守儿童，敏感多疑，以为别人看不起自己、伤害自己，从不主动与人沟通，或者在沟通中总是去指责别人，搞得人际关系非常紧张，自己也痛苦不堪。如果能有效地与人进行沟通，这些错误的观念及不良感受或许就能避免。因此，辅导教师应指导有性格缺陷的留守儿童正确进行人际交往，教给他们人际交往的技巧。比如通过工作坊等形式让留守儿童以一个微笑、一次握手、一个诚挚的眼神、一个友好的动作、一句温暖的话语等形式与他人进行沟通，消除彼此之间的误会，避免冲突及新的错误观念产生，从而建立良好的人际关系。

3. 指导性格缺陷型留守儿童学会自我调节

与一般儿童相比，性格缺陷型留守儿童在遇到各种挫折，遭到别人不公平对待时，更容易产生各种各样的不良情绪，导致内心痛苦。因此，辅导教师要帮助留守儿童学会自我调节，宣泄自己的不良情绪，比如，在留守儿童出现焦虑、嫉妒、冲动等由性格缺陷引发的不良情绪时，让留守儿童学会放松和宣泄，向其传授深呼吸、肢体放松、催眠等一些具体方法。日常生活中多引导有性格缺陷的留守儿童以平静的心态去学习和生活，以宽容的胸襟去对待周围的人和事。这样既解脱了自己，也不会对别人造成伤害，对自己的性格改善也会起到一定的积极作用。

4. 组织性格缺陷型留守儿童参加校内校外各项活动

作为辅导教师，应组织有性格缺陷的留守儿童广泛参加校内校外的各种活动，如体育、文娱、书法、绘画、科技、社会公益劳动、宣传活动等，这样，可以使这些性格有缺陷的留守儿童转移注意力，从不良的情绪困扰中摆脱出来。而且，这种丰富多彩的活动也会带来充实、有意义的感觉，在自己的成绩面前体验成就感、愉悦感。另外，通过这些形式多样的活动，给这些留守儿童创造交往的机会，让其在合作、协商、切磋中，互相了解，解除疑惑，增进友谊，建立良好的人际关系，同时还会让性格有缺陷的留守儿童的心理和身体得以放松，摆脱性格缺陷造成的苦恼，有利于其身心健康。

【聚焦现实】

制服"绿眼妖魔"——对偏执型留守儿童的干预

张强是一名留守儿童，他与大卫是一对好朋友。两人都是校足球队队员。最近，校足球队要选一名队长，大卫因为开朗大方、热心帮助他人被推举为队长。张强非常嫉妒，内心极不服气，开始有意疏远大卫。在一次足球比赛中，张强故意把大卫绊倒，致使他摔碎了膝盖骨。这一恶性伤害事件就是由张强的嫉妒心理恣意膨胀导致的。正像莎士比亚所说：嫉妒是一个"绿眼妖魔"，谁做了她的牺牲品，谁就要受她的玩弄。张强就是被这个"绿眼妖魔"所控制，并受到了她的玩弄，也使自己的好朋友深受其害。

针对张强的这种偏执性格，辅导教师通过摆事实、讲道理引导张强认识嫉妒、多疑的危害，并帮助他寻找积极对抗嫉妒情绪的策略，那就是通过正当竞争不断提高自己，发展自己，赶上或超过对方，将嫉妒变为发愤，从而获得心理平衡，对改善张强的偏执性格也起到了一定的积极作用。

【简评】

这是一个典型的对性格缺陷型留守儿童进行矫治的案例，针对张强的这种性格缺陷，辅导教师进行了积极有效的心理干预，这是值得我们效仿的。

性格缺陷作为一种人格障碍，是经过长期内外因的影响逐渐形成的。因此，性格的转变也非一朝一夕的事情，需要长期的个人努力和外界帮助。作为教育工作者，面对性格缺陷型留守儿童反复出现的不良情绪和行为表现，或者尽管自己已尽了最大努力却看不到留守儿童在性格发展中有明显进步时，要耐心、再耐心，要学会等待。不可在性格缺陷型留守儿童面前表现出急躁、失望的情绪，更不要对其进行讽刺挖苦或体罚。

（四）情绪波动型留守儿童的心理干预

情绪是个体对客观事物是否满足自己需要而产生的态度体验。稳定的情绪是心理健康的重要标志。留守儿童长期与父母分离，安全的需要、爱的需要得不到满足，情绪波动成为留守儿童一个重要的心理特征。为保证留守儿童的心理健康，必须重视情绪波动型留守儿童的心理干预。常用的心理干预措施有三种：

1. 放松疗法

设备：安静的房间，高度适当、凳面舒适的坐凳。

程序：

（1）准备：留守儿童穿着宽松舒适的衣服，坐在凳子上，两手放在大腿上，两脚稍微分开，舒展一下身体和头部，使全身呈舒服的姿势。

（2）训练：开始时，两臂、两腿用力伸展，两手、两脚同时用力，使之略有颤抖的感觉。然后突然松劲，让全身的肌肉立刻松弛下来。在松劲的一瞬间开始做腹式深呼吸，张开口吐尽腹中气息，停止呼吸片刻，再慢慢吸入新鲜空气，直至吸饱为止。此刻停止呼吸一二秒钟，再张口收腹，慢慢将腹内气息全部吐尽。腹式呼吸做完后，呼吸平缓下来，头脑里静静地浮现出愉快的形象。在愉快的形象浮现的同时，随着呼吸，口中轻声重复几遍"我的心里很安静"。练习时要体会和抓住这种感觉，然后重复一遍。

（3）每次训练时间以 10～15 分钟为宜。

2. 默想对抗法

首先要求处于情绪波动期的留守儿童采取卧姿或坐姿，然后闭目，调整呼吸，放松肢体，开始默想："自己正坐在一个宁静的湖畔，周围山清水秀，林间偶尔看见小鸟在枝头跳跃。那湖水真清，时而有成群的小鱼游过，它们都自由自在。那湖水真静，静得不起一丝波纹。现在，我往湖里扔了一颗小石子，湖面泛起了一圈圈涟漪，一圈、两圈、三圈……它们慢慢地推向湖岸，消失在岸边的水草中，多么宁静的气氛，置身其中真是心旷神怡。"

在进行默想时，可以轻声地言语，以帮助导入情景。默想的内容应是安静的环境或让人平静和愉悦的情景。

3. 宣泄疗法

人的情绪就像一个杯子，当里面盛满消极情绪时，是无法装进积极情绪的。只有先倒空杯子，才能承载积极情绪。所以当留守儿童情绪极度激动，无法进行放松和默想时，最好的方法是采用宣泄疗法。让处于情绪波动期的留守儿童把过去在某个情景或某个时候受到的心理创伤、不幸遭遇和所感受到的情绪发泄出来，以达到缓解和消除留守儿童消极情绪的目的。常用的宣泄方法有：

空椅技术。空椅技术是一种常用的情绪宣泄方法。具体做法是：准备两把椅子，留守儿童坐在其中一把椅子中，另一把上坐的是想象中的人。引导留守儿童体验自己和对方各自的情境，让留守儿童通过前后变换角色而在两者之间展开一场对话，使留守儿童把自己受到心理创伤的心情和愤怒全部投向这个空椅上，实现情绪的宣泄。

适当倾诉。处于情绪波动状态下的留守儿童精神非常痛苦，如果不能得到及时有效的帮助，很容易出现不理智的行为。而身在远方的父母无法得知其情绪变化，更无法给其提供帮助。作为教师，要随时关注情绪波动型留守儿童的精神状态，鼓励其寻找值得信赖的朋友，学会适当倾诉。可以口头倾诉，也可以诉诸笔端，把内心的压力写下来。培根说过："如果你把快乐告诉一个朋友，快乐就会变成两份；你把忧愁向朋友倾诉，你将被分掉一半忧愁。"倾诉个人经历及其内心感受，以达到宣泄的目的，这在心理干预中使用得非常普遍。留守儿童在说出自己经历的事件及其内心感受之后，常常就有"心里好受多了"的感觉。

情感暴发宣泄。选择一个安静的地方，最好是在空旷的原野或无人的山顶，引导来访者爆发出压抑的情绪，如引导来访的留守儿童痛哭或大声喊叫。比如留守儿童受到委屈而极度压抑时，可以让其高喊："你们为什么冤枉我！""你们不能这样对待我！""我痛恨你们！"等，通过这种情感宣泄的方式，达到使来访的留守儿童情绪平定的目的。

留守儿童的心理问题表现虽然千差万别，但基本上可以分为这四种类型，针对不同类型的留守儿童采取有效的心理干预策略，真正帮助留守儿童解决心理问题，是每位教育者的责任。

第三章 留守儿童的道德特征与教育对策

　　未成年人的思想道德状况关系到未来整个中华民族的道德素质，关系到国家的前途和民族的命运。《中共中央国务院关于进一步加强和改进未成年人思想道德建设的若干意见》特别指出："高度重视对下一代的教育培养，努力提高未成年人的思想道德素质，是党和国家事业后继有人的重要保证。"为此，本章我们把目光投向留守儿童的道德教育。

　　留守儿童是一个缺少家长关心教育的特殊青少年群体，由于情感缺失、观念偏差，容易出现道德问题。帮助留守儿童树立正确的人生观、价值观，有助于坚定其积极向上的人生态度，从而使其拥有积极向上的健康心态。

第一节 留守儿童的道德特征与不良表现

　　儿童的道德行为关系到支撑儿童成长的精神问题。艺术大师贝多芬曾说："把'德性'教给你们的孩子，使人幸福的是德性而非金钱。这是我的经验之谈。在患难中支持我的是道德，使我不曾自杀的，除了艺术以外也是道德。"作为教育工作者，引导留守儿童树立正确的世界观、人生观和价值观，提高其道德水平是义不容辞的责任。我们必须从留守儿童的道德现状入手，进行系统分析，了解其道德特征以及不良表现，进而有针对性地提出教育对策，解决留守儿童道德教育中的现实问题。

一、留守儿童的道德特征

　　道德是判断一个人行为正当与否的观念标准，是调节人们行为的一种社会规范。每个人都必须遵循一定社会的基本道德准则，如：诚信、互利、平等、责任，不损害他人的利益等。这是道德的底线。

　　留守儿童的家庭教育严重缺失，导致其盲目地接受社会道德信息，懵懵懂懂地处理日常道德问题。虽然绝大多数留守儿童能够认同社会的基本道德规范，但仍有部分留守儿童道德意志薄弱，道德成长出现一定的偏差。当然，也有一些留守儿童具有良好的品质，与那些被家长溺爱的儿童相比，这些留守儿童显得更有理想，更有正义感与同情心。

（一）正义感与逆反性并存

　　正义感是人们追求正义、伸张正义的道德意识和行为。留守儿童身上的正义感主要表现为对社会生活中正义行为与非正义行为的评价和态度。但其身上所存在的正义感，是一种由其自身认知水平决定的狭隘意义上的正义感，留守儿童并不能够很好地辨别正义与非正义。具体表现为：同情弱者、打抱不平、犯了错误敢于担当。"留守"的特殊性，让部分留守儿童的心中产生了一种不安全感，这份不安全感，同时滋生出一种类似"江湖义气"的正义感。但受认知水平限制，留守儿童对自己的行为缺少一定的把握能力，对很多事以主观臆断为主，往往导致"强出头"。因此，留守儿童身上的正义感与逆反性同时存在。

　　所谓逆反性就是指受教育者在接受教育的过程中，因自身固有的传统定势、思维模式

61

在特定教育情境下所产生的与认知信息相对立的，并与一般常态教育要求对立的情绪和行为意向。留守儿童的逆反性是在自身的独立性与长辈的教导发生冲突的过程中产生的。在留守的过程中，留守儿童对事物已经具有了一定的认识，这种认识根植于其思想中。当长辈对他们的认识产生质疑时，留守儿童就会产生一种本能的逆反性，而逆反性则是大多数留守儿童成长过程中必然出现的一面。由于家庭教育的缺失，无人监督指导留守儿童的的行为，所以我们必须高度重视并予以正确引导。

（二）诚实性与欺骗性并存

留守儿童自身的诚实品质是与生俱来的，但由留守儿童生活环境的特殊性所决定，有的监护人在看护留守儿童时，面对其对家庭亲情的期盼以及家长对留守儿童的牵挂，不得已会有一些善意的谎言。这些谎言可能一字一句都走进了留守儿童的心里，造成早期的言语欺骗。长此以往，受到这种影响的留守儿童会产生盲目的模仿行为——撒谎的欺骗性侵蚀了其纯真的心灵。

留守儿童身上存在的欺骗性，是复杂的外界环境造成的，也是由其纯真的、柔嫩的心灵萌生的。由于留守儿童的心智还未发育成熟，加之缺少家长的管教，所以部分留守儿童身上逐渐出现散漫、放纵自己的现象，这也会滋长他们的不诚实行为。有的留守儿童在家里欺骗监护人，在学校里欺骗老师，还有的养成了习惯性撒谎。欺骗他人带来的短暂的满足感，逐渐蒙蔽了个别留守儿童的心灵，其道德成长也从此面临着走向歧路的危险。

（三）关心集体与漠视集体并存

人不能脱离集体而独立存在，集体能够培养儿童的交际能力、合作能力和团队精神。由于家庭生活的单调、亲情的淡漠，留守儿童对于学校以及班集体往往有着一种依赖感，具体表现为：喜欢享受集体生活的温暖；喜欢时刻被别人关注；喜欢在集体中与他人合作、团结的氛围；喜欢在集体中互相激励、互相学习；喜欢在集体生活中找到自信，享受学习的成功感。留守儿童极其渴望集体生活的温暖，渴望能够在集体生活中补偿家庭中所失去的爱与关怀。其对班集体怀有满腔热忱，能积极参与班级活动。

但在部分留守儿童身上也存在着漠视集体的现象。个别留守儿童受不良家庭教育的影响，逐渐变得自私冷漠，进而变得漠视集体。在集体活动中，个别留守儿童总是回避班级活动，把自己置于边缘化地位，把少出力看成是幸运的事。漠视集体的留守儿童的家庭教育多呈现出溺爱性倾向。在隔代监护中，部分长辈凡事都替留守儿童着想与承担，这在某种程度上导致留守儿童遇事只考虑个人利益得失，常常按照自己的思维去生活和思考，不懂得与人合作，缺乏团队精神，容易忽视班集体中其他同学的存在。

（四）孝敬长辈与叛逆之心并存

孝敬长辈作为一种美德，通常要求晚辈敬重并孝顺长辈。很多留守儿童体谅家长在外打工的辛苦，有一份珍贵的孝敬之心，从而表现出孝敬长辈的良好行为。有的留守儿童不仅自己的事情自己做，还主动承担起家务活，为长辈分忧解劳。

同时，很多留守儿童也处于青春叛逆期，叛逆之心的产生是对于传统思维的一种突破。心理学认为：叛逆心理强的儿童在不顺心、不满意的时候敢于发作，能及时释放不良情绪，这样可以起到维持身心平衡的作用。叛逆心理还包含许多积极的心理品质，如：自我意识强，勇敢好胜心强，有闯劲，能创新等。留守儿童因其生存环境的特殊性，往往比非留守儿童更叛逆。

（五）克己与自我中心并存

留守儿童道德特征呈现两极分化的现象。有的留守儿童是"穷人的孩子早当家"，自律性强。但也有不少留守儿童以自我为中心，我行我素，其道德发展始终圈在自我的小天地里，无法形成高尚的品质。

克己体现了一种良好的自我约束能力。约束能力强的留守儿童的道德成长中多了一份审慎的态度，做事有主见，能够三思而后行，能够关心并考虑他人的感受，而不以个体的感受作为道德评判的唯一指标。相反，以自我为中心的留守儿童的道德评判始终以自己的利益作为道德评判的标准，其人生信条是"人不为己，天诛地灭"。有些留守儿童尽管自理能力比较强，但面对隔代教育的溺爱，其性格中便容易凸显"以自我为中心"的倾向。

（六）勤奋上进与好逸恶劳并存

勤奋上进是人的一种良好的道德品质特征。有些留守儿童目睹家长生活劳苦，能够意识到学习的重要性，"知识改变命运"的思想就更容易在其心里生根，也更有利于形成勤奋上进的优秀品格。在留守儿童的心中，出于对家长亲情的期待，总是想用勤奋上进来赢得家长的笑脸。所以，大部分留守儿童比较自信，有着敢于冒险、积极进取的精神。这种依靠自身努力来取得成功的观念，整体上比非留守儿童要强烈很多。

相对而言，留守儿童的家长在物质上极力去满足其需要，这往往会使留守儿童成长为好逸恶劳的人。个别留守儿童由于自身的惰性而导致成绩不理想，渐渐形成了自暴自弃的想法，好逸恶劳，甚至不学无术。结果，浪费了时间，荒废了学业，道德成长也走了弯路。

【聚焦现实】

最想说的一句话

李梦娇是个小小的"舞蹈演员"，从二年级开始，她就是学校舞蹈队的主力队员，获得了"市优秀舞蹈演员"的称号。可很少有人知道，小小的梦娇爱上舞蹈，其实是为了冲淡对家长的思念。早在她七八岁的时候，爸爸妈妈就去杭州谋生，把她留给了爷爷奶奶照顾，从此以后，母爱和父爱对她来说只是意味着每星期一次准点的电话响起。

学校老师说，李梦娇是所有舞蹈队员中最刻苦的那个，每天把课余时间都拿来练舞，这孩子的学习成绩还是很优秀。李梦娇每次得奖，都是一个人领了奖，又一个人把奖状带回家，藏在床头。梦娇最想对爸爸妈妈说的一句话是："每次演出，我都希望你们能来看。"

【简析】

留守儿童纯真的童心中映射出了家庭关爱的缺乏。他们渴望通过自己的勤奋上进，赢得家长的喜爱，让家长为自己感到自豪。另一方面，他们也借勤奋上进来冲淡对家长的思念。很多留守儿童身上也存在着与故事中的梦娇同样的伤痛，勤奋上进的留守儿童需要家长在他们取得成绩时给他们一个温情的鼓励。这个鼓励即使只是一个简单的微笑、一个点头的动作，都会温暖他们由于亲情缺乏而受伤的心。

二、留守儿童道德的不良表现

当前的社会道德领域还存在着公与私、善与恶的矛盾和斗争。一些不良道德意识或多或少地会反映到留守儿童的头脑中，形成不良道德品质。留守儿童道德品质不良是指留守儿童经常违反道德准则或犯有较严重的道德过失，并通过一定的心理偏差表现出来。

（一）道德准星偏差

留守儿童的人格发展过程需要建立在对家长信任的基础上，同时拥有自主性和自信心，并且需要培养自尊，克服自卑，以充分满足自身人格发展的需要。有的留守儿童常对家长说谎，其原因与家长常表现出对其极不信任的态度有关；有的留守儿童爱打架，其原因与家长常以打骂解决问题有关；有的留守儿童经常侵犯别人，其原因与没有学会用正确的方法建立自信有关。留守儿童这些不良表现的根源，都在于其家庭教育缺乏正确的道德标准的引领，以致出现了道德准星偏差。

上述不良道德表现在寄养型留守儿童身上表现得尤为突出。寄养监护型即家长将留守儿童托付给叔婶姑舅等亲戚或邻居、朋友看管。寄养监护型有两个特点：一是监护人通常把留守儿童的安全放在第一位，以不出事为原则，注重满足留守儿童物质上的要求，对留守儿童的心理和精神需求却少予关注。二是由于监护人与留守儿童之间缺乏或完全不具备血缘上的亲情关系，因而监护人对留守儿童的感情难以代替亲生家长对子女的感情，这种情感差别直接影响了道德情感的熏陶效果。在这种环境中成长的留守儿童，极易产生"寄人篱下"的自卑心理。

（二）集体荣誉感不强

前苏联教育家苏霍姆林斯基说过："集体的道德品质是个人道德品质的源泉。"集体荣誉感是对集体的热爱、对身边人的关心，是一种积极的心理品质，是激发人们奋发上进的精神力量。集体荣誉感是把留守儿童培养成才的巨大引力场，它几乎能使所有的留守儿童都自觉为维护集体荣誉而努力。集体荣誉感也是一种约束力量，能使留守儿童感到不能为集体争光或做了有损于集体荣誉的事是一种耻辱，产生内疚心理。部分留守儿童对待班集体缺少热情，不愿意用热心去关心集体。一些留守儿童因为自己的家庭生活的特殊性，从而条件反射似地将自己包裹起来，害怕受到同学的嘲笑和欺负，产生对集体的淡漠感。也有部分留守儿童常常会用先发制人的方式来保护自己，却不主动关心公共事务，不为集体出力。

（三）亲情观念淡薄

由于长期得不到家长的关爱，部分留守儿童亲情观念日益淡薄，个别留守儿童甚至不希望家长回家。我们发现，在接受调查的留守儿童中，家长一般一年或更长的时间才能回家一次。家长虽然能够基本保证留守儿童的学习和生活费用，但对留守儿童的行为习惯和思想品德方面的教育很少，更不用说和子女进行谈心交流了。

虽然有的留守儿童心里也会期待得到家长的关爱，但是真正面对家长的时候，心中却会存在一种陌生感。这种亲情观念的淡薄，日积月累就会导致留守儿童对家庭与社会丧失信心，生活态度消极。

【聚焦现实】

"妈妈，我恨你！"

王思雨是一个特别懂事的孩子。在她7岁时，家长离异，她跟着年迈的爷爷奶奶生活。从那以后，活泼开朗的王思雨好像变了个人，不爱与人说话，整天默默地做一些力所能及的事情，同时她的逆反心理更大了，动不动就发脾气，要么就不吃饭，要么不去读书。她爸爸忙于生意也很少回家，偶尔打电话回来，她也不愿意接电话。

当思雨的妈妈来到学校看她的时候，她一直不肯见妈妈。她对老师说："我不想见她，我恨她！"

【简析】

家庭都能够给予留守儿童什么呢？是家长的爱，这是儿童心中最渴望的。父母的爱是留守儿童成长的源动力，当他们发现家长有一方不负责任，就会把怨恨完全归咎于不负责任的那一方。长时间的情感隔膜让留守儿童与家长之间形成了一道阻隔亲情交流的墙壁，这面墙壁需要留守儿童的家长去主动推倒它。王思雨的故事深刻地启示我们：亲情缺失会使留守儿童产生人格空白，进而产生对家庭或社会的仇恨。

（四）利己私心严重

利己私心是人性当中驱动灵性发挥效能的根本要素，如不加约束，往往会恶性发展，养成损人利己的恶劣品质。在监护人的百般呵护中，缺少家长关爱的留守儿童过早地学会了关注自我，很少会想到他人，而且在特殊的家庭环境中，留守儿童会以家长不在身边为由，来比照自我所得，进而养成利己私心的道德放纵心态。

受自身条件影响，一些留守儿童的监护人不仅文化水平低，而且思想陈腐，带有狭隘的小农意识和自私自利的小市民心态。在这种监护环境下成长的留守儿童难以健康地成长。所以，留守儿童的亲情观念淡薄问题，已成为不容忽视的问题了。要抓好这部分留守儿童亲情教育，有必要对监护人开展有效的教育培训。

（五）拜金思想较重

拜金主义是一种金钱至上的思想道德观念，认为金钱是衡量一切行为的标准。由于多数家长采用"物质＋金钱"的方式弥补对留守儿童的负疚感，留守儿童有了较多的零花钱，使用金钱的自由度也相对比较大，这极易使其形成功利主义和享乐主义的人生观，养成好逸恶劳、奢侈浪费、摆阔气的坏习惯。监护人在这方面的监护力度往往无法与家长的监护相比，这更助长了留守儿童的挥霍行为、拜金思想的形成，从而导致他们在道德行为方面逐渐出现偏差。

（六）不问世事

在缺乏家长关爱中成长起来的留守儿童，对社会反应较为冷淡，一个重要的表现就是不问世事。有些留守儿童沉默寡言，不关心周围的事物，对新奇的事物缺乏热情，在学校中不善于表现自己。对于监护人来说，他们希望留守儿童在自己的监护下能够安全地成长，也尽量避免让留守儿童参与过多活动。长此以往，留守儿童开始漠视周围的事物，不关心，也不想过问，完全将自己封闭起来。不问世事的留守儿童，完全无视周围环境中的人和事，对周围的事物缺少关心，对周围的人缺少关爱，不懂得对周围的环境、对自己所做的事主动承担责任。家事、国事、天下事，事事不关心，成了一些留守儿童的基本心态。这种责任心的缺失是留守儿童良好道德养成的一种潜在威胁。

留守儿童良好道德品质的形成，不仅仅是成人"言传"的结果，更是"言传"与"身教"共同影响的结晶。行为的示范引领会让留守儿童走出自身内心的孤独，让其对外界环境产生认识与参与的热情。因此，家庭与学校在留守儿童的道德形成过程中负有重要的引领作用。

第二节　留守儿童道德问题的成因

德国著名哲学家、心理学家和教育家赫尔巴特曾经说过："教育的唯一工作与全部工作可以总结在一个概念之中——道德。"留守儿童正处于身心迅速发展的重要时期，非常需要得到科学有效的道德干预与指导。与非留守儿童相比，留守儿童的道德教育更加复杂，亟待我们以科学的理性来破解。为此，我们必须找准留守儿童道德问题的成因，才能对症下药，进一步把留守儿童的德育工作做细、做实、做活，从而引领留守儿童的道德情操向正确的方向健康发展。

留守儿童道德问题的形成既是由其特定的生存环境等外部因素造成的，也与留守儿童自身的道德认识和自律能力息息相关。调查中我们发现，影响留守儿童道德问题的成因主要有：家庭道德教育的职能错位、学校道德教育名不副实、留守儿童过于放任自己及缺乏良好的道德成长环境。

一、家庭道德教育的职责错位

家庭道德教育的主要职责是什么？简单地说主要表现在以下两个方面：第一要给儿童营造一个温馨、和谐、理智的道德成长氛围；第二要促进儿童养成良好的品德，让其尊敬长辈、孝敬家长，做诚实、正直、有责任感的人。留守儿童的道德素养状况体现了家长对其引领的程度，也可以折射出整个家庭道德教育的质量。很多研究表明，由于留守儿童生活在亲情缺失的家庭环境中，家庭对其道德的引导与监督非常薄弱，因而产生了诸多的道德问题，这些问题已经严重影响了留守儿童的健康成长。所以，在探究留守儿童道德问题成因的过程中，我们要把视点对准家庭教育，从家庭教育中深入挖掘留守儿童的道德问题，发现成因，从而实施有针对性的教育。

（一）重物质给予，轻道德教育

很多家长不仅仅忽视留守儿童的学习问题，而且对留守儿童的道德教育缺乏应有的引导，认为物质上的给予就可以代替精神上的空缺。但留守儿童的道德观念正处于形成的关键期，具有极大的不稳定性，特别容易受外界环境的影响。

在这种物质给予型的家庭教育中，留守儿童心灵中感受最深的是物质方面的享受，而不是对自己道德成长的规划。我们在调查中发现：在留守儿童的道德监管问题上，当问及"临时监护人是否对你的品行进行引导"时，有98％的学生回答"没有"。在这种物质给予型的家庭教育中，大部分留守儿童的家长及临时监护人都将其监护责任简单理解为让留守儿童吃饱穿暖，不发生安全事故即可。事实上，他们把留守儿童当成"宠物"来养，不是"教养"，而是"放养"，忽视了留守儿童的身心健康和人格塑造，造成了监管不力甚至迁就顺从的不良效果，致使留守儿童产生逆反心理，滋生了自私自利、不体谅、不尊敬家长等不良道德行为问题。

（二）重自由发展，轻监督引导

《共产党宣言》中说："每个人的自由发展是一切人的自由发展的条件。"这是从社会的角度论述人的自由发展。然而留守儿童的"自由发展"却是一种极端化的带有放纵意味的自由发展，即家长或临时监护人任由留守儿童自我发展，不及时纠正其在人性发展中出现的问题。这样的自由发展势必造成留守儿童的道德问题得不到及时有效的干预。

这种"自由发展"，主要体现在家长及监护人对留守儿童过分宽容，不分是非曲直，偏袒护短，忽视对其团结、协作、助人等意识的教育。诸多留守儿童道德成长中惨痛的事实证明，家庭教育的缺失、家长监控机制的弱化是导致留守儿童道德行为失范的主要原因。留守儿童个体的道德发展既需要内在心理的自主生成，更需要外在行为的有效监控。剥夺留守儿童自主发展的机会可能会使其面临退缩等内部问题的危机；相反，给予留守儿童过度的自由，而不给其提供行为的指导，同样也会使其面临外部问题的危机。国外青少年心理研究发现，家长对儿童的过失行为的形成有很大的责任，家长如果疏于对儿童的控制，对儿童的初期攻击性行为不制止，则常常会助长其不良行为。可见，放任自流的家长，正是导致儿童道德无法健康成长的主要原因。

【聚焦现实】

你没钱谁有钱？

芊芊是一个生活在农村的留守儿童，她的日常消费却很惊人，她身上穿的每一件衣服最少三四百元。然而，芊芊并不珍惜这些花血汗钱买来的衣服，经常吵着闹着要换新的。在班上，芊芊瞧不起周围的同学，经常嘲笑别人的穿戴。对自己的监护人——爷爷、奶奶（他们不是芊芊的亲爷爷、亲奶奶），从来不懂得尊重，经常对两位老人呼来喝去。两位老人只能从生活上去照顾芊芊，至于道德上的引导几乎为零。

其实，芊芊妈妈的生活负担也很重，她只身在韩国打工，需要用打工的钱来供给芊芊以及芊芊的爷爷奶奶还有芊芊舅舅遗留下来的孩子。打工的生活何其辛苦，然而她却并未得到自己女儿的体谅。

有一次，芊芊在电话里对远在国外的妈妈说："你没钱，那谁有钱呀？"这一句话撕碎了芊芊妈妈的心。

【简析】

家庭的监护人应该尽到监督引导的责任，如果任由子女不良道德行为继续发展，势必会造成更多的道德问题。留守儿童的道德行为的形成与发展需要家长或监护人的引导，因为单纯的物质条件的改善并不能解决留守儿童的所有教育问题。就本案例而言，随着年龄的增长，芊芊的这种不良道德行为会越来越厉害。一个即将被毁灭的儿童已经出现在家长的面前。

如果家庭教育由监护人取代或者任由留守儿童自我教育，势必会削弱家庭教育的控制力，影响留守儿童良好生活习惯和道德品行的养成。在很多出现行为偏差的留守儿童身上，其家庭道德教育几乎空白，留守儿童几乎扮演着自己道德教育的家长！如果家长重视对留守儿童的监督引导，不让其道德自由发展，那么诸多道德偏差便会消解在萌芽状态了。

二、学校道德教育名不副实

前苏联教育家苏霍姆林斯基认为："思想道德教育是在学校教育、社会教育和家庭教育紧密结合中培养和提高的。学校是其中起'指挥作用'的主导机构，它引导家庭、社会

67

按照学校的教育意图和计划，完成各自不可替代的特殊教育任务。"在留守儿童道德成长的道路上，学校教育无疑扮演着十分重要的角色。单纯的道德教化形式，往往对留守儿童的心灵没有任何触动。学校只有举办丰富多彩的德育活动，方能促进留守儿童的道德成长良性发展。

目前，学校的道德教育往往流于形式，没有实现道德教育与行为指引的有机结合。具体来说存在着如下问题：

（一）重知识传授，轻规范引领

在中考高考的压力下，很多学校片面追求升学率，忽视德育工作的首要性，使常规性的德育活动陷入"写起来首要、说起来重要、做起来次要、忙起来不要"的尴尬境地，学校对教师的考评过度重视教学成绩，无形中误导教师、学生，使之形成了"重智轻德"的观念。

在中小学阶段，思想道德教育的主要渠道便是思想品德课的教学。然而，在很多农村学校，由于师资力量、重视程度等方面的原因，在思想品德课的设置上存在不少问题，比如课时不足、落实课程方案不力等等。而且，一些学校的思想品德课作为副科存在，课堂教学效益低下，基本上是"照本宣科"的多，"联系生活创生资源"的少。留守儿童掌握的德育知识虽然不少，然而真正落实到具体行为上的却微乎其微。

在这种教育环境的影响下，留守儿童的道德教育因为缺少学校的整体引导而一直处于薄弱地位。尽管一些教室的墙壁上都悬挂着中小学生行为规范，但是对于大部分的学校来说，行为规范形同虚设。如果学校教育缺少优良道德氛围的营造，留守儿童的道德意识就更加模糊。

（二）重课本知识，轻实践引领

在学校的整体课程规划中，绝大部分学校把考试科目的学习作为首要工作。在学校的思想品德课程中，一些教师的授课内容也主要以课本知识为主。一些教师会在课堂中引领儿童去欣赏书本中的德育实践活动，但是却不关注留守儿童现实生活实践活动中的道德成长。

除了思想政治课的授课效果无法满足留守儿童的成长需要以外，一些学校把德育活动等同于课外自由活动。另外，学校领导担心室外活动会引发安全事故，所以尽量不开展室外、校外系列化的德育教育活动，这样使得一些本来可以做的很有意义的活动无法开展。

当然，也有不少学校重视德育活动的开展，每学期都确立德育主题活动。然而，活动开展是面向全体学生的，很少有学校能够针对留守儿童这个弱势群体开展德育活动。可见，在家庭中缺乏正确的道德引领的留守儿童，如果在学校里不被重视，也就无法得到道德成长的有效引领。

（三）重一般教育，轻特殊关爱

儿童的成长需要爱，留守儿童更需要爱。教师作为儿童成长的引领者，应该给予留守儿童特殊的关爱，让留守儿童在学校里享受到来自教师亲人般的关心，感受到爱的温暖。然而在学校教育教学实践中，由于很少有学校达到小班化教学条件，加上师资力量有限，每位教师承担的教学任务比较重，学校缺少德育、美育教师，更缺少专门的心理教师、生活指导教师，所以只能实行大众化教育，没有时间与精力来给予留守儿童特殊的关爱。

留守儿童是我国社会转型期特殊的社会群体，一些学校、教师对他们的家庭背景、心理状况没有作全面的、深层次的分析。由于认识不足，教育方法不当，在没有特殊关爱的情况下，有时还会在不经意间伤害留守儿童的自尊心，从而加重了留守儿童叛逆心理的形成和道德问题的萌芽。再加上教师与家长之间缺乏有效沟通，对出现问题的个别留守儿童缺乏全面的认识，仅仅以"问题儿童"定义"留守儿童"，对其失去信心，甚至放任不管。如此一来，留守儿童在道德成长的关键期，家庭和学校都没有尽到应该尽的道德引领作用，这是致使留守儿童产生道德问题的深层次原因。

三、留守儿童过于放纵自己

儿童时期正是留守儿童生理和心理迅速变化的时期，被称为成长中的"危险期"。一方面，由于其阅历浅，生理成长处于"萌动期"，心理成长处于"朦胧期"，缺乏独立处理问题的能力，自我约束能力差；另一方面由于留守儿童明辨是非能力差，缺乏相关法律知识的指引，极易引起思想迷失和行为失范，以致偏离正确的人生道路。一些"留守儿童"小小年纪就沾染上吸烟、喝酒、赌博、打架、偷摸等恶习，给社会秩序造成了不良影响。这些留守儿童内心的困惑、需求、兴趣无法得到父母的正确引导和教育，就很容易从其他渠道染上一些不良习惯和越轨行为等。可见，不同的自我体验，不同的自我控制，都会对"留守儿童"的身心健康发展产生不同程度的影响。

（一）道德失衡，缺乏自律

所谓自律，是指自己要求或约束自己。人的道德成长，不可能仅仅依赖外在的他律，重要的是要形成严格自律的品质。留守儿童只有做自身道德评价的主人，自觉指导并规范自己的言行，才能形成平衡的道德发展势头，才能不为道德问题所困扰。

留守儿童的行为发展处于他律阶段，自律能力很弱，缺乏对事物正确与否的判断能力。加上家长及临时监护人对其行为一般缺乏及时有效的约束管教，致使留守儿童得不到应有的道德教育，很容易从其他渠道接受一些同龄人身上表现出来的不良道德意识。这主要表现在部分留守儿童纪律散漫，在家里不听教导，在学校道德品行较差，不遵守规章制度，常有迟到、旷课、逃学、说谎、欺负同学等行为，有的人迷恋台球室、网吧和游戏厅，甚至与社会上一些有不良习气的成人混在一起，久而久之，留守儿童对自己的思想、语言和行为都无法自主控制，成为留守儿童群体中道德失衡、缺乏自律的个体。

【聚焦现实】

留守少年杨芝星的毁灭之路

17岁少年杨芝星，因为一时的逞强斗狠而杀人逃亡。当人们谈起为何一个众人眼中"乖巧"的少年却走上"逃亡"之路时，村民、老师、民警给的最多的答案就是他早早辍学、不学无术、缺乏管教、游荡社会等字眼。

杨芝星的婶婶说，杨芝星很小的时候，他的家长便常年在佛山等地务工，虽然有奶奶和叔叔婶婶帮忙照看，但他仍处于"自主生活"状态，很少能感受到家庭的温暖。杨芝星的母亲也数次深深自责，表示亏欠孩子，对孩子照顾不够。即便是去年她呆在家里照看孩子，但为了"生计"，仍是早出晚归，并没有对孩子进行"真正的教育与管教"，"而且我一个农村妇女，也不知道如何管教啊！"杨母如此感叹道。于是，杨芝星就跟其他辍学青年一起"混迹社会"，没想到，仅仅几个月，便出了事。

【简析】

在留守儿童的道德形成过程中，初期的的道德行为和意识需要家长的引导和监督。家长如果在这个阶段对留守儿童缺少应有的引导，再加上其道德自律意识的淡漠，就势必会在错误的道德旅途中越走越远。目前，很多留守儿童的家长和案例中的杨母一样，以自己"不知道如何管教孩子"为由，推卸教育子女的责任。留守儿童欠缺有效引导的现状，已经引起了社会各界的高度重视，我们不能等其铸成大错，再把责任都归咎于学校或临时监护人，到时就会追悔莫及，因为没有多少爱是可以重来的！

（二）放任自己，知错不改

所谓放任是指不加约束，任凭其自然发展。每个人的道德成长既需要家庭、学校等外部力量的约束，同时还需要自身的道德判断力的提高和约束力的控制。

留守儿童正处在身心发展的转折期，可塑性大、自制力差、缺乏监护人适当的约束和引导，难以辨别和抵制社会诱惑，使很多留守儿童不能把握自己，造成诸多不良行为习惯和行为偏差。有些留守儿童出现问题能够及时改过，其道德便朝着正确的方向成长，有时错误还能转变成宝贵的成长经验，指引其今后的行动；相反，有些留守儿童慢慢形成了以"自我"为中心的意识，其道德评价和道德发展便偏离了正常的轨道。当自己的道德问题受到质疑后，也不愿意去改正直至走上犯罪道路。长此以往，就会累积成凡事无所谓的态度。某地公安部门一项统计表明，"留守儿童"犯罪率突增已经成为青少年犯罪中的主要问题。所以，留守儿童放任自己且知错不改是出现道德判断和道德行为偏差的主要内因。帮助留守儿童建立正确的道德规范，强化留守儿童的自律能力，应该成为家庭和学校在留守儿童道德教育中密切关注的问题。

四、缺乏良好的道德成长环境

朱小曼教授曾经指出："人有道德学习的潜能，但是这种潜能很脆弱，需要在不同的生命成长时期为其提供一种支持性的环境和引导。以德性品格为核心和基础的道德学习与德育，是一个复杂的人脑与社会环境、文化生态之间的多因素、多方式交互作用的复杂的过程。"留守儿童的许多问题并不是家长外出这一单因素原因造成的，而是在家庭以及其他不良的外在因素的综合作用下才最终产生的。为了留守儿童的道德成长，家庭、学校和社会要在留守儿童尚未形成一定道德认知水平和道德意志力时，及时行动起来，净化学校周边环境，减少大众传媒的负面影响。在亲情缺失的前提下，留守儿童成长的的外界环境也令人堪忧。根据相关调查，我们发现不良的社会环境在以下三个方面影响着留守儿童的健康成长：

（一）社会中不良风气的浸染

由于留守儿童年龄较小，辨别是非、抵抗不良诱惑的能力较差，对社会上的一些不良现象和风气不能正确对待，往往难以正确定位自己的人生观、价值观，以致在学习上缺乏动力，行为上没有准则，心灵上受到玷污。

现在的大众传媒及影视文学作品中充斥着大量的暴力、颓废、色情和其他低级趣味的内容，留守儿童在临时监护人无暇监督和管束的情况下极易陷于其中而深受其害。据2006年的一份《北京青年报》报道，北京海淀检察院对海淀看守所在押的未成年犯罪嫌疑人进行的一次调查发现：73名有上网经历的未成年犯罪嫌疑人中，39人承认自己走上违法犯罪道路是因为上网看了不良信息或玩了暴力游戏引发了尝试犯罪的动机，这占到了53.4％。可见，电视、网络等对学校传统思想品德教育带来了冲击。互联网创造的是一种虚拟的环境，留守儿童成长在这种环境中，如果整天沉醉于一种虚拟的满足，将会滋生更多的道德问题，我们的学校教育也将面临更为严峻的考验。

（二）道德价值扭曲现象的影响

道德固然与情感密不可分，情感的缺失必然对道德品质的养成产生负面影响。伦理学和心理学的相关研究成果表明：人的道德成长是一个复杂而多变的发展过程。在良好的外界环境的支持下，儿童的道德认知、道德情感、道德意志或道德行为都会按照正常的轨道发展。作为情感缺失的特殊群体——留守儿童，如果得不到良好外在环境的有力支持，势必会影响留守儿童道德价值的发展，从而引发一系列的道德问题。

基于其身心发展的特点，留守儿童对社会的一些道德现象缺少一定的甄别能力，无法正确地区别好与坏，往往会不自觉地盲目效仿，最终导致留守儿童道德的扭曲。当留守儿童被这些扭曲的道德现象所感染后，如果家长不能及时发现，监护人又无力实施有效的教育引导，其道德养成必将会走上歧途。剖析留守儿童扭曲的道德价值观，我们可以发现，道德扭曲会在留守儿童的身上清晰地折射出来。

（三）核心价值观宏扬不力

所谓核心价值观，就是某一社会群体判断社会事务时依据的是非标准，遵循的行为准则。现阶段中，社会主义核心价值观就是以人民为主体，以人民的利益为标准，在全社会实现平等、公平、正义的价值观。而弘扬核心价值观对整个社会的价值观特别是能够对青少年的价值观形成起到引领作用。留守儿童作为青少年中的特殊群体，特别需要正确的社会价值观的引领。通过观察我们发现，由于社会对核心价值观弘扬的力度不够，致使一些不良的价值观在社会中滋生蔓延，对留守儿童产生一定程度的误导。

第三节　留守儿童的道德教育对策

对留守儿童实施道德教育，我们要多渠道、全方位寻找有效的道德教育对策，切实解决留守儿童道德教育问题。同时，家庭、学校和社会都要努力为留守儿童营造良好的道德成长环境，在深刻了解留守儿童教育方法的基础上，根据不同类型留守儿童的道德特点，采用道德唤醒的方式，深入开展道德教育工作。

本节中，我们主要强调：留守儿童的道德教育需要家庭、学校、社会以及留守儿童自我四者形成一个道德共同体，共同体的任何一方在留守儿童的成长过程中都有自己特殊的使命，以共同对留守儿童的道德成长和生命成长负责。

一、四大载体在留守儿童道德教育中的独特优势

教育的一个重要内涵就是自我教育。外在的教育行为如果不能触动留守儿童的内心世界，不能激发其内心不断地反省，不断学会自我改变，那么，我们对留守儿童的道德教育依旧难以取得大的突破。我们在这里提出了家庭、学校、社会、留守儿童自我四大载体的观点，突破了以往留守儿童教育三位一体的研究模式，把"留守儿童的自我教育"作为第四大载体。

四大载体在留守儿童的道德教育中分别具有下面的优势：

（一）家庭教育的独特优势

家庭教育是每个人一生中不可缺少的启蒙教育。健全而有效的家庭教育对一个人的健康成长起着至关重要的作用。家庭教育在留守儿童道德教育方面具有的优势，是其他任何教育都无法替代的。具体表现在以下四个方面：

（1）家庭道德教育有着显著的长期性特点。与其他教育形式相比，家庭教育有一种天然的连续性，这对留守儿童的道德影响是深刻而持久的。

（2）家庭道德教育有着明显的针对性。家长对留守儿童有着更深刻、更系统、更全面的了解，易于针对留守儿童在道德成长过程中出现的问题及时干预，有的放矢地进行教育。

（3）家庭道德教育有着显著的灵活性。家庭教育没有固定的模式，不受时间、地点、场合等条件限制，完全可以由家长自由安排，能够做到"遇物则诲"，"相机而教"。

（4）家庭道德教育有着无可比拟的有效性。因为家庭教育是留守儿童最早接受到的教育，这就是心理学提出的"先行效应"，这样的"先行"教育往往是最有效的。

（二）学校教育的独特优势

学校教育具有团队性、系统性和专业性等优点，在家庭教育出现缺失的情况下，学校教育对留守儿童的弥补性教育显得尤为可贵，在留守儿童的道德教育过程中起着重要的引领作用和监督作用。具体表现为：

（1）学校具备健全的教育机制，能系统地发挥教育的主导作用。在留守儿童教育中，学校可以成立留守儿童管理领导小组，明确学校各部门及班主任、任课教师的责任，形成校内齐抓共管的工作机制；学校可以充分利用现有资源，在拓宽育人途径上下功夫；学校可以专门建立留守儿童档案卡，全面掌握其数量、家庭及监护人、思想品德、行为习惯、学习态度等情况。

（2）学校具有一支专业化的教师队伍。有人说，"教师个人的范例，对于青年人的心灵，是任何东西都不可能代替的最有用的阳光。"教师每天与留守儿童朝夕相处，拥有在教学中对留守儿童进行道德教育的最佳条件与时机；教师可以用良好的道德规范熏陶留守儿童；班主任与心理教师可以及时主动地关注留守儿童的心理状况与成长变化，积极开展心理健康教育，使留守儿童因道德问题萌生的行为偏差和心理障碍得到及时矫正，以便及时疏导教育，弥补父母不在身边的家庭教育缺失。

（3）学校集中了大量的留守儿童，也给教师提供了集中调查研究的机会。教师可以有针对性地开展留守儿童教育的微观研究，收集第一手的研究信息，能够将最新研究成果落实到留守儿童教育实践中，进而大面积地转化存在道德问题的留守儿童。同时，留守儿童在与非留守儿童共同成长的过程中，也能够获得相互学习、相互交流的机会。因此，有效的学校教育可以创造集体的温暖，而集体的温暖可以稀释留守儿童内心的孤独和忧郁。

（三）社会教育的独特优势

相对于家庭教育和学校教育来说，社会教育的外延更大，甚至可以说社会即生活。社会教育能够给留守儿童提供更广阔的成长空间，留守儿童在社会大环境中能够接触到更多的人，认识更多的事物，懂得更多的道理，进而形成自己的道德观念和道德行为。社会教育在留守儿童道德教育中的独特优势，具体表现在以下五个方面：

（1）教育主体的多元性。社会机构、社会团体、社会中形形色色的人构成了多元化的教育主体，如果能够齐心协力关爱留守儿童，共同为留守儿童的道德成长营造一个充满爱的社会大环境，那么留守儿童的道德成长一定能够少走弯路。

（2）教育时间的终身性。留守儿童终身都成长在社会大家庭里，社会教育是能够伴随一个人终身成长的最持久的教育。

（3）教育内容的丰富性。社团活动，爱心机构的公益活动，爱心人士的献爱心活动……这些丰富的教育内容对留守儿童的道德教育作用，是家庭教育、学校教育所不能代替的。

（4）教育形式的开放性。社会教育的教育形式是多样且开放的，不受时间、空间和设备条件的制约。在社会教育大环境中，留守儿童能够在开放的教育形式中，享受到思想的启迪和道德的濡染。

（5）教育作用的普遍性。社会教育在感染留守儿童的同时，也能够给包括留守儿童的家长、学校及教师在内的人施加有效的教育影响，从而直接或是间接地影响留守儿童的道德养成。

（四）自我教育的独特优势

自我教育指个人主动地提出道德修养目标，并以实际行动努力完善或培养自己的人格品质的过程。它是人们对自己的品德及表现进行自我认识、自我监督、自我克制、自我改正，进而养成良好的道德品质的过程。这是人的主观能动性在道德教育上的充分体现。

著名教育家苏霍姆林斯基在谈到对儿童的教育时说过："在我们教育集体的创造性劳动中有一条信念起着巨大的作用，这就是——没有自我教育就没有真正的教育。"这一论断启迪我们：自我教育是留守儿童个性与道德发展中非常重要的环节，离开了这一重要环节，任何教育都无法奏效。

留守儿童自我教育的优势在于：

（1）自我教育富有主体性。在每个儿童的心灵深处，都希望自己能做自己的主人，都能够实现自我的发展。在有效的学校教育的激发下，留守儿童可以自觉培养"自觉、自理、自律、自强、自信"的能力，主动参与"比、学、赶、帮、超"等活动，进而养成积极向上、自强不息的精神品格。俗话说："尺有所短，寸有所长。"每位留守儿童的身上都有不同的优点，只要其优点得到他人的肯定或表扬，就能使其找到自我，获取战胜困难的信心。

（2）自我教育富有反思性。在留守儿童自我教育的过程中，成长过程中的反思将伴随其一生，从中能看到自己成长过程中的得与失，从而起到自我教育的作用。在留守儿童自我反思的基础上，如果能得到教师或是家长的评价和定性，他们就会更加严格要求自己，强化自律，树立自信，不断进步。

（3）自我教育富有时机性。留守儿童的自我教育的时机可以完全由自己掌控，可以随时实现对自己的道德的自我拷问与自我纠正。

留守儿童的自我认识是自我意识中最基础的部分，决定着自我体验的主导心境以及自我控制的主要内容；自我体验又强化着自我认识，决定着自我控制的行动力度；自我控制则是完善自我的实际途径，对自我认识、自我体验都有着调节作用。三方面整合一致，便

73

形成了完整的自我意识，在自我要求的目标引导下，不断地通过自我监督、自我控制、自我调节，然后用自己认可的价值观对自己进行评价，通过这一评价，形成新的自我认识，并在新的自我认识基础上，又开始了新的自我教育。自我教育是一个循环上升的螺旋型过程。

二、留守儿童道德教育的基本途径

有效的道德教育途径是在充分发挥四大载体作用的基础上，针对留守儿童的特点，通过实践检验逐步确立的。大量教育实践证明，建立留守儿童帮扶对子、留守儿童"家长学校"、留守儿童社会道德教育网、留守儿童伙伴引领机制以及留守儿童自我监督机制，都是我们可以推广运用的有效途径。

（一）以留守儿童帮扶对子为载体，深入进行道德教育指导

建立留守儿童帮扶对子，实际上是架起了家庭、学校、社会、留守儿童自我四大载体畅通的桥梁。留守儿童道德教育帮扶对子，一般包括以下几种：

1. 教师与留守家庭结成帮扶对子

这实际上是为留守儿童配备了成长导师，也是为留守儿童的家长配备了家庭教育指导者。帮扶教师可以充分利用外出打工家长回家的时间，走访留守儿童家庭，及时与家长沟通，指导家长或临时监护人教育留守儿童的方法。在帮扶对子建立的同时，学校可以开设亲情电话，加强留守儿童与家长、学校与家长的沟通交流，家长可以借此机会了解留守儿童在校的道德表现，还可以增加帮扶教师与家长的联系密度。另外，教师定期与所帮扶的留守儿童谈心，用师爱的力量感染留守儿童，将其道德偏差问题消灭在萌芽状态，促进留守儿童的健康成长。

2. 留守家庭与非留守家庭结成帮扶对子

学校可以建立留守家庭档案，优选家庭道德教育突出的非留守家庭与留守家庭结成帮扶对子，作为留守儿童家庭学习的榜样，指导留守儿童的家长及监护人做好留守儿童的道德教育工作，帮助家长或监护人形成正确的道德教育观念及良好的家庭教育方法，切实提高留守儿童家庭道德教育的能力。

3. 社会有关人士与留守儿童结成帮扶对子

已有资料表明：企业和各级事业单位以及武警官兵等都在积极与留守儿童群体建立道德教育帮扶对子，从学习与生活等方面对留守儿童实施道德关爱。这样，对留守儿童实施道德影响的主体，就由家庭、学校扩大到了社会范围内。这也是有效践行上面说到的"四大载体相互补充"作用的有效途径。

4. 留守儿童之间、留守儿童与非留守儿童之间结成帮扶对子

这样的帮扶对子，能够充分发挥伙伴引领的作用。关于这一点，在本节后面的内容中将有详细的叙述。

以上这些帮扶对子的建立，能有效地发挥各大载体的道德教育作用，促进留守儿童的道德成长，在留守儿童道德教育中具有独特的作用。

（二）以"家长学校"为媒介，拓展留守儿童道德教育外延

留守儿童"家长学校"是在建立普通家长学校的基础上，把留守儿童的家长或监护人作为培训对象，进行有针对性的培训和交流。这种方法主要适用于留守儿童家长或监护人

教育观念相对落后的地区。建立留守儿童家长学校，能够促使留守儿童的家长或监护人主动学习德育教育的方式方法，在沟通中相互交流教育经验。建立留守儿童家长学校，是提高家庭教育效率的有效形式，也是进行留守儿童道德教育的有效途径。

以下这些富有创新性的"家长学校"活动，对留守儿童道德教育的影响都是积极且富有成效的：

1. 定期组织联欢活动

让家长与留守儿童在活动中互相交流，沟通情感，也便于家长透过留守儿童活动中的表现，了解其道德认知水平及行为特点等。

2. 举办留守家长茶话会

帮助家长认识留守儿童身上存在的道德问题，共同商谈解决的措施。

3. 建立留守家长 QQ 群

群内定期或不定期开展交流，及时通过视频、音频等手段实现有效的沟通与交流。

4. 设立家长热线

家长热线能够帮助教师在第一时间内与家长或临时监护人沟通。

5. 举办临时监护人培训班

学校可以每月举办一期临时监护人培训班，为留守儿童的监护人讲解留守儿童道德教育方法。

留守儿童的家庭道德教育，在很大程度上取决于家长的教育观念和教育态度。所以，留守儿童道德教育工程实际上也是一项"家长教育工程"。唯有采用多种方法，才能充分发挥"家长学校"的作用，尽快使家长步入与学校同步进行道德教育的轨道，为留守儿童创造良好的家庭道德教育环境。

（三）以留守儿童社会道德教育网为主体，丰富道德教育的内涵

建立留守儿童社会教育网，首先要有正确舆论导向，能够为留守儿童提供优良的道德成长环境。社会道德教育网需要家庭、学校、社会紧密联系，从而实现对留守儿童的全面关爱。在此，家庭教育是基础，重在情感熏陶；学校教育是主体，重在理论教育，正面灌输；社会教育是这两者的延续和补充。也就是说，对留守儿童的道德教育，需要积极构建"同心、同步、同向、全员、全程、全方位"的大道德教育模式。

1. 全员参与留守儿童道德教育，争当"爱心妈妈"

学校可以积极与社会上的爱心妇女取得联系，为留守儿童找到"爱心妈妈"。"爱心妈妈"这一角色能够缓解留守儿童道德教育疏于引导的缺陷。同时，社会爱心妈妈高尚的道德品质，也在潜移默化中陶冶着留守儿童的心灵，引领其道德的良性发展。

2. 扩大社会道德宣传的力度

充分发挥报刊、广播、电视、互联网等大众传媒的优势，利用多种宣传渠道，精心组织开展道德教育的社会宣传。学校、教师可以选择留守儿童及家长的优秀典型，推荐给媒体。社会媒体可以在宣传典型留守儿童和典型家长的同时，大力宣传各地各部门开展留守儿童道德教育的好经验、好做法，以优化成长环境为根本，从而营造良好的道德成长氛围。

3. 营造良好的法制氛围

学校可以聘请公安机关人员到校开展形式多样的法制宣传活动，不断提高留守儿童的法制意识和安全意识；加强校园周边环境集中整治，高度重视留守儿童的权益保护；严厉打击各种侵犯留守儿童合法权益的违法犯罪行为。

4. 建立不定期沟通制度

在对留守儿童实施全方位、多层次的道德教育管理过程中，要加强四大载体之间的联系与沟通。各乡镇、社区要成立关心留守儿童工作委员会，设立留守儿童教育服务指导站，同时每个村（或社区）要设立留守儿童教育服务联络员，各级工作机构分别规定职责，代理监护人、社区联络员、教师不定期沟通，综合了解本地留守儿童的道德表现，争取在发现留守儿童的道德问题之初，就能够对其进行富有针对性的道德教育。

（四）以留守儿童伙伴为引领，健全道德教育机制

伙伴，是儿童进行学习和心灵交流的对象。从留守儿童的心理分析中发现，留守儿童的交友问题，很大程度上影响了其一生的道德成长。留守儿童在与伙伴交往中，往往能够受伙伴的道德观念、道德标准影响。为此，在留守儿童的道德教育中引入了伙伴引领机制，旨在通过优秀伙伴的引领，让留守儿童学会交朋友，会与其他伙伴正常交往，懂得学习他人的长处，能够在他人的引领下逐步改变自身的不良道德问题，树立正确的道德观念，这无疑是留守儿童道德教育的有效对策。

在建立留守儿童伙伴引领机制的过程中，可以采用以下方式来促使留守儿童获得良好的道德体验，进而形成正确的道德观念。

1. 开展"手拉手、结对子"活动

让留守儿童与班级品德表现优良的同学成为"手拉手"小伙伴，让留守儿童感受到来自小伙伴的关怀与温暖，得到伙伴良好的道德行为的熏陶。

2. 设立"小伙伴，我想对你说"信箱

鼓励班级同学积极为留守儿童写信，道出自己的心里话，促进彼此之间的心灵沟通。

在建立留守儿童伙伴引领机制中，教师应该充分发挥指导作用，及时了解留守儿童伙伴之间的交往沟通情况，并从其伙伴那里获得留守儿童近期的道德表现情况。这样更便于教师在分析研究的基础上，寻找新的教育对策。

（五）以留守儿童自我监督机制为基础，创设道德教育的新轨道

留守儿童的道德表现，虽然与其所处的社会环境、家庭环境和所接受的学校教育有一定关系，但是在很大程度上取决于留守儿童自身的道德认识。所以，建立留守儿童自我监督机制，促使留守儿童道德约束和自律能力，无疑是留守儿童道德教育的有效对策。

针对部分留守儿童自控能力较差的特点，我们认为建立有效的留守儿童自我监督机制可以采用以下方法：

1. 扎实开展各种道德体验活动

在学校生活、家庭生活、社会生活中，针对留守儿童的身心特点，我们可以引导留守儿童积极参与各种道德体验活动，逐步形成正确的道德认识，并内化为良好的道德规范。在对留守儿童进行体验教育的过程中，可以精心设计内容鲜活、形式新颖、吸引力强的实践活动，为留守儿童创造体验的条件，搭设体验的舞台，营造体验的氛围。每一次体验活动中，都帮助他们寻找一个岗位，扮演一个角色，获得一种感受，明白一个道理，学习一种本领，培养一种习惯。如成立"留守儿童爱心小队"，开展"我是校园主人"体验活动，帮助留守儿童体验为集体、为他人服务的快乐。开展"民族精神代代传"活动，让留守儿童从民族英雄身上感悟民族精神，做一件体现民族精神的事，并把自己的感受说出来……在这样的体验活动中，感受作为一名少年儿童应该拥有心中有他人、心中有集体、心中有祖国的观念，从而促使道德教育深入留守儿童的心灵，最终帮助留守儿童实现自我监督，形成正确的道德认识。

2. 成立留守小队

留守小队模式是一种值得提倡和推广的模式。这是一种注重发挥留守儿童自我教育、自我服务、自我管理的措施。具体做法是：以中小学校少先队大队部为主体，将居住在一起的留守儿童以自然村或社区为单位，或者将有共同兴趣爱好的留守儿童以留守小队活动项目为纽带，编成若干个校外留守小队。每个留守小队队员5～10名，由队员自主命名队名，民主推选小队长，实行队长负责制，留守小队在辅导员指导下独立开展各种丰富多彩的课外活动，帮助留守儿童在小队活动中获得有效的道德熏陶和道德教育。留守小队的优势在于帮助留守儿童在自我教育、自我服务、自我管理中培养道德情感，是一种有效的自我监督机制。

留守小队的运作模式如下：

首先，自主规划。留守儿童在班主任以及帮扶教师的引导下，分析自己的道德行为表现的优势与不足，确定今后的道德发展目标。

其次，自主活动。可以利用星期天、节假日，开展留守队员家庭互访、兴趣学习、志愿服务、环保实践、参观考察等活动。学校利用寒、暑假及其他长假组织留守小队开展假日夏令营、进城探亲或结伴游活动。也可以组织留守队员开展每一至两周打一个亲情电话、写一篇周记、读一本好书，每月与辅导员谈心一次、寄一封家信（开展"两地书·母子情"书信比赛）等活动，增进留守队员与外出务工父母的亲情交流。还可以由学校大队部邀请志愿辅导员或志愿者，利用假期和课余时间，定期为留守队员举办一些有关安全、心理、卫生、维权等方面的知识讲座，培养留守队员自我保护的能力和自立自强意识。

再次，自律承诺。留守儿童与班主任老师、班集体和帮扶教师签订自律承诺书，找出自身存在的缺点，向大家承诺限期改正，并写明改正缺点的具体措施，接受集体的监督，以实现其自我管理、自我教育的目的。学校可以设立"留守队员悄悄话"信箱，倾听留守儿童心声，及时帮助留守儿童消除留守的一些烦恼。

最后，自我评价。班主任、帮扶教师引导留守儿童对自己的道德行为、道德认识进行反省，并与社会、师长的要求以及自己的行动计划进行对照，然后由留守儿童进行自我评价。教师还可以指导留守儿童通过写日记、周记、月汇报、学期综合评价等方式来调控自己的道德行为，实现自我监督、自我管理。

三、不同类型留守儿童的道德唤醒对策

留守儿童的不良道德表现主要分为品性不良、知行脱节、沾染恶习、诚信缺失、自私刁蛮等类型。在留守儿童的道德教育中，我们如果采取千篇一律的教育对策，容易丧失教育的针对性和有效性。所以，面对不同类型道德缺失的留守儿童，我们首先要充分认识其道德表现的不同特点，然后才能有的放矢地采取不同的道德唤醒教育对策。

（一）品性不良型留守儿童的道德唤醒对策

品性，即品质性格的意思。它是一个人道德品质的内在表现，与品行不同。作家沈从

文在《菜园》中把品性的培养归结为"全出之于母亲的陶冶"给我们一个提示，要改变留守儿童的品性，首先得从家庭教育做起，学校教育和社会教育也要给予留守儿童人文关怀和特殊的关爱，让其享受到成长的幸福。唯有如此，我们对不良品性型留守儿童实施的唤醒教育才能取得预期的效果。

1. 品性不良型留守儿童的特点

所谓品性不良型留守儿童，是指那些在品质和性格方面具有情绪不稳定、易怒、固执冷淡、不尊敬长辈、自私懒散、玩世不恭等不良行为表现的留守儿童。从心理学角度来讲：家庭成员不和睦、家庭经济管理混乱、家庭成员的不良爱好、家长经济或社会地位的实际丧失或有丧失的危险等，都容易造成紧张的家庭氛围。留守儿童如果生活在气氛紧张、不和谐的家庭里，其道德成长就会受到一定的影响，就容易形成不良的品性。

2. 品性不良型留守儿童的教育对策

矫正留守儿童的不良品性，要在了解其心理特点的基础上，遵循其心理活动规律，有针对性地采取不同的教育措施。

（1）创设良好的道德成长环境，以爱熏陶留守儿童的心灵。教师要在教学中营造一个有利于留守儿童成长的积极和谐的环境，慎重对待品性不良型留守儿童身上的一切问题，面对其错误不要大惊小怪，要以合理的疏导策略为主；教师还要倡导全体同学正视留守儿童的存在，不要歧视和孤立留守儿童，在充满爱的温馨教育环境中消除这类留守儿童的对抗情绪和消极的态度定势。

（2）洞悉不良行为的动机，从细节入手提高其道德认识。品性不良留守儿童大多道德判断能力差，缺乏辨别是非的能力。要从根本上转变其不良行为，必须从强化细节的引导入手。如吃饭、坐车、排队领饭等生活，虽是小节，但只要倍加关注就一定能收获到切实的效果。要借助家校合力的作用，从生活和学习两个方面进行监督与引导。在这个引导过程中，教师不要先入为主，要从儿童的角度出发，对其实施正确的道德引导。同时，我们要仔细观察其行为、言谈等。一种不良行为可能有几种不同的动机，例如留守儿童的打架行为，有的是为了报复家长对自己的冷淡，有的是为了称"王"称"霸"，有的是受人唆使等。在了解动机的过程中，教师不要被表面现象所蒙蔽，要真正站在留守儿童的角度去读懂其心灵。我们要坚信：每一个有品性不良表现的留守儿童的本性都是好的，只要我们坚持不懈，就能够唤醒其道德良知。

（3）善用表扬营造转变时机，促使留守儿童品性的觉醒。品性不良型留守儿童的转变，一般要经过醒悟、反复、巩固、稳定的过程。如果这种留守儿童出现醒悟，即开始意识到行为的严重性和危害性，并有改正错误的意向和愿望，这时候作为教育者，我们必须及时抓住这一教育的关键时机，给予鼓励与帮助。特别是当其有改正错误的欲望，或者在行动上有好的表现时，教师都应当及时给予肯定和表扬。

（4）行为矫正时期，强化自我监督能力。在不良道德行为矫正初期，外界诱因会使不良行为出现反复，教师要采取适当措施，切断外界诱因对留守儿童的影响，更重要的是培养留守儿童的自我监督能力。当留守儿童有了良好表现后，教师应有控制地让其接触一些良性诱因，以维持其自我监控效果。

（二）知行脱节型留守儿童的道德唤醒对策

在人的活动中，"知"与"行"是两个基本的环节。在道德生活中，"知"即道德认识，是指人们对一定社会道德关系及其理论、规范的理解和看法，包括人们的各种道德观。"行"即道德行为，是指人们在一定的道德认识或道德情感支配下所采取的行动。"知"是基础，"行"是关键，在培养"知"的同时，更要注重"行"的过程。只有帮助留守儿童完成从"知"到"行"的转化，才是所谓的"学至于行而止"。探讨留守儿童知行脱节的特点，有利于我们深入有效开展留守儿童道德教育工作。

1. 知行脱节型留守儿童的特点

所谓知行脱节型留守儿童是指那些在道德认知和道德行为方面具有较为严重的脱节现象的儿童。目前，一些留守儿童的道德认知和道德行为之间存在很大的反差，一方面，一些留守儿童能把德育知识讲得头头是道，另一方面，却无法将自己所懂得的道德理论与社会实践相结合。"马加爵杀人事件"和"清华大学生硫酸伤熊事件"是严重知行脱节的典型案例。不少留守儿童在学校里表现良好，一旦走出校门，行为就出现问题，这是轻度知行脱节的案例。知行脱节还使一部分留守儿童成长为表里不一的"两面人"。

【聚焦现实】

让人怜惜的白留洋

有位留守儿童叫白留洋，他的父母背井离乡，外出打工，一去就是几年。他由祖父母教育和抚养。但他的祖父母缺少教育能力与文化素养，不可能"面面俱到"。白留洋上课喜欢积极思考、大胆发言，总想得到老师的表扬来获取同学们的信任赞许。回到家却感觉没人关心、陪伴、倾诉，所以就逐渐养成我行我素的性格——作业不及时完成，反馈作业时撒谎骗人，处理事情不能沉着冷静。在受到同学欺负和嘲笑以后，回到家对祖父母的抵触心理就越来越重，往往采取不予理睬等过激行为来回应。

【简析】

案例中的留守儿童白留洋"上课喜欢积极思考""渴望得到别人的赞许"，从这一点上，能够看出他内心有着做好学生的愿望，从这一点可以看出他在"知"的方面是没有问题的。然而由于诸多原因，导致他"撒谎骗人"以及出现"过激行为"。在"行"的方面表现较差，成为一个知行脱节的留守儿童。

留守儿童的年龄和家庭生活经历决定了其在心理上缺乏调控能力，再加上留守儿童所接受的品德知识与自身的道德需求之间存在着相互脱节的现象，极易受社会环境的左右而在道德认识上出现偏差，其道德情感和道德意志缺乏应有的定向功能，所以在道德行为方面常常表现出易变、无序、知行脱节等特点。

2. 知行脱节型留守儿童的教育对策

（1）陶冶教育法。在留守儿童道德教育中，我们常常重"说教"，忽视其内在心理需要，结果导致留守儿童道德认知与道德行为脱节。因此在留守儿童道德教育中，要突破传统的教育方法，从"灌输型"转向"疏导型"，教师要成为留守儿童的榜样，用人格力量影响留守儿童、感染留守儿童。著名教育家叶圣陶说："自己担负的是教育工作，无论言教或是不言之教，总之要把自己的好模样去教人，才能收到训练和熏陶的实效。"作为一名教师，要有高尚的师德修养，严谨扎实的工作作风和言传身教的工作态度，在留守儿童面前要注意自己的言行举止，时时处处做留守儿童的典范。此外，还可以通过营造环境、搭建平台等多种方式对留守儿童进行有效的疏导，让其追求表里如一的高尚境界，进而做到知行统一。

（2）建立行为日记。日记记录法能够帮助留守儿童进行正确的自主管理和自我教育。教师可以为知行脱节型留守儿童建立行为日记，指导其发现自己行为中的不足，深刻反思，寻找原因，及时记录下来。让留守儿童平时常翻阅自己的行为日记，在与自我进行对话的过程中纠正知行偏差，达到知行统一。

（3）实践中体验真善美。有专家指出："人格并不是由所听所说形成的，而是由劳动和行动形成的。因而最重要的教育手段是促使儿童们采取行动。"在道德教育工作中，应当注意引导留守儿童积极参加社会实践活动，将道德认知实实在在地付诸行动。在实践活动中，教师有责任指导留守儿童勇敢地去面对现实生活，在与真实的社会环境的行为互动中接受教育；引导留守儿童正确区分、辨别、评价形形色色的社会现象，增强识别真善美与假恶丑的能力；引导留守儿童正确应对学习、生活中的压力和挫折，塑造乐观积极的精神面貌，完善自我，超越自我。

（三）沾染恶习型留守儿童的道德唤醒对策

恶习是指一些诸如赌博、网瘾以及偷窃等行为方面的坏习惯。留守儿童对周围世界的丑恶现象往往缺少一定的甄别能力，对周围世界的诱惑还缺少一定的抵制能力。因而，在留守儿童身上，我们能够看到沾染或多或少恶习的现象。

沾染恶习的留守儿童，如果得不到及时有效的教育转化，往往容易走上犯罪的道路。教育专家指出："家长的教育水平与品德行为，直接关系着儿童的未来前途和命运。"为人家长者应该警惕，莫做问题留守儿童背后的问题家长。

1. 沾染恶习型留守儿童的特点

沾染恶习型留守儿童，性格上的主要特点有：待人处事冷漠，缺乏集体荣誉感，缺乏合作精神。行为上的主要特点有：行为习惯较差，沾染上诸如不守纪律、拉帮结派，打架斗殴，甚至称王称霸、恃强凌弱等不良习惯。沾染恶习型留守儿童在生活中一贯感情用事，做事不考虑后果，自控自律能力很差，缺乏正确的道德判断，道德认识水平较低。

【聚焦现实】

沈某的觉醒

有一个留守儿童沈某，家长离异，他跟着爷爷奶奶生活。由于爷爷工作忙，沈某倍感孤独寂寞，慢慢滋生了恨社会、怨家长、嫉妒同龄人的不良情绪。他12岁便离家出走，刚满18岁，便抢劫杀人。当他被法院一审判处死刑后，民警给予了他人性化管教，使他心理上有了变化，甚至要捐献遗体和器官表示谢罪。他说："我的家长要早像民警一样对待我，我决不会走到今天这一步。"

【简评】

教育专家孙云晓曾说："几乎所有孩子的毛病都可以在成人世界找到原因。"案例中留守儿童沈某沾染恶习的重要原因就是家长的离异让他心生恨意以致于叛逆心理膨胀，不服家长或是临时监护人的管教，出现抢劫杀人等行为。在为沈某痛惜的同时，留守儿童的家长更应该深刻反思自己应该为孩子做些什么。

2. 沾染恶习型留守儿童的教育对策

对于沾染恶习的留守儿童，我们要本着"不抛弃、必挽救"的原则，始终坚信这些儿童都是好儿童，以一颗坚定的心来呵护其脆弱的心灵。对于这些留守儿童，我们在对其进行正面教育的同时，更要强化其内心的自我教育意识，唤起其心底深处的良知。

改掉留守儿童恶习的途径有很多，以下几条都是非常有效的：

（1）以故事感染留守儿童。《苏霍姆林斯基选集》中关于怎样激发儿童在道德方面进行自我教育的论述中讲到：“一个人在认识周围世界的同时，从小就应该认识人——认识人的思想、感情、其心灵的细微复杂活动、其志趣和激情。教育与自我教育的统一开始于：一个人在认识人时，也就是在认识自己，在学习从旁边观察自己。”借助故事来进行道德教育也是留守儿童最喜欢的一种教育方式。每个留守儿童都爱听故事，美好的故事情节通常会给其心灵带来一些深远的影响。因而，对于沾染恶习的留守儿童，我们的正面灌输可以多从故事入手，想一想应该选取哪些故事，怎样给这类的留守儿童讲故事。我们要让故事中的人物事迹、人物形象，深深地刻印在留守儿童们的心里，引领其形成正确的道德行为。

（2）给予留守儿童更多爱的关注。在道德方面有恶习的留守儿童容易引起周围人的反感，其内心往往产生自卑情绪。当这类留守儿童期望改正时，往往缺乏自信，因而半途而废。此时，教师的一个信任的表情、一个信任的目光对留守儿童都是莫大的鼓舞。作为教师，我们应该充分相信留守儿童，当观察到其点滴进步时，都要适当地给予肯定，并提出下一步该怎么做的良好建议，帮助其走好这段艰难的“改正”之路。

（四）诚信缺失型留守儿童的道德唤醒对策

81

诚信，作为道德重要的范畴，就是要求人们在一切生活中，做到实事求是，守信用。“诚”即是真诚、诚实；“信”，即守承诺、讲信用。诚实的基本含义是守诺、践约、无欺。通俗地表述，就是说老实话、办老实事、做老实人。其道德要求就是心想、口语、身行一致，实事求是。

然而，对于留守儿童来说，家庭教育的“错位”，社会教育的“失善”，学校教育的“失衡”，教师道德的“失范”等，都会导致部分留守儿童出现诚信缺失的道德偏差。

1. 诚信缺失型留守儿童的特点

我们可以从以下几个方面来理解诚信缺失型留守儿童身上存在的诸多不同特点：

（1）道德生活中的诚信缺失。道德即人们共同生活及其行为的准则规范。留守儿童作为一个特殊的群体，在生活中，必须自觉遵守相应的道德规范与准则，才有可能健康地成长。从整体上看，多数留守儿童的道德生活是比较健康的。但是，其中也有道德失范者，最典型的现象是小偷小摸，小到偷拿家里的零钱、同学的学习用品，大到结伙行窃。

（2）学习生活中的诚信缺失。学习是一种艰难、复杂、细致的脑力劳动，是留守儿童生活的主要内容。要想学有所成，就必须严谨踏实，来不得半点虚假和浮躁。但是，部分留守儿童的学习活动充满了自我欺骗，最典型的就是照抄别人的作业、考试作弊、欺骗教师与家长；有的还花钱请人代做作业，对不从者甚至拳脚相加。

（3）人际交往中的诚信缺失。诚信，既是做人的一种道德规范，又是人际交往的行为准则。在学校里，留守儿童人际交往的主要对象是同学和教师。留守儿童人际交往中的诚信缺失表现为：互不信任，相互猜忌，师生之间难以坦诚相待。有的留守儿童同学关系紧张，甚至师生关系也紧张，其中一个重要的原因就是由于不讲诚信引起的。

（4）经济生活中的诚信缺失。留守儿童是纯消费者，其经济来源主要靠家长，经济生活并不复杂，但诚信缺失令人担忧，如有借不还、借多少还、赖账不还等，甚至利用谎言经常向家长或监护人要钱。

2. 诚信缺失型留守儿童的教育对策

对诚信缺失型留守儿童进行诚信教育，最重要的一环是学校要加强诚信教育。学校开展诚信教育，既是留守儿童自身成长的需要，也是时代发展和社会进步的要求。因此，学校应该开展多层面、多形式的教育活动，使留守儿童了解诚信的基本内容，懂得诚信是做人的基本准则。

（1）建立诚信教育机制。所谓诚信教育机制，是指学校加强诚信教育的有关规定，认真执行诚信教育制度，不让缺乏诚信的留守儿童得逞，也决不应该让讲诚信者吃亏。树立诚信立校、诚信立教、诚信育人的教育理念，将诚信落实到学校教学和管理的各个环节之中。此外，还要建立诚信的考评体系和相应的信誉档案，并和全社会的信用制度协调一致，同时加大对诚信缺失行为的处罚力度。这是诚信制度执行的关键和强有力的手段，它会对留守儿童诚信观念的树立起到很好的导向作用。

（2）为留守儿童创设良好的诚信教育环境。开展诚信教育必须在一个诚信的环境中进行，在学校教育中，要精心设计诚信教育环节：

其一，教师要为人师表，处处讲诚信，要以自己的人格力量来巩固诚信教育的环境，达到感化和陶冶留守儿童的目的。

其二，宣扬诚信是立人之本。在教育教学中，教师要强调"人无信则不立"，诚信是做人处世的基本准则，应当把"诚信"当做"第二生命"，自觉地维护诚信形象。教师要经常向留守儿童讲述诚信故事，让留守儿童认识到"要成才，先成人；要成人，先守信"的道理。

其三，课堂渗透。诚信是学生思想道德的基础和根本。在课堂教学中，教师应该多渗透法律意识，提高留守儿童守法、守规的自觉性。学校还可以将诚信教育作为思想道德建设的重要内容，纳入学校德育工作之中，用良好的道德教育筑起诚实守信的防火墙。

（3）诚信教育从小事做起。学校要从日常道德教育入手，让留守儿童回归到"真善美"的精神境界上来。开展诚信教育，要关注一点一滴的小事。班级要将诚信引入班规中，从按时交作业、考试不作弊、守时、守信等方面，具体规范留守儿童的行为，这样有利于留守儿童诚信素质的提高。教师应根据留守儿童的具体表现情况，适时进行分析，让留守儿童从小事做起，养成讲诚信的好习惯，并把诚信的外在道德约束内化为自己诚信的道德品质。

（五）自私刁蛮型留守儿童的道德唤醒对策

自私是一种较为普遍的病状心理现象。"自"是指自我；"私"是指利己；"自私"指的是只顾自己的利益，不顾他人、集体、国家和社会的利益。自私常指做人自私自利、损人利己。刁蛮指做人任性蛮横、不讲道理。

由于长期在外打工，留守儿童的家长更容易扮演溺爱型家长，他们回家又总带有补偿的愧疚感，尽力满足留守儿童的物质需要。再加上隔代抚养与上代抚养的临时监护人对留守儿童过于溺爱，致使相当多的留守儿童总以自我为中心，事事要求家长顺从其意志，形成了自私刁蛮的道德偏差。

1. 自私刁蛮型留守儿童的特点

所谓自私刁蛮型留守儿童，是指在生活中过分关心自己，以满足个人意愿为主，只看重个人幸福的留守儿童。自私是留守儿童偏常人格中的不成熟行为。观察生活中的留守儿童我们可以发现，这部分留守儿童不关心集体，不喜欢帮助同学，看不起学习差的同学，鄙视家境贫穷的同学。这是留守儿童身上较为显著的自私特点。

自私刁蛮型留守儿童在生活中的主要表现特点是：缺乏对别人的关心和同情心，不善于同他人合作，没有为别人着想的感情。在心理方面的主要表现特点是：孤僻，产生孤独心理，安全感逐渐缺失。

2. 自私刁蛮型留守儿童的教育对策

对于自私刁蛮型的留守儿童，在寻求解决对策的过程中，我们首先要引导其学会欣赏别人，懂得关心别人。教师要与家庭联手，共同为留守儿童树立良好的榜样。

（1）留守家长或监护人要有所为，有所不为。在寻求自私刁蛮型留守儿童教育对策时，家长或监护人要形成正确的家庭教育观念，为留守儿童营造健康的家庭道德成长环境。一方面要给予留守儿童更多的关爱，营造和谐的家庭环境，让留守儿童在充满爱的家庭中健康成长。一旦发现留守儿童有刁蛮、自私表现时，一定要帮助其改正，绝不能视而不见。另一方面，留守儿童的家长还要有所不为，留守儿童能做的事情，家长或监护人不要代做，更不能让孩子衣来伸手、饭来张口；在家庭中留守儿童不能享受过多的特权，家庭成员之间是平等的；要宽以待人，心中不仅要有自己，更要有他人……总之，家长的"为"与"不为"必须以促使留守儿童拥有健康的心态和良好的道德品质为指针，对于易于养成自私、刁蛮、任性不良品质的做法，家长切记"不可为"。

（2）开展爱心活动。对自私刁蛮型留守儿童实施道德唤醒，光靠口头说服教育是很难奏效的。这就需要我们教育者经常开展多样的爱心教育活动，让留守儿童在活动中逐步消除自私刁蛮的心理。如开展以"关爱他人"为主题的爱心活动。在活动中，努力让自私刁蛮的留守儿童充当主角，让其在活动中关心别人，同时体会别人对自己的感激。这样一来，留守儿童在感受集体温暖的同时，也会告别孤独、寂寞，接受来自同学的爱，慢慢远离自私刁蛮的道德偏差。

（3）运用榜样示范法。教师一定要严格要求自己，用自己的无私品质感动和影响留守儿童。另外，教师还可以借助榜样人物，促使留守儿童逐渐改正自私刁蛮的不良习性。

首先，教师可以借助故事引路，以故事中的人物榜样来引导，让那些榜样在留守儿童幼小的心灵中留下深刻印象，并能成为其做人的准绳。故事内容要丰富多样，可以是一些有关名人的故事，让留守儿童在故事中找到自己学习的榜样。尤其是当留守儿童出现由自私自利心理导致的错误行为时，就可以运用榜样故事来引导，以此激发其改正劣习的内驱力。

其次，教师可以采用角色游戏与情感体验相结合的方法。教学中，教师可以适当为自私刁蛮的留守儿童安排一些角色游戏。游戏中"自私的人"这个角色，可由教师或留守儿童扮演，扮演时可夸大自私的恶劣后果，以引起留守儿童足够的重视。故事中还要有人扮演"无私"的人，让留守儿童看到这样的人总会得到他人的爱戴。这种角色游戏能使留守儿童在对比中体会自私的害处，从而改正自己的行为。

（4）疏导虚荣心理与逆反心理相结合。一些留守儿童的任性，大都是虚荣心使然。因

83

为受逆反心理作用，留守儿童容易产生对立情绪，走向极端。其实，随着留守儿童年龄的增长，其自尊心日益增强，希望自己的独立意向得到尊重，此时便会形成逆反心理。为了矫正留守儿童的虚荣心理与逆反心理，教师应该启发留守儿童学会心理"移位"、"换位思考"，设想自己处于别人的位置上体会他人的感受，从而疏导虚荣、逆反心理。对这部分留守儿童的教育不能粗暴和强制，而应建立在尊重、理解、民主、平等的基础上，采用符合其心理特点的科学教育方法，才能收到良好的教育效果。

（5）优化成长环境，多渠道培养合作精神。留守儿童的成长环境包括学校环境、家庭环境、社会环境。我们在优化留守儿童的学校成长环境时，可以利用班级的板报介绍一些大公无私先进人物的事迹，在走廊的墙壁上可贴一些大公无私人物的画像，注意实现学校文化建设与德育教育资源开发的结合。在优化家庭、社会环境时，我们应尽量借助于社会舆论的大力支持，从而形成"人人为我，我为人人"的良好教育氛围。

无论是有"品性不良缺失""知行脱节"表现的留守儿童，还是有"沾染恶习""诚信缺失""自私刁蛮"表现的留守儿童，其道德不良表现的根源都在于情感缺失。对情感缺失的留守儿童，我们要一分为二，全面深刻地认识，然后才能循序渐进地加以唤醒、转化，逐渐提高其道德判断能力。当留守儿童出现某一行为偏差时，切不可采用单一的方法进行教育，让其产生"不适应性"和"对抗性"，一定要采用灵活的教育方法，唤醒其道德认识，指导其道德行为。

第四章 留守儿童的学业特征与教育对策

学业失教、心理失衡、安全失保，这三大问题困扰着越来越多的留守儿童，引起了社会各界的普遍关注。相关调查数据显示，留守儿童在学习中的自我认知、困难应对、目标定位等方面存在着诸多问题，缺乏必要的学习信念教育与习惯养成教育，其学业成绩的总体水平远远比不上非留守儿童。当前，学业成绩在某种程度上决定着留守儿童的生存状态和心理状态，留守儿童的学业现状成为社会各界尤其是学校迫切关注的问题。

针对留守儿童学业不良的问题，我们只有进行专门系统的调查研究，才能形成科学的结论，才能揭示深层问题，从而更有效地采取针对性的措施，改善留守儿童的学业不良现状。本章将围绕留守儿童学业特征及不良表现、原因分析以及解决对策等进行系统的梳理和分析。

第一节 留守儿童的学业特征及不良表现

作为一个特殊的弱势群体，留守儿童在学业上的确存在不少问题，分析其学习动机、学习习惯、学习态度、学习监督等因素，能够帮助我们了解留守儿童的学校教育状况，客观地把握其学业特征及不良表现，进而为留守儿童学业成绩的提高提出有价值的对策和建议。

一、留守儿童的学习特征

留守儿童相对非留守儿童而言是一个弱势群体，在学习方面，存在着诸多不同于非留守儿童的特征。也正是这些特征的普遍存在，才影响了其学业成绩的提高。这些特征主要表现在以下三个方面。

（一）学习态度模糊，缺乏上进心

学习态度是指学习者对待学习比较稳定的具有选择性的反应倾向，是在学习活动中的一种个人内部状态。它是由认知因素、情感因素和意志因素三者组成的一种相互关联的统一体。良好的学习态度表现为：对待学习认真负责，积极努力，一丝不苟等，是取得优异的学习成绩的重要前提。我们都清楚，学习态度端正与否，决定着学习成绩的效果。学习态度端正的留守儿童能够做到：不逃学、不旷课、不早退、不迟到，遵守课堂纪律，不随便说话，专心听讲，积极思考和回答问题，能够按时完成作业，认真复习考试不作弊等。一些学习态度模糊、缺乏上进心的留守儿童则表现为：厌学情绪严重、学习兴趣忽冷忽热，成绩忽高忽低。这些不良的学习态度是导致其成绩差的主要原因。

【聚焦数据】

留守儿童学习态度调查

对于留守儿童的学习态度的情况，我们可以看下面的调查表：

留守儿童学习态度调查表

学习态度	人数	百分比（%）
非常喜欢	15	14.2
喜欢	27	25.4
说不上喜不喜欢	34	32.1
讨厌	30	28.3
合计	106	100

（资料来源：贵州关岭县平寨小学问卷调查）

此次调查共回收了185份问卷，106人是留守儿童，79人是非留守儿童，留守儿童占被调查人数的57.3%。

本表中的数据中，"不明确自己喜不喜欢学习"的留守儿童最多，占样本总量的32.1%；其次是"讨厌学习"的所占比例为28.3%；"非常喜欢学习"的仅占14.2%。在访谈和座谈中，一部分留守儿童说："我很不想读书，是家长强迫我来学校读书的，不读书不给买新衣服，不给饭吃。"当问其原因的时候，他们说因为读不懂，在学校被老师骂，回家又被家长骂。由于留守儿童的监护人文化程度都普遍不高，缺乏家庭教育的常识，对留守儿童的教育较为偏激，认为只有棍棒之下才能教育好孩子，而这恰恰造成了留守儿童的逆反心理，从而使其怕读书，教育效果适得其反。

【数据分析】

调查数据反映出，与非留守儿童相比，很多留守儿童的学习态度并不端正，较为消极被动。在学习过程中遇到困难时，他们往往会采取逃避或抱怨的态度，而不去主动寻求解决办法。

（二）学习监督缺失，学习习惯较差

学习监督是指学校或家长对学生学习现场或某一特定环节、过程进行监视、督促和管理，使学习结果能达到预定的目标。对留守儿童而言，所能得到的学习监督比较少。一方面家长外出务工后，除了偶尔电话、书信联系外，无法对子女进行经常性的监督；另一方面，由于不同监护人的文化水平、教育观念、时间安排、行为方式的不同，学习监督的方式、力度和效果也完全不同。父母双方只有一方外出打工的家庭对留守儿童的监督基本正常，由隔代监护人管理的留守儿童的学习监督情况各异，有的家庭学习气氛较浓，对留守儿童的学习要求比较严，这就加强了对其学习过程的监督；而有的隔代监护人不但不对其学习进行监督，反而让其承担繁重的家务劳动。大多数隔代监护人是文盲，没有文化知识，往往年龄太大，身体虚弱，没有精力监督留守儿童的学习，而且根本无法对其进行指导。隔代监护人监护力度的薄弱，导致留守儿童无法将良好的学习习惯坚持下去。

调查显示，有的隔代监护人需要监护的留守儿童一般不止一个。这些监护人除了要承担日常的家务活、农活外，还要照顾孙辈的衣食住行。这样一来，这些老人的负担加重，没有太多的时间和精力来对孙辈进行监管和教育。一些留守儿童不能很好地约束自己，放学回家后的时间几乎成为"管理真空"。而学校以及学校的教师，在课后对这部分留守儿童的学习关注也不够，以至于有些留守儿童常常发出"希望自己在学习方面有不懂的地方时，课后教师能给予指导，能告诉我好的学习方法"、"希望学校老师在学习上多帮助我们，在生活中能多照顾我们，与我们谈谈心"等心声。这些问题的存在，是留守儿童家庭教育及学校教育的淡漠所造成的。

学习习惯是学习的主体在较长的学习过程中逐渐养成的、一时不易改变的学习行为。良好的学习习惯能使儿童以一种稳定的心态，有规律、有节奏地融入到学习活动之中。那么，留守儿童的学习习惯现状如何？我们通过对留守儿童进行学习习惯问卷调查、教师访谈，了解到目前留守儿童的学习习惯状况已经亮起"红灯"：留守儿童的学习习惯明显差于非留守儿童。

【聚焦数据】

留守儿童学习习惯差异调查

为了解留守儿童学习习惯的现状，四川省的研究人员蒋平将留守儿童学习习惯分成三个等级，即较差、一般和良好。然后，随机抽取了 660 名留守儿童与 426 名非留守儿童做问卷调查，其中被调查的留守儿童中，男生与女生人数各 330 名；被调查的非留守儿童中，男生 202 名，女生 224 名。调查结果表明：学习习惯较差的留守儿童有 146 人，占被调查留守儿童总数的 22.12％。

留守儿童学习习惯的总体状况

	较差	一般	良好	总计
人数	146	308	206	660
％	22.12	46.67	31.21	100

为了更深入地了解留守儿童学习习惯状况，研究人员对留守儿童与非留守儿童的学习习惯进行 T 检验，看两者是否存在显著性差异，检验结果如下表所示：

留守儿童与非留守儿童学习习惯差异检验（M±SD）

项目	留守儿童	非留守儿童	T 值及显著性
学习习惯	127.93±33.36	134.00±31.83	－2.106 *
学习计划	20.43±7.47	22.72±7.52	－3.482 * *
课前准备	7.02±2.69	7.03±2.72	－0.42
课堂学习	22.23±6.40	23.27±6.31	－1.863
复习	19.55±6.70	20.80±6.14	－2.196 *
作业	11.85±3.80	11.76±3.86	0.70
考试	14.09±4.49	14.66±4.04	－1.483
课外学习	23.58±6.77	24.31±5.83	－1.299
应用	9.17±3.29	9.69±3.00	－1.835

（注：表中 * 表示 $P \leqslant 0.05$；* * 表示 $P \leqslant 0.01$）

【数据分析】

通过对留守儿童与非留守儿童学习习惯所进行的 T 检验，得出两者存在显著性差异（P＝0.036），非留守儿童的学习习惯得分要显著高于留守儿童学习习惯得分。进一步分析学习习惯中八个维度的得分情况，发现在学习计划上的得分差异高度显著（P＝0.01），说明非留守儿童的学习计划性要显著高于留守儿童；在复习上得分差异显著，说明非留守儿童的复习习惯明显好于留守儿童。在课前准备、课堂学习、考试、课外学习、应用等五个维度上（除作业外），得分差异虽没达到统计学上的显著性水平，但也可以看出非留守儿童的情况均好于留守儿童，这与我们的研究假设是基本一致的。可见，由于缺乏父母双方有效的监管，留守儿童的学习习惯明显不如非留守儿童。

分析调查数据，我们发现，仅有31.21％的留守儿童学习习惯良好，他们的学习习惯表现恰好与较差型相反。因此，父母不在身边导致的"留守"会极大地影响留守儿童的学习习惯。

在学习监督缺失的前提下，留守儿童的学习习惯现状令人堪忧：没有明确的学习计划表，学习过程易受外来干扰的影响；学习新知识前，很少复习旧知识和预习新知识；上课精力不易集中，听课方式被动，课堂不积极思考，不积极回答问题；课下不及时复习，复习方法不正确；作业完成情况差，发现错误不及时订正；应试方法不正确，考后不总结；课外学习不积极、主动，阅读方法不正确；对所学知识不善于应用等。

【聚焦现实】
无人监督的韩晶

留守儿童韩晶是陕西省淳化县官庄镇某村人，她正上小学六年级。三年前，她的家长双双离家到西安打工，把她和弟弟留给了爷爷、奶奶照看。韩晶的奶奶告诉记者，以前，孩子的学习成绩非常好，考试中经常是班上的第一、二名。但韩晶在父亲外出之后，不仅人变得没有以前活泼开朗了，学习也在退步。在最近的这次考试中，也只考了班上的第十七名。韩晶的爷爷、奶奶都不识字，他们根本辅导不了孩子的学习。另外，韩晶在父亲外出打工之后，晚上回来也不怎么做作业了，很多时间都花在了看电视以及和弟弟、妹妹的打闹上。

（案例来源：《莫愁·家教与成材》2006年第1期）

【简评】

"无人监督"让缺少自制力的留守儿童在学习中无法养成良好的学习习惯，无法深刻认识到自身学习中存在的问题。即使是意识到了，他们也得不到及时的帮助。在留守儿童遇到学习中的困难时需要得到监护人的帮助，需要在失去自信时，能够得到一句贴心的安慰。如果这些都失去了，那么他们将陷入对学习的绝望和无助中。

总体来看，很多留守儿童的学习环境是比较差的。如，有的留守儿童学习时间减少，洗衣服、做饭、干农活等，占去了不少学习时间；由于监护人监护不力，加之自控能力差，有的留守儿童在放学后的时间里，往往受到各种社会不良环境的影响，参加各种不良活动，从而影响学习的成效。再者，留守儿童的课余时间活动自由度很大，学习则被抛到了九霄云外，网吧、游戏厅、录像厅就成了一些留守儿童玩耍的主要场所。在这样的环境中，留守儿童难以有比较充分的时间与精力来学习。

（三）个体间差别较大，两极分化严重

家长外出打工既可以成为留守儿童学习的动力，也会影响到其学业成绩的提高。在多种因素的影响下，留守儿童的学习成绩往往呈现一种两极分化之势，监护教育较好的留守儿童比较懂事，在学习中懂得自律，能够严格要求自己，同时也希望借助好成绩来赢得家长的喜爱，这类留守儿童的学业成绩往往特别好。但是也有部分留守儿童因为监护力度弱，自身又无法监控自己，导致了成绩较差，成为班上的"双差生"。对于教师来讲，留守儿童的学习两极分化是一大教学难题。在其学习转化方面，很多教师倍感疲惫。

【聚焦数据】

留守儿童学习状态统计

近年来，留守儿童学业问题逐渐引起各方面重视，参与调查研究的学校、教师日益增多。江苏省徐州市铜山县大许小学教师方振民、高蕾曾对该校留守儿童的学习现状进行了调查，获得了第一手资料。该校共有 10 个教学班，学生 496 人，其中留守儿童 177 人，占总学生人数的 35.7%。各年级留守儿童学习成绩的调查结果如下：

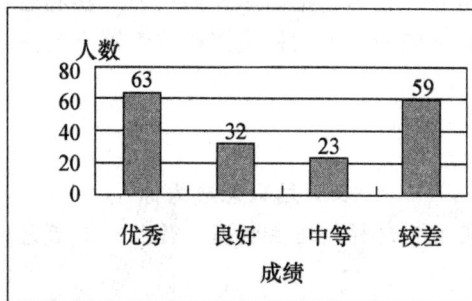

图 1   全校留守儿童学习成绩统计图

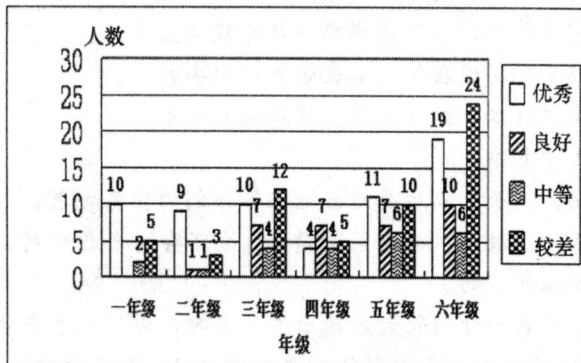

图 2   各年级留守儿童学习状况统计图

【简评】

从以上数据可以看出，留守儿童在学习上呈现出明显的两极分化的趋势，学习成绩在良好和中等档次的人数仅占留守儿童总人数的 30%，而且这种现象在三、五、六年级的留守儿童中表现最为明显。单从统计图 2 来看，中高年级留守儿童两极分化严重，三、五、六年级差生人数较多。在全校范围内，留守儿童的学习状况呈现出中间少、两头多的反常分布。留守儿童学习状况的两极分化趋势在中高年级表现更加突出，与全校相比存在着明显的差异。

二、留守儿童的学习不良表现

由于家庭教育的缺失，留守儿童出现了一系列的学习问题。这些学习问题在长时间内缺少有效的监督和引导，从而日益严重地影响了留守儿童学业成绩的提高。据华中师范大学在湖北的调查显示：90% 的教师认为农村留守儿童在学习、生活两方面都存在较为严重的问题。留守儿童有其特殊的社会、家庭背景，有较多的留守儿童对待学习敷衍了事、丧失自信……在学习中存在多种不良表现。

（一）学习动机缺失，学习观念淡薄

学习动机指的是引起和维持个体的学习行为以满足学习需要的心理倾向，它是推动学生学习的内部动力，又称"学习的动力"。由于缺乏家长的学习辅导与监督，留守儿童的自制力普遍较弱，在遇到学习困难时，不能承受过大的压力，学习兴趣逐渐消退，有的甚至产生厌学等情绪。调查中我们发现，多数留守儿童学习动机不良：有的留守儿童没有明确的学习动机、强烈的进取心和旺盛的求知欲，只是为家长而学习，想用好好读书取得较好成绩来报答家长；有的留守儿童为了走出家乡而学习，功利意识特别强烈；只有少量的留守儿童是真心喜欢学习。不同的学习动机直接影响着留守儿童学习的效果和未来发展的后劲。

【聚焦现实】

长大后只想成为你

研究者在问卷调查中设置了这样一道主观题：你长大以后想做什么？一些留守儿童的回答主要有：

- 我长大后想出去打工挣钱给爱我和我爱的家长。
- 我长大后想和爸爸妈妈一起外出打工。
- 我长大以后想出去打工，和爸爸妈妈一起挣钱来盖房子。
- 我长大以后想做警察，现在想让家长带我一起去打工。
- 我长大以后想出去打工，想让爸爸、妈妈快点回家。
- 我长大以后想去学电脑。
- 亲爱的爸爸妈妈，我长大以后要好好地报答你们的养育之恩，你们辛苦了。
- 我长大以后想做一名教师，谢谢爸爸妈妈，我不会辜负你们对我的期望，我不会乱花你们辛辛苦苦挣来的血汗钱的。

在座谈中问及留守儿童为什么长大后想出去打工时，他们几乎是异口同声地说"打工很好，可以赚很多钱"。他们是天真无邪的，他们的语言即能反映出他们真实的想法。

【简评】

在我们的印象中，医生、老师、警察、科学家、音乐家、艺术家等应该是留守儿童的人生理想，让人感到意外地是，"打工仔"竟不约而同地成为了许多留守儿童的人生理想，这不能不引起我们一系列的思考。可见，家长外出打工对留守儿童有很大的影响，甚至影响到他们对人生理想的追求。虽然打工不是坏事，但导致留守儿童的人生选择空间自然缩小，其人生理想的追求陷于肤浅化与盲目状态中，这不能不说是一种悲哀。

（二）学习观念淡薄，学习目标不明确

许多留守儿童的家长进城打工后，因无法照顾其孩子而产生了负疚感，于是采取"物质＋放任"的方式对其孩子进行补偿。有的留守儿童家长常年在外务工，价值观发生变化，对金钱认识上的畸变直接影响了留守儿童良好学习观念的生成。在与留守儿童的相处交流中，一些家长不注意引导留守儿童认识学习目的，丧失了对其学习的兴趣和良好习惯培养的最佳时机。因此，缺乏正确学习观念的留守儿童常常采取消极应付的学习态度，或迟到，或早退，或旷课，或逃学，或考试便作弊等。

留守儿童学习目标形成与其成长的历程有密切的关系。成长过程中的家庭氛围、进入学校之后教师和同学的因素等无不与之相关。在重利轻义的家庭中成长起来的留守儿童的学习目标，往往难以对学校教育产生认同感，因为学校阶段的教育往往是不能直接与"利"挂钩的，因而这类留守儿童潜在的人生目标是不能与学校的教育产生共鸣的。现实是，教师从自己的良好愿望去教育这类留守儿童往往碰壁，可见，留守儿童学习目标的确立在留守儿童学业提高中的关键作用。

（三）学习方法不科学，偏科现象严重

联合国教科文组织在《学会生存》一书中指出：在未来社会里，文盲将不是不识字的人，而是那些不懂得学习方法、不会自行更新知识的人。由此可见，学校教师与家长很有必要教给留守儿童正确的学习方法，明确学习目的，有意识、有计划地使用自己特有的学习方法，并把这种意识内化为自己的自觉行为，能自如地使这些学习方法为自己的学习服务。科学的学习方法好比是划船时用的双桨，对于学业成绩的提高非常重要，可以让留守儿童在前进时变得更为容易。

目前，学业成绩不好的留守儿童往往没有掌握科学的学习方法，这已经严重制约了其学业成绩的提高。具体言之，主要表现在以下两个方面：

1. 课堂学习方面

在课堂学习方面，很多留守儿童不得其法：有的留守儿童不会做笔记，有时即便做了笔记，也比较凌乱，甚至没有固定的笔记本；有的留守儿童上课注意力不集中；有的留守儿童没有掌握科学预习的方法，课上不会随老师引导在课本上做一些记号，复习的时候没有计划和条理，越是高年级越表现的被动，无法高效地听课。

2. 家庭作业方面

家庭作业方面，存在的问题也不少：大多数留守儿童每天只求完成书面作业，而且不使用工具书，草率敷衍，问题越积越多；有的留守儿童不主动学习，对作业，纯粹为了应付教师检查；有的留守儿童只是胡乱应付，都是按照教师的要求草草地把作业完成，也没有检查作业的习惯；遇到难题或不懂的地方，80％的留守儿童都不做或放在一边，等到了学校再抄别人的。

下面这组调查数据，就更能说明问题：

【聚焦数据】

某校关于留守儿童学习方法的调查

序号	调查内容	肯定	否定	不一定
1	新学期或寒暑假，你是否制订出切实可行的学习计划并努力执行？	18.6％	31.4％	50％
2	你经常按照"预习—听课—复习—作业—总结"的基本环节进行学习吗？	14.2％	21.3％	64.5％
3	你在学习中重视概念、原理、公式、定理等基础知识的掌握吗？	61.8％	10.9％	27.3％
4	你能经常总结自己有效的学习方法吗？	25.4％	26.4％	48.2％

91

序号	调查内容	肯定	否定	不一定
5	你经常检查自己学习能力的缺陷，并想努力改进吗？	69.3%	8.7%	22%
6	你经常对自己思考问题的思路再进行思考吗？	23.6%	18.5%	57.9%
7	你能经常将所学的知识运用于解决实际问题吗？	50.8%	13%	36.2%
8	你认为自己的学习是高效率的吗？	22.4%	25.2%	52.4%

【数据分析】

在对177名同学的调查中，我们发现：不少留守儿童学习方法不科学，做作业时，能够认真预习或复习功课的仅有45.7%。大部分不能很好地利用学习时间，不能自主学习，不能专心致志地学习等。可见科学学习方法的养成是一个重要的、长期的过程，教师和家长要给予充分的重视和足够的耐心。

还有的留守儿童某几门科目掌握得很好，甚至在全班或全校都是名列前茅，但其他几门科目却处于中下水平甚至更差。下面的案例就深刻地揭示了留守儿童的偏科问题。

（四）学习意志薄弱，抗挫折能力差

意志往往与一个人的自觉性密切相关。坚强的意志表现为：遇事有主见，处事能果断，勇于克服困难，善于约束自己。在学习过程中，留守儿童难免遇到这样或那样的挫折和困难，有的留守儿童面对困难时显得彷徨、无助，处于束手无策的境地，甚至产生厌学情绪，更不用说对学习的激情和主动了。

学习信心是与学业成绩联系在一起的，是决定学业成绩好坏的一个重要因素。留守儿童的学习成绩两极分化特别严重，大部分留守儿童学习成绩较差。加之他们还要承担家务劳动或田间农活，故不能把全部时间用于自己的学习上。他们一旦在学业上受到挫折，诸如学习成绩下降，因成绩不好受到教师的批评，或者学习遇到困难，这些挫折会导致他们丧失信心。

调查中我们发现，一些留守儿童在学习和接受教育上处于无人看管的境地，在遇到学习上的困难时，在学校还可以向教师请教，在家只能靠自己思索，思索没有结果就会放弃。由于留守儿童过早地体验到生活的艰辛，而且其家长往往以分数的绝对值检验其在家的表现，所以留守儿童比非留守儿童更渴望学业成绩的提高。但由于缺乏正确的心理疏导以及学习上的帮助，留守儿童普遍感到无可奈何，逐渐变得消沉，感觉自己太笨，缺乏自信心，导致恶性循环。

第二节　留守儿童的学业问题的成因

作为教育工作者，面对留守儿童学业成绩普遍不理想的现状，我们有必要从多方面探究造成留守儿童学业问题的原因。在系统化的研究后，我们发现，留守儿童学业成绩的高低取决于其所受的学校教育、家庭教育、社会影响以及自我教育的效果。其中留守儿童自身因素是不可低估的核心因素。科学地分析留守儿童的学业不良的原因，对于指导留守儿童提高学业成绩，促进其健康成长具有重要的现实意义。

一、家庭缺乏良好的学习环境和意识

由于留守儿童的家长长期在外打工，他们对子女学业成绩的关心与监督基本上是一片空白。随着家庭教育功能的逐渐弱化，很多留守儿童在家庭中缺少良好的学习环境熏陶，其学习积极性会随之发生不良的迁移，注意力偏离学习，致使学业成绩不理想。在这样的条件下，大多数留守儿童的学习不是一种自觉的行为，几乎完全是在外界的压迫下进行的。

（一）家庭教育中对留守儿童学业监督功能的弱化

家庭教育是儿童最早接受到的教育，是一切教育的基础。人只有受过良好的家庭教育，才可能顺利地接受学校教育；儿童如果在家庭里接受到不良的教育，学校就需要耗费巨大的时间与精力投入去进行引导和矫正。

留守儿童的家长外出务工后，多数情况下会由其他监护人（隔代抚养人或亲系抚养人等）来填补其在家庭教育中的位置，但这种填补是永远无法取代家长地位的。即便家长经常通过电话等方式对子女实施遥控教育，但也是鞭长莫及；更何况多数留守儿童家长文化程度本来就低，教育意识淡薄，还没有完全意识到家庭教育的重要性。因而，很多留守儿童的家庭教育基本上是名存实亡，对留守儿童的学业监督功能非常弱。

1. 家庭教育的缺失造成留守儿童家庭学习辅导质量的下降

留守儿童的家长虽然通过电话或是偶尔回家过问留守儿童的学业成绩，但对于学习过程的监督与辅导却难以见效。在父母双方中的一方外出务工的家庭中，单亲监护的一方由于承担了过重的家庭劳动，也很少过问留守儿童的学业状况；在隔代抚养或亲系抚养的留守家庭里，监护人的文化水平相对较低，而且因为溺爱或不方便严管等问题，往往对留守儿童的学习不能给予实质性的帮助，结果是各种各样的学习问题不断产生。这是导致留守儿童学业不良的重要因素。

据2000年第五次人口普查，我国农村劳动力人均受教育年限仅为7.33年。留守儿童的家庭大多源自偏远农村。他们获得学业辅导的机会明显偏少、其学业辅导的质量明显下降。调查结果表明，儿童在留守前由家长辅导的比率一般为45.5％，其中父亲辅导占37％。家长外出务工后，儿童的学习辅导人则变成了监护人。这些监护人在文化程度、监督儿童学习的权威性甚至是责任心等方面都无法与留守儿童的家长相比。同时，儿童留守后自我监护，缺少学习辅导人的人数大大增加，在有些地区达到了81.5％（见下表）。

监护人	留守后		留守前	
	人数	百分比	人数	百分比
父亲	1	0.50％	74	37.00％
母亲	19	9.50％	17	8.50％
家长以外其他监护人	14	7.00％	9	4.50％
其他人	3	1.50％	1	0.50％
无人辅导	163	81.50％	99	49.50％
合计	200	100.00％	200	100.00％

在家庭教育严重缺位的现实情况下，留守儿童很难用意志去克服学习困难，进而完成教师布置的作业。

2. 监护人无法履行对留守儿童的学业监督职责

留守儿童家长外出打工，祖辈或近亲很自然地担负起教育和照顾留守儿童的责任。而充当隔代抚养人的祖辈大多缺乏家庭教育的现代理念，文化素质低，凭老经验实行放养式教育，缺乏对孩子学业和品行的有效监管。再加上隔代抚养人年事已高，精力有限，或者出于对留守儿童自身境遇的同情或疼爱，对其备加溺爱，却忽视对其学习的严格要求与有力监督。此外，那些临时监护人在管教留守儿童的时候又多有顾忌，不敢管得太多太严，最后放任留守儿童自我成长，导致留守儿童学习意识的淡薄。

留守儿童除了在校学习的时间，大多数时间是与临时监护人生活在一起的，临时监护人自身素质也会对留守儿童的教育和生活产生重要影响。特别是单亲监护、隔代监护、亲系监护和同辈（或自我）监护。他们自身的知识水平本身就有局限性，更无法担当起留守儿童的学习引导职责。

【聚焦现实】

监护人不能很好地履行监护职责

李国强（化名），男，57 岁，三个留守儿童的监护人，儿子和儿媳外出打工两年多，只有过年的时候才回来与家人团聚。老伴已过世，他自己照看着三个孙子。大孙子今年已上六年级，次孙子上四年级，小孙子上二年级。在重男轻女的当地，老人自然非常自豪。老人出生于 50 年代，只上过两年私塾，现在基本不认识字了。老人说："对于孙子们的学习，我很少过问，更不要说辅导了，大孙子比较听话，回家有的时候还自己做作业，小孙子很不听话，读一年级就读了三、四年，今年才上二年级。"当笔者问老人对孙子的未来有什么期望的时候，老人说："我对他们未来没有什么期望，能读点书最好，不想读书，长大了出去打工也不错。"

【简评】

由于留守儿童监护人的文化素质低，对留守儿童的学习缺少必要的监督，更重要的是个别监护人不重视留守儿童的学习情况，对其学习的期望值过低，使他们从小就学习意识淡薄。可见，留守儿童学业问题存在的关键在于监护人对留守儿童学习介入过少，无法履行必要的学业监督职责。

（二）家庭缺乏培养留守儿童良好学习习惯的意识

人生的第一步是培养习惯。著名教育家叶圣陶说："凡是好的态度和好的方法，都要使之化为习惯。只有熟练得成了习惯，好的态度才能随时随地地表现，好的方法才能随时随地地应用，好像出于本能，一辈子享受不尽。"在调查研究中，我们发现家长外出打工对留守儿童的学习习惯的培养产生很大的负作用。留守儿童意志薄弱，自控能力不强，具有明显的被动性。而低年级儿童模仿性很强，容易受到外界的暗示，可塑性大，这时最容易养成良好的学习习惯，也最容易纠正不良学习习惯的。

家庭教育对留守儿童良好学习习惯的形成作用体现在：首先，作为留守儿童的家长或临时监护人要率先养成热爱学习的习惯，形成氛围，以自己的言行熏陶留守儿童。反之，如果家庭缺乏良好的学习气氛，甚至监护人经常呼朋唤友打牌、闲聊、外出跳舞等，势必会影响留守儿童的学习兴趣与学习习惯。其次，家长或临时监护人对学校和教师态度的好坏直接影响留守儿童对学校和教师的态度。然而，在当今社会，很多家庭将留守儿童的教育完全推给学校，甚至轻视学校教育。

1. 家长外出对留守儿童学习习惯的影响

留守儿童良好学习习惯的养成不仅是学校工作的一部分，也是家长不可推卸的教育责任。家长应对留守儿童在家情况进行跟踪了解，重视与教师的及时沟通，为其营造良好的家庭学习氛围，对其良好习惯的养成更是必不可少。家长指导监督的缺位，对留守儿童提前预习、及时复习、主动识字、经常阅读、口语交际、善于提问、规范书写等习惯的养成具有不可忽视的影响。下面的统计图表就说明了这个问题：

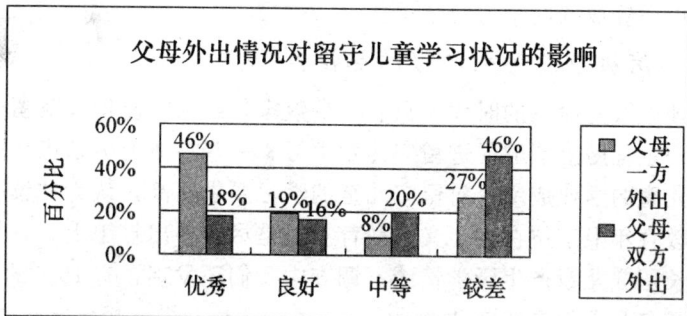

父母外出情况对留守儿童学习状况的影响

调查资料来源：《家庭对农村留守儿童学习习惯影响》的调查研究报告

从以上统计图中可以看出：家长双方都外出的留守儿童，其学习习惯状况明显比家长只有一方外出的留守儿童的学习习惯状况差。前者的优秀学生率仅有18％，而较差学生率却达到46％。后者优秀学生率达46％，较差学生率为27％。

2. 家长或监护人缺乏良好的学习习惯

每个家长或临时监护人都有自己的学习习惯，家长或临时监护人是留守儿童最好的学习榜样。俗话说："其身正，不令而行；其身不正，虽令不从。"要让留守儿童爱学习并养成良好的学习习惯，家长或监护人就必须有良好的学习习惯。所谓的言传身教，说的就是这个道理。但目前的问题是，绝大多数留守儿童的家长或监护人不爱好学习，不具备良好的学习习惯。他们不但以自己不良的学习习惯为留守儿童提供了反面教材，而且不敢理直气壮地对留守儿童的学习进行必要的监督，因为自己本身就不是好榜样。有的留守儿童家长或监护人没有培养留守儿童良好学习习惯的意识。留守儿童如果生活在这样的家庭，要养成良好的学习习惯，无异于缘木求鱼。

3. 单亲监护人分身无术

大量的调查发现：很多家长或临时监护人的教育能力与留守儿童教育需求之间差距较大。他们往往忙于操持家务，只有三分之一左右的留守儿童能接受到养成教育，养成良好的学习习惯。大部分家长或是临时监护人对留守儿童的教育关注仅限于完成作业，不过问留守儿童的学习态度、方式方法。更有少部分的家长采取放任自流的态度，教育主要靠留守儿童自我控制，而正处于身心迅速发展期的留守儿童，对学习、生活、自身的变化有太多的问题需要解决，其自控能力很差，习惯养成的效果很难达到预期的要求。

4. 隔代监护人难以适应

从调查情况看，留守儿童家庭隔代教育占半数以上。这些监护人年龄大，文化程度低，大多数是文盲或半文盲。在某专家调查的 102 名隔代监护人中，文化程度在小学四年级以下的就占 63%，初中以上文化水平程度的占 6.8%，小学四年级到初中文化水平的占 30.2%。隔代监护人教育思想观念落后，难以与留守儿童交流沟通，有的还要干农活维持生活，没有时间监护；有的体弱多病，无能力监护孩子；有的监护人同时照看几个孙辈，精力不济，往往只能满足留守儿童物质生活上的需求，缺少精神、道德层面的教育引导，甚至娇生惯养、放任自流，根本谈不上良好学习习惯的培养。

同时，隔代监护人的教育方式往往简单粗暴。他们要么认为"棍棒下面出人才"，留守儿童一旦犯错，轻则受到厉声训斥，重则棍棒相加；要么认为"树大自然直"，任其自然发展，对其行为不加约束和限制。这两种教育方式对留守儿童的心理发展与习惯养成都非常不利，更不用说养成好的学习习惯了。

（三）家长的消极态度影响学习的热情

在当今这个知识改变命运的时代，只有极少数家长或临时监护人对留守儿童的学业成绩期望很高，在一定程度上能够促进留守儿童学习。一些靠体力劳动谋生的家长或临时监护人不重视留守儿童的学业成绩，对留守儿童的学习要求不高，认为"读不读书都一样"，并错误地将其受教育年限定位在九年义务教育上或是尽早外出打工上。这种读书无用论势必潜移默化地助长留守儿童产生厌学情绪。调查中我们还发现，有 15% 的留守儿童成绩很差，各班的倒数几名几乎都是留守儿童。

【聚焦现实】
96
忽视留守儿童学业的家长

韦宗林（化名），男，40 岁，常年与妻子在外打工，孩子由年迈有病的父亲监护。韦宗林在深圳做水泥工，收入不错，只要不停工，一个月可以有近 3000 元的收入。在采访中能看出他对这一收入非常满意。韦宗林 20 岁结婚，育有两男两女，大儿子现今也和他一样南下广东打工，二女儿在镇里上初中，三儿子和小女儿在平寨小学上学。当笔者问到他对孩子上学的看法时，他说："读书多了也没有用，会算点账就可以了，你看那家的孩子去贵阳读大专回来不是一样的到广东打工了，说实在的，他的工资还没有我高，想做官又不是我们这种人能做的事情，我们没有那种命，我的孩子若能读书就读到初中，读大一点就可以出去打工了。"

【简评】
由于受家长或临时监护人以及社会环境的影响，加上许多地区本身交通不发达，经济发展相对滞后，家庭的经济来源也比较单一而低下，打工经济从小在留守儿童的思想根深蒂固。一些留守儿童认为读书后找工作也困难，"读书无用论"就成为他们的思想指南，以至于从小就没有心思读书，拒绝学校的教育，错误地将"打工"作为未来理想的唯一选择。

（四）家庭经济收入低和子女过多导致教育的薄弱

留守儿童家庭是经济现代化派生出来的一种特殊的家庭结构。在家庭教育中，由于家长双方缺位，导致其家庭自身结构的不完整。外出务工的家长大部分从事体力劳动或简单的工作，家庭经济收入低下，不能满足留守儿童的生活和心理需要。而且与外出务工相关联的家长离异、超生多生等问题也导致家庭收入和留守儿童教育成本低下的问题，在此因素影响下，留守儿童的学业成绩也就相应降低了。

二、学校对留守儿童教育缺乏针对性措施

面对家庭教育的缺失，留守儿童的学校教育显得尤为重要。而作为留守儿童接受教育的主阵地，一些学校受教育理念、办学条件、师资力量等多方面的制约，做不到有组织、有计划地对留守儿童进行针对性的教育，更不能为留守儿童提供个性化、针对性的辅导，在学习和生活上难以给予更多的关心和照顾，使留守儿童学业成绩难以提高。对于大部分留守儿童来说，他们还是有学习的兴趣的，通过教师的教育引导，留守儿童渴望提高自己的成绩，但由于各方面的原因致使原有基础太差，无法跟上其他同学，个别留守儿童甚至连基础知识也无法理解和掌握。

（一）学校缺乏培养留守儿童良好学习习惯的环境

在应试教育的指挥棒下，个别学校为了达到某些硬性指标，片面追求升学率，以成绩作为衡量教师工作成效的唯一指标。在这种情况下，教师承担着繁重的教学任务，往往感到身体疲惫，没有足够的精力和时间去关注留守儿童的学习习惯的养成情况；即便是教师有时会关心一下班上某个留守儿童的学习习惯状况，那也只是个别行为，学校并没有把这作为教师的教学任务，而留守儿童也因此沦为教师操纵的考试工具，必须不断地应对各科作业和考试，使得良好的学习习惯慢慢地被机械性的知识灌输所取代。由于学习习惯不良，很多留守儿童对学习不感兴趣，把自己的时间、精力消耗在其他方面，造成了学业成绩的普遍低下。另外，在一次次考试的恶性竞争中，留守儿童之间以及留守儿童与非留守儿童之间直接的同伴关系异化为敌对关系，这也不利于留守儿童良好的学习习惯的养成。

（二）学校缺乏科学的育人观，对留守儿童全面教育效果甚微

学校过于"重视"知识的简单灌输，突出学校教育的选拔功能，而忽视了对留守儿童这一弱势群体（学业不佳、家庭教育配合不上）的全面教育，培养目标单一，实施途径简单化。个别教师只是把课堂教学活动当成是一种必须完成的任务，而对留守儿童课堂外的身心健康发展状况关注不够，从根本上违背了基础教育教书育人的目标要求，没有全面地关注留守儿童的健康成长。

1. 成绩差的留守儿童不受重视

比较而言，留守儿童的学习成绩整体水平要比非留守儿童差得多。教师的关爱往往更多的是给予成绩优异的儿童，教育上的"马太效应"直接导致留守儿童的成绩越来越差。一些教师对学业成绩不佳、经常旷课、不按时完成作业的留守儿童缺少足够的耐心和关爱，错失了很多有效的教育时机。

2. 学校开设课程不合理，不利于留守儿童教育

一些留守儿童生活的地区经济相对落后，受教育理念、办学条件、师资力量等多方面的制约，留守儿童所在的学校重视统考科目，缩减或不开设非统考科目，做不到开设心理辅导课。这些突出问题的存在，将学校教育的效果降低到了令人吃惊的地步。

【聚焦现实】

学校课程开设不合理

以下是广西民族大学一位名叫韦明顶的学生（以下简称"笔者"）对广西平寨小学

DMG 校长的访谈记录。

笔者：学校都开设了哪几门课程？

DMG 校长：语文、数学、自然、社会、思想品德、卫生等。

笔者：您认为这些课程开设合理吗？

DMG 校长：这些课程都是按照上面（县政府）的要求来开设的，当然有一定的合理性。但是，我们有升学率的压力，除了语文和数学以外，其他课程也只是辅助性的。我们这里的孩子基础差，不得不加强主科的学习。

笔者：学校的升学率怎么样？

DMG 校长：现在国家实行九年义务教育制度，提倡就地入学，大多数的学生都进入了镇里的中学。而（安顺）市一、二中和（关岭）县里的中学每年都有学生报考，能考进（安顺）市一、二中的基本没有，（关岭）县里的中学每年有一、两个。

（案例来源：广西民族大学硕士研究生韦明顶《布依族地区农村留守儿童学业问题研究》）

【简评】

通过访谈的情况，我们可以看出，个别学校开设的课程看似合理，实则没有落实国家规定的课程方案，留守儿童的全面发展在这里没有得到保证。我们知道，开齐开足所有课程是实施素质教育的重要保证，是提高留守儿童基本素养的主要渠道。突出所谓的主课，将其他课程都作为辅助性的课程，这对于包括留守儿童在内的所有学生都是一种教育资源的浪费与违法行为。

（三）学校师资无法满足留守儿童教育的需要

学校师资不足是影响留守儿童学业成绩提高的又一个重要因素。在留守儿童较多的农村地区，地方政府对基础教育的投入还有一定的缺口，学校公用经费应付日常开支捉襟见肘，落后的办学条件不利于留守儿童综合素质的提高。优秀的师资力量渐渐离开了留守儿童最需要的边远山区，不利于对留守儿童开展个性化教育，无力为留守儿童创设良好的学习和娱乐环境。在基础教育师资薄弱的现状下，一些教学点只有几位教师任教，每个班的语文、数学、品德、自然、体育、音乐、美术等学科教学全由一名教师来教。教师教学任务繁重，没有精力照顾到每一个儿童，很难及时发现留守儿童身上存在的问题，即便是发现了，教师的时间与精力也难以满足教育工作的需要。下面案例中韦明顶对广西平寨小学校长的访谈，就可以反映出这方面的问题。

三、留守儿童的自身原因影响学业成绩

留守儿童学业问题的出现是诸多因素共同作用的结果。以往的研究表明，留守儿童在学习、心理以及行为习惯等方面都受到家长外出务工的影响。而留守儿童学习成绩的变化也肯定有其自身的原因。留守儿童自身存在的影响其学业成绩的因素主要有：

（一）缺乏明确的学习目标和任务

在调查中我们发现，一些留守儿童一天到晚对学习上的各种活动与安排缺乏自主参与的积极性，其学习就是为了不再受家长或是临时监护人的责备，不再受教师的批评或是惩罚。这就明显地表现出其缺少明确的学习目标的特征。目标不明、任务不清是无法把自己的学业搞好的，当学习成为一种程式化的生活安排后，留守儿童的学习热情也就会慢慢消逝的。

共青团湖南省委曾就此开展了一项调查研究，在"你目前最大的愿望是什么"的问题选项中，只有33.6%的留守儿童选了"提高学习成绩"这项，在"你初中毕业以后有什么打算"的问题选项中，只有48.3%的留守儿童选了还要"继续学习"，而其他的则选择了"外出打工"和"做生意"。可见，众多的留守儿童思想的单纯与麻木，学习目标与任务的迷惘与无奈。

【聚焦现实】

"小学毕业后我就去打工"

卢凤娜（化名），女，13岁，四年级，父亲外出打工，与母亲、弟弟、妹妹在一起生活。笔者到她家里拜访的时候，一见笔者她就躲到卧室里去。在她母亲的鼓励之下才肯出来谈话，可还是寥寥数语。她说："我对学习不感兴趣，在我们这里，女孩子能读点书就已经很不错了，我打算读完小学就不再读书了，那时就可以和村里的姐妹一起外出去打工挣钱了"。最后她补充着说："我现在就想不读书了，可父亲外出打工的时候嘱咐我一定要好好地读书。"

【简评】

近些年来，很多留守儿童学习目的不明确，学习积极性不高，纪律涣散，陷入了新的"读书无用论"的泥潭。这主要是从"知识底子薄却能挣钱"的家长那里得到的直接感受。如果家长的短视再得不到及时的制止与矫正，我们相信更多的留守儿童会因此而过早地离开校园，提前走向社会，这对其一生的成长与发展都可谓是一种不可挽回的伤害。

（二）学习上缺少计划性

古语曰："凡事预则立，不预则废。"即便是智力相同的两个儿童，有没有学习计划，学习效果是大不相同的。学习的计划性要求学习者把每个规定的学习时间分成若干时间段，根据学习内容为每个时间段规定具体的学习任务，并要求自己必须在一个时间段内完成一个具体的学习任务。在学习中，按计划进行学习而获得的成功，可以使学习者产生一种充实感和成功感。目前，留守儿童的学习往往没有计划性，具体表现为每天的学习时间得不到保证，学习的随机性比较强，学习的知识量达不到基本性的要求，没有好的学习方法做指引，学业成绩自然也就无法得到提升。

1. 盲目性

科学的学习计划是取得良好学业成绩的保证。许多留守儿童学习上既无长期目标，也无近期目标，很少思考每学年、每学期究竟要学什么，怎么学，达到什么要求。有些留守儿童整天忙于被动应付作业和考试，缺乏主动的安排。因此，陷于盲目状态的留守儿童的学习的效率非常低。

2. 不会科学利用时间

学业成绩优秀的留守儿童能在有限的时间内系统而科学的安排自己的学习、生活。而学业成绩差的留守儿童虽然忙忙碌碌，也很勤奋，但忙不到点子上，实际效果不佳，以至于经常抱怨："每天上课、回家、吃饭、做作业、睡觉，哪还有多余的时间供自己安排？"还有的留守儿童平时松松垮垮，临到考试手忙脚乱。山东省威海四中"校园留守群体的生态化教育"课题组成员在对高三留守儿童的学业成绩发展进行调查研究时发现，多数高中阶段的留守儿童的学习目标较为明确，也非常用功，但学习成绩却不断下滑。通过问卷座谈，课题组成员发现，这部分儿童缺少学习计划的指引，每天都在亦步亦趋地按照教师的安排去学习，而不是根据自己的学业情况和学习特点自主安排课堂之外的学习时间。针对这个问题，课题组成员在学校举办大型主题讨论活动："我的青春我做主""我要怎样才能学得更好"，发动广大留守儿童对如何科学支配学习时间进行讨论，找到适合自己的学习方法，取得了令人满意的教育效果。

（三）缺乏学习的积极性

受应试教育的影响，一些教师只重视学业成绩的结果，而很少过问留守儿童学习过程中的感受；留守儿童在学习过程中缺少家长、师长的关心与肯定，缺少朋友的支持与鼓励，也影响了其学习的积极性与主动性，使其学习呈现出反复性和间断性。

【聚焦现实】

消极学习的留守儿童——卢文思

调查者：请你对自己学习的积极性和主动性的情况作出客观的评价。

卢文思（化名）：（低着头，很久才说话）一般。

调查者：具体一点说，你在学习上有困难的时候会先向谁请教？

卢文思：（低着头）我爷爷（他爷爷是村支书）。

调查者：会向同学和老师请教吗？

卢文思：（低着头）一般不会。

调查者：为什么？

卢文思：（低着头没有明确回答。）

调查者：你觉得你的成绩好吗？

卢文思：不好。

【简评】

从调查者的访谈情况来看，许多留守儿童在学习上存在自我封闭的现象，在学习上遇到困难的时候，不主动向教师请教，也不主动和同学交流，学习积极性和主动性不强，导致了学业成绩难以有效提升。

我们在调查中发现，厌学已成了留守儿童的普遍心理现象。究其原因，一是一些留守儿童不喜欢教师，认为教师是逼迫其学习的人；二是一些留守儿童不喜欢学校，认为学校是个恶性竞争的人间地狱；三是一些留守儿童不喜欢学习，留守儿童感觉学习压力很重或者无法承受；四是一些留守儿童没有远大抱负，只有少部分留守儿童希望继续读书，大多数留守儿童只想尽快结束学业，然后外出打工、学手艺挣钱。

（四）留守导致的心理变化

留守儿童学习成绩下降，除了由于家长外出后出现的家庭教育的缺失外，还有对家长的想念和随之而产生的孤独和寂寞，使留守儿童在心理和生理上的需要得不到满足，出现情绪消极、孤僻任性、自私冷漠等特征，产生了叛逆、厌世情绪、行为习惯偏差，在迷恋电视、游戏、无节制的玩耍等中丧失自己的学习追求，阻碍了其学业成绩的提高。

【聚焦现实】

家长离开导致留守儿童情感落差

胡利平（化名）说，上课时"想他们就开小差了"。而且需要注意的是，留守儿童的孤独感与学习压力存在着很明显的关系。陈婷从初一的时候就和奶奶生活在一起，但是初一和初二时由于"有很多时间玩，所以不是很想他们"，但是到了初三以后，学习压力陡增，对家长的思念之情随之增长。陈婷说，"现在害怕听别的同学说他们的爸爸妈妈多么好，感到别的同学好幸福"，"上次和妈妈打电话的时候，我一句话都没有说，就是哭"。同样需要引起我们注意的是，对于那些没有因为家长外出而影响学习成绩的学生，同样承受着孤独的煎熬。

姜洁（化名）的家长都在福建打工，爷爷奶奶去世，从学校回家后就是一个人。虽然他说学习成绩没有受到影响，但是他"很想爸爸妈妈，有时候会自己哭"。

（案例来源于《关于留守儿童学习情况的调查与思考》，王一涛：《班主任之友》）

【简评】

通过对大量留守儿童留守前后学习成绩变化的调研，我们发现，不管学习成绩是否下降，留守儿童几乎都会由于对家长的思念而哭泣与惆怅，甚至出现精神恍惚。这种情绪在很多留守儿童的身上都存在，影响到学习就是必然的事情了。

（五）心理脆弱

由于长期处在孤独与自闭中，留守儿童在学习中也表现出心理脆弱的症状，不能接受来自教师或同学的批评与指责，遇到学习上的困难也很少向老师和同学请教。在河北定州市一项针对留守儿童的调查中：在"你目前最大的学习困难是什么"的问题选项中，有58.9％的留守儿童选择了"学习无人辅导"。在"学习上的问题你一般向谁请教"和"在学习中你是否会主动地向老师提问"的答案中，向老师请教的仅占34.6％，向同学请教的占44.6％，会主动向老师提问的只有26.6％。留守儿童教育中的问题不仅是大环境建设不够，也是留守儿童心理调适能力培养欠缺的结果。

【聚焦现实】

赋予留守儿童爱和自信的力量

我是黄石市铁山三小六年级一班的班主任，接手该班已经有一年半了。在全国掀起关注留守儿童教育问题中，我对本班学生陈李鑫给予的爱最多。短短一年半的相处，我感到留守家庭孩子的孤独，家长是孩子的第一个老师，他们对孩子的教育和抚慰是任何人都无法取代的。所以，我做教师的最大希望就是能够最大限度弥补亲子关系缺失对孩子造成的影响，取得了一点成绩，就此谈谈感受：

■学生基本资料

姓名：陈李鑫

年龄：11岁

年级：六年级

性别：男

性格特征：内向，孤僻

■个人背景资料

家长一起外出云南做生意，该生由大伯监管教育。该生成绩一年不如一年，每次考试成绩总是那么不尽人意。内心知道学习很重要，但由于课堂总是走神，考试成绩不理想，学习障碍多，缺乏自信，学习信心不足。

（案例来源于湖北黄石市铁山三小　王文静《赋予留守儿童爱和自信的力量》）

【简评】

留守儿童由于长期生活在欠缺管教的留守状态，经常出现上课分心、学习障碍等问题，导致学习成绩变差，难免受到老师和监护人的批评，一次次的"你不行""你真差""没出息"等否定性的评价，久而久之就给留守儿童贴上了"我是差生"和"笨学生"的标签，泯灭了留守儿童的进取心和学习兴趣，这种心理受挫的症结一旦得不到及时的疏导，就会形成心理疾病，外显出自暴自弃的表现，其学习成绩就会越来越差。

四、社会管理缺失，学校、家庭、社会尚未形成合力

尽管在 20 世纪 80 年代初就已经出现了留守儿童这一群体，但家长、学校、社区和社会的重视往往是处于宣传的浅层次上，距真正落实到留守儿童的教育实践中还有一定的距离。面对留守儿童在学业方面存在的复杂问题，我们不能期待着单纯某一方面的教育就能得以化解。这需要构建家庭、学校、社会三位一体的网络体系，尤其在政策措施、直接的教育机构、家庭教育等方面应加大落实的力度。

目前，对于留守儿童的教育问题，学校、家庭和社会尚未能够有机结合在一起，构建有效的留守儿童教育体系还在探索过程中。

（一）政府及社会管理方面的原因

政府及社会，在管理上没有把留守儿童的学习问题作为一项重要的工作来抓，基本上是把这个问题推给了学校，造成政府对留守儿童的教育及学习问题关注不够。

鉴于这种情况，一些专家建议把留守儿童的教育工作纳入国家和各地区新农村建设、农民工工作等经济社会发展规划和各部门工作规划之中，置于社会管理和公共服务体系之中。要把留守儿童教育工作与各级政府实施妇女儿童发展纲要结合起来，将留守儿童的各项权益保护列入纲要实施的监测评估体系，把留守儿童工作作为促进城乡统筹、社会和谐发展的重要内容。

（二）基层政府部门对留守儿童关爱不够

一些地方政府部门只重视发展经济，鼓励外出务工、经商，甚至有组织地进行劳务输出，而对打工者外出后所带来的留守儿童教育问题则重视不够，尚未把留守儿童教育问题当作一项重要工作来抓。在留守儿童教育问题上没有措施、资金、机构、人员的及时跟进管理，缺乏有效的指导和帮助。所谓的关爱只是停留在媒体宣传等表面形式上，不能从根本上解决问题。在对留守儿童家长的问卷调查中，当我们问及"您外出打工，不能照顾到孩子，您认为政府和有关单位可以帮助做些什么"时，一些留守儿童家长提出"政府要把网吧封闭，不准学生上网，交通秩序要维持好"，"希望政府能够给农村的孩子铺上一条平坦的马路上学，让学校多一点学习资料与课外读物，增长一点知识"，"希望政府多督促校方对那些摆摊设点、不卫生食品卫生的检查"；当我们向留守儿童临时监护人提出"您的亲人外出打工，由您照顾留守儿童的生活，您认为政府和有关单位应该做些什么"时，他

们也表达了他们的想法，"政府应该调查家长的意见，特别是要多加照顾偏僻山区的留守儿童，特别是在校得病要送往医院诊治的，因为留守儿童的家长离得太远，无法照料""政府和学校应该多关注留守儿童的学习和生活，还可以开展一些关于留守儿童的活动，让孩子明白家长不在身边，生活处处充满爱"，"建议政府大量招商引资，当地创建就业平台，提高打工人员的工资，让他们不外出打工，让他们自己照顾子女"等等。目前，他们的强烈愿望仅在一些地区得到了实现。

（三）社会治安环境对留守儿童生命安全形成严峻考验

留守儿童分布地域广、管理难度大，出现了很多治安盲点，再加上适合留守儿童活动的场所及设施严重匮乏，而电子游戏机房、网吧和其他的一些违法娱乐场所对留守儿童的吸引力巨大，在没有依法管理的情况下，留守儿童可以随意进出，久而久之，使一些留守儿童沾染上了不良社会传媒的毒害，甚至是接触上不法分子，根本无法专心学习。

在调研进行的过程中，一些访谈对象不约而同地都提到了"网吧问题"，并且表现出对网吧的"深恶痛绝"。尽管我国政府明文规定在学校周围 200 米以内不得有营业性舞厅、网吧等娱乐场所，并且禁止低龄儿童长时间上网，但有关管理部门对学校周边环境治理的欠缺，导致留守儿童在学校和家庭之外的教育处于完全缺失的状态，出现所谓的"5＋2＝0"的现象。

（四）学校和家庭沟通不够

学校是留守儿童家庭生活以外最主要的社会化主体，由于留守儿童的家长外出打工，留守儿童接受的学校教育在家庭教育中得不到认可与配合，而教师又难以通过家长或临时监护人了解留守儿童在家庭中的具体表现，因而无法和他们一起对留守儿童进行教育和监管；再加上临时监护人由于文化程度和教育方法的局限性，往往忽视对留守儿童内心世界的关注，缺乏与学校沟通的意识和能力，难以协调学校教育出现的问题；再者，现在农村学校的教材内容以城市教育为参照，严重脱离农村的实际，加之农村学校师资力量薄弱、寄宿制学校较少，办学条件也不易改善，无法对留守儿童进行统一管理，从而导致留守儿童社会化的不足。家庭教育与学校教育的合力机制难以建立，导致留守儿童摇摆于家庭教育与学校教育之间，学业成绩的提高成为泡影。

总之，留守儿童理应受到家庭、学校、社会的共同关爱。这是留守儿童的学习成绩提高的重要保证。

第三节 留守儿童学业成绩提高的对策

随着留守儿童数量的急剧增加，家庭教育和学校教育的衔接处出现真空地带，留守儿童学业问题也越来越突出：学业成绩滞后，厌学辍学现象严重，合作意识淡薄。要想提高留守儿童的学业成绩，就必须追根溯源，因材施教。本节从培养留守儿童良好的学习习惯、学习品质等方面入手，提出一些相应的改进方法与措施。

一、留守儿童良好学习习惯的培养

留守儿童的学习习惯是在学习过程中经过反复练习逐渐形成并发展的，最终成为个体需要的自动化学习行为方式。良好的学习习惯有利于激发留守儿童学习的主动性和积极性，有利于引导留守儿童掌握科学有效的学习策略进而提高其学习效率，有利于培养留守儿童自主学习的能力，也有利于培养留守儿童的创新精神和创造能力。在此，我们从以下四个方面来谈培养留守儿童的学习习惯的方法策略。

（一）从点滴小事抓起

"千里之行，始于足下。"做好大事，无不是从做好小事开始的。留守儿童良好学习习惯的培养，也必须从小事抓起。由于目前的儿童大多是独生子女，在家庭中多受到家长或临时监护人娇惯与顺从，在学校教育中能否形成良好的学习习惯，取决于教师的教育指导是否到位。

学习习惯的培养要从小事抓起，既是对即时教育资源的一种开发，也是目前的留守儿童教育的一项重要任务。

【聚焦现实】

从点滴小事抓起

良好的习惯是进行正常学习和生活的保障。新学期开学，学生的思想处于游离、散漫的状态，班主任就要从细节抓起，关注点滴小事，培养学生良好习惯，营造良好的学习环境，形成严明的班集体纪律。比如：上课前，提醒学生做好课前准备，注意静息的姿势。在我的语文课堂上，我注意训练学生坐的姿势（如：坐椅子二分之一的位置，双脚要平放在地面上等），另外，课本文具摆放要有条理，教育学生发言先举手，不能随意打断老师的话；回答问题时声音要响亮、清楚；学生读书的时候，注意拿书的姿势等。我不但在自己的课堂上有意训练和培养学生良好的习惯，还利用早读、班会时间领着学生学习学校规章制度，提醒学生养成良好习惯，并且在课下注意观察学生的行为，根据学生的表现在学生中树立榜样。在日常学习中，时刻注意调动学生的积极性，使之逐渐养成认真听课、认真作业、下课好好休息、讲文明、讲礼貌的好习惯。

（材料来源：重庆市忠县蒋大忠的班主任工作日志）

【简评】

什么是点滴小事？简单地讲就是：不被重视，看似微小的事情。正是因其细小，留守儿童常常自觉不自觉地忽视了细节。蒋大忠老师在对自己的学生进行教育的时候充分地注意到点滴小事的教育价值，他的开发与实践对于留守儿童学业成绩的提高可谓是大有裨益的。对于点滴小事，我们不能因为细节小就不重视它。因为学习是项系统工程，都是依这些点滴小事而存在的，教师、家长或是临时监护人的任务就是要悉心关注留守儿童学习过程中的点滴小事，积极施教，帮助他们将一件件小事的教育价值挖掘、提炼，形成好的学习习惯固定下来。

那么，怎样抓好留守儿童学习过程中的小事呢？

第一，教师要提出明确的要求。古人云："勿以恶小而为之，勿以善小而不为。"做大事，必从小事开始。在一些与学习相关的小事上，应该对留守儿童提出具体的要求，特别是对低龄留守儿童。比如，必须在上课前几分钟把上课用的教材和笔记本准备好；无论课前准备、课上纪律还是课下的练习作业等点滴小事，教师都要引导留守儿童认真做好，并且长期坚持，形成习惯。

第二，教师要加强对留守儿童的学习常规检查。上课前，教师要在教室门口对迟到的情况进行了解，并对迟到的留守儿童耐心教育，定期和留守儿童家长或临时监护人取得联系，与家长或临时监护人通报留守儿童在校的表现，及时制定最佳教育方案。同时，班主任也应该和任课教师及时沟通，让任课教师定期检查或抽查留守儿童的作业。只有从这些方方面面的小事入手，留守儿童的学习过程才能得到全程的监控与服务，学业成绩才能不断提高。

第三，建立班级自查制度。将班级内留守儿童组成中队，设置自查表，轮值进行学情记录，班主任随时查询，发现问题及时解决，并根据自查情况进行相应的督导与奖惩。还可以定期总结自查情况，组织留守儿童根据自查内容进行反思，找到改正措施。

第四，组成学习互助小组。班主任应当经常深入了解留守儿童的学习情况，对学习困难的，班主任可以挑选在各方面都比较优秀的非留守儿童与留守儿童结成学习互助小组，发挥带动作用，帮助留守儿童学习。经过一段时间，这些留守儿童的学习习惯都会有不同程度的改进，从而提高其学习成绩。

【聚焦现实】

小组合作学习的成功实践

在威海四中校园留守群体研究团队的小组合作学习的尝试中，教师根据非留守儿童与留守儿童人数按比例分组，进行班级桌椅安排，形成操作性强、便于合作交流的小组。比如，于洪飞老师将班级的五十四人分成九个小组，每六人一组，前后各三人，每组由四名非留守儿童与两名留守儿童组成，每人都是一门学科的学习小组长，其中有：学习优胜者，绘画才能者，音乐才能者，每个小组成员都各有所长，能够取长补短。同时，通过民主评议建立小组考核制度，全面激励小组在纪律、卫生、班务、团务等方面的成绩。一个学期过后，不仅留守儿童的成绩有较大的提高，而且全体组员的合作学习能力都得到了提高。

【简评】

这只是提高留守儿童学业成绩的一个典型做法：为留守儿童营造和谐学习环境，搭建有效的交流平台，转变教师帮扶的思想，让留守儿童与留守儿童相互学习，留守儿童与非留守儿童相互学习，最终形成良性发展的合作共赢态势。

（二）从行为细节入手

学习是由许多前后相连的细节构成，古人云："骐骥一跃，不能十步；驽马十驾，功在不舍。"留守儿童的学习必须从细节入手，将各个环节做细，认真做上课笔记，错题笔记，对每一个知识细节都精读、精思、精做，日积月累，成绩稳步提高。我们通过问卷调查发现，学习成绩较好的留守儿童往往在学习上都能注重细节，有着良好的学习习惯，学习成绩较差的留守儿童在学习上不重视细节，对待学习缺乏认真的态度，没有养成良好的学习习惯。

如何从行为细节入手，来提高留守儿童的学业成绩呢？

1. 从培养良好的听课习惯入手，发挥主观能动性

在课堂上，要引导留守儿童明确教师讲的内容有哪些细节，明确学习的具体的细节要求。如"课堂的每个知识要点的具体内容""具体的做法和步骤"及"特别要注意的问题"等。同时，教师可以引导留守儿童采取在课桌上贴上"上课不要开小差，认真听讲"字条等自我暗示的方法，发挥自己的主观能动性。这样多维度的管理，加上留守儿童自身的努力，其成绩就会大幅度地提高。

2. 在练习中反复验证、体会、总结

留守儿童在学习时，除了要明确和掌握知识内容外，更要在自己的练习中反复验证、体会和总结。古人就有"读书由薄到厚，再由厚到薄"的说法。意思就是说，开始学习，接触一个新的知识，往往都是知道了一个大体意思，这是"薄"；后来通过细细体味，反复练习，会从其中感受到更多的内容，这就是所谓的"厚"；然后，继续总结和归纳，形成规律性的东西，更便于掌握，这就是又变成了"薄"。"由薄到厚，由厚到薄"，就是一个对知识的把握过程。只有在练习中反复验证、体会、总结才能使知识内化为自身的素质。

（三）课内课外两手抓

全面提高留守儿童的学业成绩必须两手抓，一手抓"课内"，一手抓"课外"，两手都要硬。留守儿童学习成绩的提高往往得法于课内，增益于课外。课内时间有限，课外则有广阔的学习天地，教师应有全面组织留守儿童全面系统地学习课内课外知识的意识和能力，让留守儿童能施展自己的才能，发挥自己的聪明才智。

1. 重视课内常规训练

教师可以从以下方面来强化课内的常规训练，有针对性地实施细节教育。例如上课时，教师要突出常规训练的要求，应督促留守儿童上课认真听讲，积极思考发言，按时完成作业，注意书写整洁等，这些都是提高学习成绩的基本要求；对于一些意志力较弱，自觉性较差的留守儿童，教师要"善念紧箍咒"，或是严肃批评，提出一定的警告等，让其有紧迫感；教师要以关爱之心对留守儿童"特事特办"。批改作业的时候可以为其准备一份"情感快餐"，在作业本上设置留言台，写上关心和鼓励的话语，让其感受到教师的关爱。

2. 强化课外指导与监控

从周一到周五，留守儿童可能做得比较好，但到了周末，就不自觉地放松了学习。这是一种典型的"5＋2＝0"现象。很显然，如果留守儿童没有养成课外主动学习的习惯，课内的努力就将冰雪消融、前功尽弃。所以对于留守儿童的教育，教师既要抓好课内教学，更要抓好课外指导。应注意以下两点：

一是要适量布置家庭作业。适量的家庭作业有利于保证留守儿童自觉完成，过多的家庭作业会让他们感觉疲劳、厌倦；而家庭作业过少，又发挥不了应有的作用。教师应从科学的角度，以新的课改理念为指导，精心选择真正有利于其发展的内容布置作业。

二是要适时做好家访工作。家访是家校沟通的好方式，教师要经常到离校较近的留守儿童家里去走一走，看一看，了解留守儿童的课外学习生活，往往能够有更大的发现、更多的启示、更新的思考。对离校较远的留守儿童，教师也可以采用电话家访方式和留守儿童的家长或临时监护人沟通。

3. 做好课内学习与课外学习的结合文章

抓好留守儿童的学习，必须做好课内和课外学习的结合文章。我们不妨先看一下梁山第一中学的张合华老师是如何抓语文成绩提高的，这对于留守儿童的学习教育有很大的借鉴作用。

【聚焦现实】

课内课外两手抓

语文学习是慢功夫，不可能一蹴而就，它是一个需要长期积累的过程。我在课内和课外同时加以引导来进行语文学习。

我课内的做法：每一节课的前五分钟是提问时间，提问内容主要是需要积累的知识点，可能是十个字音，或字词，或成语，也可能是背诵的东西。这五分钟的时间里内容不一定很多，但提问的知识点要熟练，否则，一定要受到惩罚。如果教师没有压力，提问就会流于形式。

我在课外的做法是要求学生准备三个本子，分别是基础知识积累本、纠错积累本、作文素材积累本。要求学生把每堂课学过的基础知识整理到本子上，要把平时自己遇到字音、字形、成语、病句等基础知识整理到基础知识积累本上。要把我们平时考试出错的题目及时纠正后规范摘抄在积累本上，把平时老师讲过的做题方法、做题技巧、答题步骤等整理到纠错积累本上。把我们平时每周一期的阅读材料上的经典材料，时鲜材料压缩后积累下来；把平时读书的心得体会，及一些见解都写到作文素材积累本上。

课外的这些任务，我是一定要检查的，一般是一周检查一次，没有检查、督促，学生新鲜劲一过就没有了兴趣，就开始数衍，积累也就失去意义。而且，我每个月进行优秀积累本评选，评选出后公开在班内展示，以调动学生的积极性。

（案例来源：梁山第一中学　张合华）

【简评】

通过案例，我们可以深刻体会到语文教学要知识和技能兼顾，突出语文人文性与工具性的统一，课内与课外结合，双管齐下，才能改进教学质量，提高教书育人的水平，才能真正培养学生的能力，发展学生的智力。张合华老师在语文上的教学方法对于留守儿童学习成绩的提高有很大的借鉴意义。提高留守儿童的学业成绩，首先应该把重点放在课堂上，向课堂要效率。教师要耐心指导留守儿童学会充分利用课堂上的时间。提高留守儿童学业成绩，还要把课内教学和课外指导结合起来，这对留守儿童良好学习习惯养成有着重要的促进作用。

（四）养成教育是核心

所谓养成教育，是指儿童的道德品质与行为习惯的养成和教育。现代教育家叶圣陶先生说："教育是什么，往简单方面说，只须一句话，就是要养成良好的习惯。"可见，"养成教育"在培养留守儿童良好行为习惯中占有重要地位，它往往从行为训练入手，综合多种教育方法，全面提高学生的知、情、意、行的质量，最终形成良好的行为习惯。

我们可以从以下两方面入手：首先，课内重视学习习惯的培养。小至上课的坐势，大至学习某一学科的学习方法，教师都要贯穿于每一堂课的教学之中。上课时，对于开小差的现象，任课教师要有意识地、采取适当方法予以引导；有做小动作的，教师可以边讲课边下意识地走到该儿童身边，直至其专心听讲。其次，重视培养留守儿童认真完成作业的习惯。教师可以采取小组形式，也可以采取一对一互助形式，让具有优秀学习习惯的学生与留守儿童结成对子，互相督促，相互提高；也可以由任课教师带领留守儿童学习小组进行学习，严格要求，从实际出发，针对不同对象采取不同措施，以求取得最佳效益。

【聚焦现实】

让标准养成习惯

山东省威海四中是国家基础教育中心十一五重点课题"留守儿童"试点单位，学校在实施养成教育过程中重点突出制度保障与意识潜化。

首先，学生处依托《学校规章制度》与《中学生日常行为规范》为学生解读一名合格高中生的日常行为标准。其次，学生会自发组织各班进行"让标准养成习惯"的大讨论，最后举行校级演讲比赛。留守儿童的学习习惯需要更加的关注。通过学校监护日报对学生考核进行量化，定期总结，对于留守儿童的不良学习行为进行指导，做到因材施教。

【简评】

从表面上看，"让标准养成习惯"只是每学年初入轨教育的一个活动，实际上却是为学生搭建一个良好习惯养成的平台，一方面对学习行为达成共识，另一方面通过活动，提高学生组织策划，参与学校生活的能力。留守儿童与非留守儿童在活动中得到了同等对待，这种做法让该校所有留守儿童对学习习惯的养成趋向认同。

二、留守儿童优良学习品质的培养

由于家庭教育的缺失和学校教育的相对薄弱，留守儿童在学习方面出现一些不容忽视的问题。作为教师，要特别关注留守儿童的特殊性，特别重视其学习品质的培养。留守儿童的不良学习品质不是与生俱来，也不是一成不变的。在教育教学过程中，教师必须采取科学的教育措施和手段，帮助留守儿童形成良好的学习品质。

（一）环境熏陶，家庭要做好留守儿童的教育引导工作

良好的家庭环境对留守儿童教育非常重要。目前，多数学校实行寄宿制，留守儿童在家时间相对较少。在短暂的假期中，留守儿童跟家长或临时监护人生活在一起，此时正是对留守儿童实施环境熏陶的大好时机。从某种程度上说，家庭环境氛围对其学业成绩的提高有着直接的影响。

首先，要注重精神环境熏陶。家长或临时监护人必须为儿童创造一个民主、和谐、充满生气而欢乐的家庭环境。教育家卢梭说过："家庭生活的乐趣是抵抗坏风气的毒害的最好良剂。"用亲情去滋润留守儿童的心灵，将会温暖儿童的身心；用关怀去点燃留守儿童的理想，生活也将变得灿烂。

其次，注重物质环境熏陶。留守儿童的家庭条件可能相对差些，家长或临时监护人应该在已有条件下将家里尽量布置得整齐、卫生、美观，尽量给留守儿童安排一个独立活动的空间，让其根据自己的喜好布置房间，给其一个可以自由学习生活的机会。

再次，创设良好的家庭环境。良好的亲子关系是一种无法代替的教育资源，也是留守儿童健康成长的关键。家长要摆脱狭隘思想观念的束缚，努力创造条件，弥补家庭教育缺失对留守儿童造成的不良影响。家长可以通过打电话，写信等方式经常与其进行情感交流和亲子互动，倾听其心声，询问其学习情况，真正关心其成长，使其能够充分感受到亲情之爱。

（二）师表影响，教师要成为留守儿童的良师益友

在留守儿童家庭教育缺失的情况下，外出打工的家长已无法将关爱直接施于留守儿童，教师的作用显得尤为重要。教师理所当然要担负起这一责任，扮演好留守儿童的良师

108

益友这个伟大的角色。教师要成为留守儿童的良师益友，就必须充分发扬自己的博爱精神，关注留守儿童的生命成长，不断提高教学水平，在日常行为中树立为人师者的的示范性。

一般说来，留守儿童总喜欢和师德高尚、学识渊博、教艺高超、谈吐优雅的教师相处，并在耳濡目染中受到有益的影响。乐观豁达、善于与人相处是教师良好的情绪特征，一个性格不佳、心理素质差的教师，往往会带给留守儿童逆反、消极的影响。比如，某教师的性格比较粗暴，常常训斥留守儿童，那么被训斥的留守儿童也会变得粗暴无礼。

"亲其师方可信其道。"要让留守儿童喜欢自己所教的学科，教师先要真心关爱每一位留守儿童。因此，教师要不断加强自身修养，在教学中不断更新观念，吸取先进经验，研究教材教法，用自己的教学能力赢得留守儿童的尊重，同时要对留守儿童多一分友善、宽容、尊重并善于倾听其心声，缩短彼此之间的心理距离，增强自身的人格魅力。在和谐融洽的氛围中，留守儿童将变得乐学好业。教师的个人魅力的体现和提升除了上面提到的几点以外，还有许多方面，这就必须通过自己的多观察、多思考、多积累去完善自己，提升自己。

（三）班级建设，集体是留守儿童进步的能源库

学校是留守儿童最重要的学习和生活场所，一个温暖团结的班集体可以成为留守儿童的心灵家园。班集体里有与其同龄的伙伴，彼此间可以找到更多的共同语言。教师应该针对留守儿童的具体情况，引导其积极参与集体生活，这样既可以缓解其思念家长的情感饥渴，又可以让其在集体中成长进步，形成团结同学、热爱集体的良好作风，实现以班主任为"家长"，把班级建设成"留守儿童之家"的要求。

1. 充分开展丰富多彩的班级活动

班级活动一般可分为两类：一类是学校组织的活动，如军训、运动会、艺术周等，另一类是班级内部的活动，如班会、辩论会、演讲会、兴趣小组等。这些活动内容广泛、形式多样，能对留守儿童的思想观念起到潜移默化的作用。班级凝聚力是在多因素共同作用下形成的，能充分培养留守儿童对班级的情感。首先，在班级内组织主题班会可以营造浓厚的实践氛围，我们可以举行关于学习品质方面的座谈会、讨论会、主题班会、演讲赛、辩论赛、主题征文等各种活动，以提高儿童的认识水平，进行自我教育。在这些活动的过程中，留守儿童必然会以恰当的立场去分析、思考、整合和表达，这必然让其得到一次深刻的教育。班主任可以充分利用班级集体活动时间和其他可以利用的时间，从学习习惯、学习方法等方面对留守儿童进行必要的引导和教育。最后，在班级中开展结对帮扶活动，把品学兼优的非留守儿童与留守儿童安排成同桌，鼓励居住临近的非留守儿童自愿与留守儿童结对，使留守儿童更好地融入班级生活，帮助留守儿童养成良好的学习习惯和性格。

2. 班级文化建设，营造良好的学习氛围

班级文化的主要内容是班级形象、班级精神、班级凝聚力、班级目标、班级制度、团队意识、班级文化活动等。班级文化的核心是班级精神和价值取向。班级文化建设可以设置"状元之路"、"书法之秀""绘画能手"、"巧手剪纸"、"佳作展示"等栏目，营造良好的学习氛围，使留守儿童在潜移默化中受到教育，提高留守儿童学习成绩。鉴于留守儿童的特殊性，可以在班级文化建设中着重选择有关留守儿童学习方法的内容，或者侧重选择有关的励志故事和心理疏导知识，这都会在一定程度上提升其学习积极性。

【聚焦现实】

班级博客与 QQ 交流群

在威海四中校园中，留守群体教研团队依托校园贴吧将学校范围内的留守儿童组成"阳光大队"，班级留守儿童组成"阳光中队"，利用校外时间组织专题活动，为留守儿童建立一种健康向上的生活学习氛围。作为国家基教中心"留守儿童"子课题的试点校，山东省威海四中教研团队中的语文教师于洪飞、韩秀莲和于素芳老师设置了班级博客，班级学生可以用笔名抒发内心真正的思想与情感，其他学生或任课教师跟帖，发表自己的观点，或安慰，或指点，实现留守儿童与非留守儿童之间的平等交流与和谐共处，也达到了儿童自主教育的目的。另外，成立 QQ 交流群，由课题团队教师与家长、学生共同组成，学生可以将自己的心理问题在群里公开谈论，也可以单独与某个老师交谈。

【简评】

随着科学技术的提高，一些网络形式的研究方式为更多人所接受，因其广泛性与保密性，一方面可以保护儿童的隐私，另一方面也便于交流沟通，达到无处不教育的效果。

3. 优化班级人际关系

由于心理压力和学习困难，一些留守儿童表现出性格孤僻、不合群、很少参与班级活动等不良特征，进而影响到学业成绩的提升。构建和谐的人际关系，对留守儿童学业成绩的提高有着重要的意义。目前，留守儿童有两种非常重要的人际关系要处理好：同学关系和师生关系。

教育留守儿童要处理好同学关系，必须做到以下方面：崇尚助人为乐的处世观，心中有他人，看人要先看别人的优点和长处，正视自己的缺点和不足，培养留守儿童的幽默感，要有团队意识和合作精神。

教育留守儿童处理好师生关系，要注意以下问题：教师要热爱留守儿童，努力提高自身素养和人格魅力，让留守儿童喜欢自己；教师应通过自己的言行树立威信；教师要培养民主作风；教师要了解留守儿童的心理特点，用发展的眼光看待留守儿童；教师不能对留守儿童抱有偏见，要公平对待每一位留守儿童。

对于留守儿童来说，学校就是其心目中温暖的第二家庭，教师就是对其全权负责的"家长"，教师在日常活动中应格外关注留守儿童：班队会上给留守儿童更多倾诉的机会，课外辅导时让留守儿童位于最前面，组织"六一"演出也让留守儿童有更多的参与机会，实践活动中细致地教其自主生活、自护自救的知识，这一切就是让留守儿童在远离家长的日子里也能健康快乐地成长。

4. 在课程设置上大胆创新

在为留守儿童提供良好的知识教育的同时，也要关注他们的身心健康发展，尤其是对生活在特殊状态下的留守儿童，更要在课程教学中加强生存教育、安全教育和法制教育，强化留守儿童自信自立的优良品质。有条件的学校要成立心理咨询室（中心），开设针对青少年身心发展规律的心理课程，专设心理教育教师，在第一时间缓解留守儿童显性和隐性的心理压力，为其排忧解难，引导其走过人生发展的关键时期，实现健康、和谐发展。

教师要帮助留守儿童树立自信心，融入集体，找到和同龄人交往的快乐。首先，利用表扬树立信心。对留守儿童平时的每一点小小的进步和成功都给予表扬，让其体会到成功和喜悦，逐步树立自信心。其次，因人制宜，设立小目标，让留守儿童以学习为主，按时上学，完成最基本的学习任务。再次，帮助留守儿童交朋友，引导他们打开心灵之窗，找到自己在朋友中正确的角色定位。

（四）自我肯定，发挥自身主观能动性

家庭、学校和社会教育的目的，都是通过外界的各种影响来塑造和培养留守儿童，使其成为社会的有用之才。外界的各种影响是教育的外因，留守儿童的自我教育则是内因，是其思想和行为发展的重要因素，是解决留守儿童教育问题的最终目标。家庭、学校和社会教育最终还得通过留守儿童的自我教育才能落到实处。留守儿童的自我教育既是教育的结果，也是进一步教育的内部动机。

很多留守儿童由于种种原因缺乏学习的主动意识。此时，教师不仅应及时发现留守儿童存在的问题，且应引导留守儿童把学习变成自己的自主行为。教师尤其是班主任要有目的地培养留守儿童的自我教育意识，了解他们个性的最细腻的心理领域，细致分析留守儿童的意志信念和自我意识，用教育的智慧去影响他们，使其掌握自我教育的方法，培养自我控制、自我调节的能力，从而逐步养成在学习、生活中进行自我教育的习惯。

1. 师生谈心，播撒自信的种子

留守儿童比非留守儿童得到的关爱少，在生活与学习方面存在一定的缺憾。一方面，教师可以通过电话、电子邮件等方式与留守儿童的家长建立联系，促使家长多关心并帮助留守儿童成长；另一方面，教师也要肯定其长处，并鼓励其树立远大的理想，主动锻炼自己的生活自理能力，提高自己的独立性，进而激发留守儿童的学习兴趣。

激发留守儿童的学习兴趣是一个庞大的系统工程，教师应千方百计促使留守儿童产生学习兴趣，并不断巩固，教师要及时引导留守儿童在现有的基础上乘胜前进，帮助他们提高学习成绩。可以安排留守儿童与学习成绩优异的同学在一起，共同完成学习任务；也可适当安排留守儿童去帮助一些学习更加困难的同学完成学习任务，这样既培养了留守儿童的学习自信心，又巩固了其学习的成果，使其对学习产生越来越浓的学习兴趣，为未来的人生发展打下良好基础。

2. 了解学情，适度激励教育

教师应该详细了解留守儿童的生活环境和学习状况，定期与他们谈话。如：现在和谁生活在一起？和监护人的关系如何？生活中有什么困难？学习上有什么压力？家长怎样与他联系？家长在外面如何工作和生活？……教师只有和留守儿童建立相互信任的关系，才会被留守儿童看作朋友，进而真正实现彼此间的心意沟通。

家长应细致了解留守儿童在学习上的基本情况，各科的学习成绩等，这都是非常必要的。了解留守儿童对各门课程的感受和评价，了解他们的学习态度和兴趣，倾听他们对教师的看法和对课程的意见，然后根据具体情况因势利导。这些做法对提高留守儿童的教育的效果是大有裨益的。

【聚焦现实】

鼓励是留守儿童主动学习的催化剂

上课铃响了很久，有个同学不喊报告就闯了进来，坐在座位上并不听讲，而是和周围的同学乱讲话。我走到他跟前，让他认真听讲，可是他并不领情，弄得我当着全班级同学的面挺尴尬。为了不耽误上课，我控制住了自己的情绪，上完了这节课。

课后，经过调查得知这个同学是个留守儿童，面临着毕业，思想波动较大。在平时，他作业完不成，一是不喜欢学习，二是不会做题目。不会做就没有兴趣，没有兴趣就不喜欢。针对他这种情况，我先找一些难度不大的题目让他做，做对了我就给他打上漂亮的大拇指称赞他，并鼓励他说："你看你多棒呀，连这么难的题目你都能做出来，其实你本来就是很聪明的人嘛！只要你努力，准能学得好。"学生最喜欢听的就是老师的表扬，在他身上我从不吝啬使用这些夸奖的话语。

从此，他对学习逐渐产生了浓厚的兴趣。就这样，一把钥匙开一把锁。经过一段时间的关怀呵护，他的思想和学习都有了长足的进步。在开放周的家长座谈会上，我单独找他外公谈了这个问题。我们商议：在学校里，我负责他的学习，关心他的生活；在放学后，他外公负责接送，督促他完成家庭作业。经过一年的努力，学期末他的成绩已稳居班级前三名行列，还被评为三好学生。他激动地对我说："老师，如果没有您的帮助，我不能取得这么好的成绩，老师，谢谢您！我永远忘不了你！"

（案例来源：张俊喜关于留守儿童的课题《培养农村小学生主动学习的能力》）

【简评】

发挥留守儿童学习的主动性，是搞好留守儿童学习的必要途径。由于留守儿童缺乏家长的关爱，在情绪上比较压抑，其学习的积极性比较弱。另外，留守儿童在学习上也可能有许多具体的困难。教师应通过与留守儿童耐心细致地接触、交往，尽可能多地鼓励留守儿童，充分调动起其自身的主观能动性。当然，调动留守儿童的主观能动性不是一蹴而就的，需要经历一定的过程。

3. 方法指导，创造成功的机会

留守儿童的学习任务很重，如果没有好的学习方法，学习起来就比较困难。好的学习方法是经过长期的体会、感悟与改善才得到的。学校可以开设学习方法校本课程，经常向留守儿童介绍好的学习方法。如在背诵方面为其讲解"艾宾浩斯遗忘曲线"，就是说学习后的遗忘是"先快后慢"规律。所以，及时复习和背诵刚刚学过的内容，就可以防止遗忘，比以后再复习节省时间，所以，要让留守儿童明白：仅靠考试前的突击是不行的。

三、不同类型留守儿童的学业辅导对策

留守儿童的学习问题成因是多方面的，不同类型的留守儿童在学习特征上也存在着明显的差异。同一类型的留守儿童，由于其所处的年龄阶段不同、年级不同，其表现也是各不相同的。随着年龄的增长，留守儿童在不同的学习阶段表现是不同的，教育干预的侧重点也要有所不同。即使是同一类问题，其行为特征也是不同的，必须针对不同类型的留守儿童的差异，进行有效的教育。

（一）习惯缺失型留守儿童的学业辅导对策

学习习惯是学习活动中比较稳定的行为方式。习惯是后天所养成的，是在一定情况下自动化地去进行某种动作的特殊倾向。留守儿童的学习习惯是在学习过程中经过反复练习形成并发展，成为一种个体需要的自动化学习的行为方式。良好的学习习惯有利于激发留守儿童学习的积极性和主动性，有利于提高学习效率，有利于培养自主学习的能力。由于长期缺少家长的关爱、教育和监督，许多留守儿童没有养成良好的学习习惯，甚至本来已经形成的良好习惯，也发生了不小的"滑坡"。对此，必须引起教师的重视和思考。

留守儿童良好行为习惯的养成，重点在于健全规章制度和进行严格的规范训练。只有形成严格要求、严格训练、严格管理的约束氛围，才能在留守儿童的心灵中，烙下良好习惯的印痕。为此，我们可以从以下几方面培养留守儿童的学习习惯。

1. 主动学习的习惯

别人不督促能主动学习，一学习就要求自己立刻进入状态是我们对留守儿童的期望。为此，我们可以从培养留守儿童的学习兴趣入手，提高他们学习的积极性，增强学习的快感，培养直接兴趣。具体说来，可以从以下几方面着手：

首先，加强学校硬件建设，通过宣传栏、干部选拔、树立典型等校园文化建设，为留守儿童创设一个舒适安逸的学习环境；开展丰富多彩的校园活动，如在游园活动、野炊郊游活动、文艺表演活动、知识竞赛等活动中积极融入学习习惯的培养，融趣味性于教育教学活动中，让留守儿童在活动中体验成功的喜悦。

其次，明确学习目的。学习目的的教育应该联系留守儿童的思想和实际，坚持耐心细致的正面教育，通过生动形象、富有感染力的事例，采用多种多样的形式，把学习目的与生活目的联系起来，这样才可以收到良好的效果。比如，本书编者于洪飞老师在班级管理中突出学习目标教育。在班级设置了"凌云阁"，教师引导包括留守儿童在内的所有学生将自己的学期梦想写在彩纸上，然后折成自己喜欢的类型。每次模块考试后，都举行一次"给自己的梦想浇点水"的活动，在自己的梦想旁写上只有自己才懂的标志，激发其对自己学期学习目标的追求。

再次，创建有利于学习兴趣培养的外部环境。教师要以身作则，热爱学习，率先垂范，在留守儿童学习和生活的环境中努力营造学习的氛围，教师是学习创新型的教师，同学是学习成长型的同学，留守儿童身临其境也会不断提高自己的学习水平。

2. 专心致志的学习习惯

专心致志是学习的优秀品质，也是对留守儿童最起码的要求。我们通过科学的注意力训练，可以帮助留守儿童形成专心致志的习惯。

（1）复述性练习。在课堂教学中，让留守儿童看书5～15分钟（根据不同的年龄来控制时间），然后立即合上书，要求留守儿童按要求"复述"故事或教材内容。为防止留守儿童摸准规律，"复述"的内容可以灵活多变。

（2）多米诺骨牌练习。多米诺骨牌训练其实是考验留守儿童能否将单一的动作长时间坚持的训练，我们不能指望留守儿童所面临的所有学习科目都是多变、有趣、富有挑战性的，遇到重复训练不会使留守儿童犯"老毛病"。骨牌训练无论对心神的专一还是心神集中的持续时间，都是一个极好的练习，而把几十块甚至几百块骨牌瞬间推倒的快感，也能促使留守儿童对训练的"单调"产生耐受性，只要有快乐和成就感，留守儿童就可以逾越集中注意力所产生的单调感。在教学中，教师要有意识地对留守儿童进行必要的训练，并使留守儿童在体验枯燥的同时能感受到成功的喜悦，逐步提高留守儿童的注意力，培养专心致志的学习习惯。

（3）抗干扰练习。教师要对留守儿童进行意志品质教育，鼓励他们集中精力抗干扰；在练习过程中要随时给予教育和指导。教师可以考虑在留守儿童的"注意力训练"空间中，放上"干扰源"，比如留守儿童在看书或作业时，可以稍稍打个岔，留守儿童在这个过程中会有注意力焕散的现象，会有反复，但最终其抗干扰能力会渐次上升，最后促使留守儿童在无干扰环境中集中注意力。

3. 完成既定学习计划的习惯

要在规定的时间完成学习任务。把每个规定的学习时间分成若干时间段，根据学习内容，为每个时间段规定具体的学习任务，并要求留守儿童必须在一个时间段内完成一个具体的学习任务。

定时学习，要让留守儿童做到两个方面：一是每天必须保证必要的学习时间，二是到了该学习的时候马上学习。

定量学习，包含三层意思：一是记忆先行，每天必须完成记忆任务，比如定理、定义、公式，语文字、词、语法、修辞等等；二是必须完成作业，把所学的课堂教学内容（包括例题和习题）弄懂弄通；三是复习领悟，使以前所学的知识融会贯通，运用自如。

培养留守儿童按计划学习的习惯，教师要做好全面检查和重点指导，特别是做好问题留守儿童的督促检查，并发挥班干部的作用进行互相监督，并通过各类宣传和评优专栏进行广泛的宣传，以树立学习的典型。

4. 多思、善问、大胆质疑的学习习惯

学习要严肃认真、多思善问。"多思"就是把知识要点、思路、方法、知识间的联系、与生活实际的联系等认真思考，形成体系。"善问"不仅要善于自省，还要虚心向教师、同学及他人求教。在学习的过程中，注意发现问题，研究问题，有所创造，敢于合理质疑已有的结论、说法，在尊重科学的前提下，敢于挑战权威，敢于质疑惯用成果，做到决不轻易放过任何一个问题。

（二）成绩分化型留守儿童的学业辅导对策

留守儿童的学业成绩呈两极分化趋势，学业成绩要么是很优秀，要么是很差。这种特征被形象地称为"两头聚"。江苏省徐州市铜山县大许小学方振民、高蕾两位教师在调查中发现：该校留守儿童学习成绩在良好和中等档次的人数仅占留守儿童总人数的30%，表现出明显的两极分化现象。

留守儿童两极分化中较差的一极，是教育应该特别关注的对象。这些留守儿童与非留守儿童一样，都渴望学习成绩优异，只是因为其某个学习环节跟不上，往往陷入学习厌倦、不求上进的怪圈。在留守儿童较为集中的地区，这种情况令学校的管理者和教师十分担心，已经影响了班级、学校的教学质量。

1. 培养留守儿童的学习兴趣，激发留守儿童的学习动机和学习愿望

兴趣是最好的老师，要提高留守儿童的学习兴趣，教师要精心设计教学环节，充分挖掘教材，设置悬念，以引起留守儿童的好奇；引导留守儿童运用所学知识解决身边的实际问题，体验成功的乐趣，激发其学习兴趣，从而产生强烈的求知欲望，使其主动积极地学习。

2. 信任留守儿童，积极鼓励，增强其学习能力和自信心

在教学中，教师应与留守儿童主动接近，平等相待，热情辅导，寻找其闪光点，建立和谐的师生关系，从而与留守儿童真心相待，使其乐意接受教师的教育和帮助，从关怀、爱护、鼓励出发，使他们在学习上赶上一般水平，使留守儿童逐步体会到进步，受到鼓舞，产生自信。同时结合教材讲述的古今中外学者刻苦成才的故事，从精神上鼓励、帮助其树立克服困难的信心，培养其学习意志。

3. 降低起点，循序渐进，因材施教，分层教学

许多学习差的留守儿童属于潜能生，成绩还有提高的空间。这部分留守儿童多数基础知识不牢，知识零散不系统，所以教师在教学中要降低教学的起点，降低难度，合理安排进度。同时，及时反馈信息，对其进行耐心的辅导，及时加以肯定，进行有针对性的层次训练，做对了再及时鼓励。针对不同的情况，分层教学，因材施材，从而慢慢提高留守儿童的成绩。

4. 教给留守儿童学习的方法，加强逻辑思维的训练和培养

部分有一定潜能的留守儿童在数学学习上花了不少功夫，但因没有掌握较好的学习方法而成绩不理想，所以，教师的教学就要有意识地培养留守儿童正确的学习观，在教学过程中加强学法的指导和学习心理的辅导。同时针对潜能生逻辑思维能力不适应部分学科学习的问题，教师应把教学过程设计成留守儿童主动探求知识的过程，使留守儿童在学习中逐渐掌握分析、比较、归纳、转化、综合等思考方法，逐步形成正确地进行判断、推理、抽象和概括能力。

【聚焦现实】

数学思维的掌握

小成是一位从黑龙江省转学过来的留守儿童，他的父母离婚了，小成跟着母亲来到山东，母亲在外打工，小成就自己寄宿在学校里。高二的时候，小成的数学怎么也学不进去，我就教给他如何去跟数学老师请教。数学老师刘春香老师常常在办公室里为他解答问题，小成开始渐渐加入到爱提问题的优等生的行列，为了让小成更形象地接受知识，刘老师常常会用一些幽默的话语来解题。比如，"某某定理是青霉素，放到哪里都消炎""做题就是推小车走上坡，要走一步再走一步，不能一下子迈两步"。经过半年的学习，小成的数学成绩得到了提高。

—— 来自于洪飞老师团队的研究报告

【简评】

数学是一门逻辑思维较强的学科，教师在进行学习方法指导的时候可运用一些比较形象的比喻来调动留守儿童学习的兴趣与积极性，让其在兴趣中循序渐进。案例中老师的经验非常值得学习与推广。

最后，教师要不断加强自身修养，增强自身的人格魅力。"亲其师方可信其道"，教师要留守儿童喜欢自己所教的学科，先要使留守儿童喜欢自己。因此，教师必须不断加强自身修养，在教学中不断更新观念，总结经验，研究和改革教材教法，用自己的教学能力赢得留守儿童的尊重。

（三）厌学情绪型留守儿童的学业辅导对策

有的留守儿童存在着或多或少的厌学情绪，学习缺乏动力，对自己的学习成绩和别人的成绩抱着某种消极的，漠不关心的态度，对教师的评价也无动于衷。更有甚者，提起学习就感到紧张、焦虑。

虽然留守儿童厌学的原因比较复杂，但缺乏强烈的学习愿望是最主要的原因。很多留守儿童都是在教师和家长的"压迫"下消极学习的，缺乏学习的热情。

要消除留守儿童的厌学情绪，可以采取如下对策：

1. 了解厌学情绪型留守儿童的思想动因

有厌学情绪的留守儿童一般基础不太好,学起来比较吃力;有的留守儿童因题目不会做而感到不好意思;有的留守儿童因某节课听不懂而跟不上进度,导致思想波动,产生了自卑心理和惧怕情绪。但这部分留守儿童并没有完全失去信心,只是由于在某段时间、某个环节上产生了障碍,出现了暂时"断电"现象,因此需要从思想上正确引导,从课程内容上补充衔接,从教学方法上进行改革。

2. 培养留守儿童良好的学习情绪

良好的学习情绪,对培养留守儿童的学习愿望有重要作用。教师必须培养留守儿童良好的学习情绪,让他们在学习活动中获得成功的体验,感受到学习成功的喜悦,尤其应注重对其日常教育培养。教师要科学设置"最近发展区",引导留守儿童制定有步骤的目标,使之经过努力就能实现。比如:对于计算能力差的留守儿童,可以帮助他们确定每天少错一题的学习目标。这样的目标,留守儿童稍加努力就能实现,他们从中能产生成功的喜悦。教师对这些留守儿童的评价也要降低标准,只要有进步就应给以适当地表扬,这样就不致于挫伤留守儿童的积极性。对一些优秀的留守儿童也要注意多表扬。

3. 对消除厌学情绪,教师有不可推卸的责任

教师在课堂中,要把知识能力和情感态度价值观等教学目标有机整合,创造一种富有生机的课堂气氛,用自己的激情去感染每一位留守儿童,使其获得良好的情绪感觉,积极参与到课堂上来,产生满足感。同时,教师还要开展各种比学赶帮超活动,培养其勤奋刻苦、不怕困难、不畏挫折等良好的心理品质。此外,教师还要营造一个积极向上的班风,培养留守儿童的集体荣誉感。在活动中,让留守儿童互相激励,互相鼓舞,互相评价,互相帮助,增强学习愿望,让厌学情绪远离班级。尤其要注意的是,因为留守儿童心理发展规律有不可逆性与连续性、反复性与多变性的特点,消除留守儿童的厌学情绪是一个复杂的工程,对此教师要有充分的思想准备。

(四)独学无友型留守儿童的学业辅导对策

子曰:"独学而无友,则孤陋而寡闻。"意思是说,学习中如果缺乏学友之间的交流切磋,就必然会导致知识狭隘,见识短浅。古今中外许多善于读书治学并且成大器者,大多十分重视结交学友,并在讨论与交流中获得心灵的感动,其道理就在于此。

有些留守儿童性格孤僻,与人交往很少,无论行动还是学习都是独来独往,久而久之,学业成绩自然就不理想。对于这样的留守儿童,要先从其性格培养着手,使其变得开朗,融入集体。

孔子曾经说,"三人行,必有我师焉",又说"独学而无友,则孤陋寡闻",说明彼此切磋、交换心得有助于个别学习。同时,现代儿童心理学研究表明,儿童间的合作互动能促进认知成长,在合作团体行为中的示范作用较儿童个人的表现更深入。

1. 建立新型的师生关系

传统的教育是以教师为主体,教师主讲,学生听练,学生处于被动学习的地位。在对独学无友型留守儿童进行教育时,要改变这种传统的师生关系。伏尔泰曾说:"我可以不同意你的观点,但我用生命维护你发表观点的权利。"教师要努力构建与留守儿童平等交流与互动的新模式,运用暗示教学法、尝试教学法、发现教学法,将教师的活动与留守儿童的活动及留守儿童之间的活动有机地融合为一体,提供一种师生互动的新形式,使独学无友型留守儿童提高学习积极性，真正体现留守儿童的教学的民主。只有在这样和谐、民主的氛围中才能使独学无友型留守儿童逐渐转变脱离学习群体的状态，改变他们在学习中的不利地位。

2. 加强合作学习的运用

独学无友型留守儿童往往缺乏对合作学习精神实质的正确把握，不能正常有效地学习。针对这部分留守儿童的特点，我们可以采用合作学习的学习方式。

合作学习营造了一个和谐民主的课堂氛围，为留守儿童提供了主动参与的机会。独学无友型留守儿童正是由于缺乏这种合作，才逐渐脱离学习群体的。在合作学习过程中，教师应让每个独学无友型留守儿童都有平等的机会参与讨论并解答问题，变原来的单纯旁观者为积极参与者。当独学无友型留守儿童遇到困难时可以请求其他同学帮助，学习别人的优点，开展互学、互练、互查、互评活动，使其在检查对方的过程中学会检查自己，在评价对方的过程中学会评价自己。这种方式把独学无友型留守儿童从单一的不平衡的师生交往和狭小的同学交流中解放出来，给其均衡、平等的学习锻炼机会，使思维真正活跃起来，使独学无友型留守儿童在课堂上不再扮演被遗忘和被冷落的角色。

留守儿童教育需要学校、家庭、社会联合起来，组成一个三位一体的教育网络来协调进行，缺少任何一方都不能取得整体教育效果，甚至可能使其他各方的教育效果相互冲突，相互抵消。所以，学校、家庭、社会应齐心协力，赋予他们更多的人文关怀，构建以学校为中心、家庭为纽带、社会为依托的"留守儿童"教育网络。

第五章　留守儿童的行为及交际特征与教育对策

组织行为学认为：认知、情感和行为是一个人态度的三个重要组成部分。认知部分由人所拥有的信念、意见、知识和信息组成；情感部分由态度的情绪和情感构成；行为部分则是指针对某人或某事欲以特定方式行动的倾向，它是认知和情感的外在表现。观察和分析一个人的行为是认识和教育观察对象的有力手段。关注留守儿童在学习和生活中的行为，缩小其态度之间的差异，协调其态度和行为，减少或消除因态度和行为之间不协调所带来的认知冲突和心理的不畅，帮助留守儿童达成态度和行为的一致，这是我们这一章研究的出发点和落脚点。

本章将运用归因理论，从行为学角度对留守儿童的行为及行为所折射出的现象进行解释，分析影响留守儿童的行为及交际的成因，并对行为及交际的特点进行探讨，然后通过系统的策略进行干预和强化，帮助教师把留守儿童的行为及交际活动引导到比较理想的状态。

第一节　留守儿童的行为特征及不良表现

在我国已有的 5 800 多万留守儿童中，有 84.6% 由爷爷、奶奶等隔代亲人照看，15.4% 由亲戚或保姆代管，还有一部分独自生活。这些留守儿童在生活、学习、情感表达方式等方面与非留守儿童会有一定的不同，他们的行为表现会呈现出不同的特征，往往会有自私任性、沉默寡言、怯于交往、霸道蛮横、小偷小摸等不良表现。同时，一些媒体对留守儿童的行为问题的片面宣传，一部分教师对留守儿童认识上的偏差，也给留守儿童的思想和行为表现产生了一定的负面影响。

我们只有全面客观地认知留守儿童的行为特征，正视留守儿童行为发展中存在的问题，才能找到科学有效的教育对策，促进留守儿童的健康成长。

一、留守儿童的行为特征

留守儿童的行为特征，是指留守儿童在诸多因素影响下，在把自己的行为纳入社会化轨道活动中形成的不同于别人的、典型的、稳定的特征。留守儿童的思想敏感而复杂，自我意象比非留守儿童要清晰明朗；他们的自我保护意识和独立意识比非留守儿童要强烈，但对突发事件缺乏应变能力和自救能力，缺乏对自我行为的鼓励。因而，他们管理自我的意识就常常表现出矛盾和不自信，行为更多地表现为模仿性与自主性、冲动性与克制性、对抗性与服从性并存的特征。

与此同时，随着我国改革开放的进一步深入，与国际接轨的步伐日益加快，人们的生活节奏变得更快，竞争意识更加强烈，生活观念更加现代化、国际化，留守儿童的行为也受到不同程度的影响，他们的行为显现出聚合性、易变性、对抗性、戏谑性等新的特征。

（一）模仿性与自主性并存

模仿是一种有意识的反射驱使行为，是人的一种本能，是儿童接受外界事物的重要方式。留守儿童也和其他儿童一样，对他们所生存其中的世界充满了好奇，模仿是他们接触、探索、了解这个世界，学习如何表达和应对的方法之一。一位美国学者曾说："儿童们从来不会忘记模仿他们的长辈。"也就是说，儿童尤其喜欢模仿身边人的一言一行。周围人的一举一动，不论对与错都会被儿童看在眼里、记在心里，反映在他们的行为和动作中。留守儿童也不例外。因此，在教育留守儿童方面，家长与临时监护人的文明素质起了决定性的作用，并直接影响儿童长大以后为人处世的方式。同时，随着儿童自我意识的觉醒，他们对自己的行为又会表现出一定的自主性，他们会按照自己的喜好选择所模仿的对象，学习他们的行为动作和行事方式。比如，偶像中流行的新异活动很快就会在留守儿童的行为上表现出来。

（二）冲动性与克制性并存

冲动性是指行为人因微小精神刺激而突然爆发非常强烈而又难以控制的情绪并伴有攻击性行为的行为特征。冲动性行为表现为没有明显的动机过程，往往是触景生情，一触即发。留守儿童行为的冲动性受多种因素的影响，有对自我角色片面理解的心理作用，有家长溺爱和专制的原因，也有过度宣扬暴力的原因。

与非留守儿童相比，留守儿童的成人意识明显，意志能力强烈，对情感的控制能力强，因此常常能够做出有明确动机目标的行为，能实现个体动机与行为局部目标的统一，在行为过程中能表现出一定的克制和理性。比如，能够适当控制自己的愤怒情绪和攻击行为，能够合理调节自己的生活和学习等。

119

【聚焦现实】

棒杀外婆的留守少年

华西都市报消息：13岁的刘某是贵州一个山区的农村儿童，父亲远赴新疆打工，他和患精神病的母亲、年迈的外公、外婆一起生活。辍学在家的刘某性格孤僻，平时游手好闲，整天在家看电视。一天上午，外婆在收拾家务时，对正在看电视的外孙说了几句"浪费电"之类的话。谁知外婆的这几句唠叨话引起刘某的不满，他随手从身边抄起一根木棒，猛击外婆后脑勺。随后，刘某又将外婆拖进堂屋，拿出水果刀割外婆左颈。事件发生后，刘某拒不认罪，经过警方耐心细致的工作，他最后供认了自己杀害外婆的犯罪事实。

【简评】

父与子之间的感情淡薄、祖与孙之间的文化生活差异，祖辈对孙辈的溺爱迁就等不利因素，直接造成了留守儿童孤寂冷漠、好逸恶劳等不良性格特征，使得看似充满温情的隔代监护充满风险。案例中的外婆由于不了解隔代儿童的心理状况和行为习性，在处理问题的方法上难免简单粗暴。当她惹恼了外孙的时候，便是她生命面临危机的时候，也是她受到外孙冲动惩罚的时候。

（三）对抗性与服从性并存

行为对抗性是指在某种特定条件下，留守儿童的言行跟监护人的主观愿望相反，从而产生一种与常态性质相对的逆向反应的行为特征。它的主要表现是执拗、挑剔、苛责、反抗、不服从，也就是我们经常见到的留守儿童和监护人"对着干"现象：监护人说往东他就往西；监护人说好他偏说坏；监护人积极倡导的东西，他偏偏表现出冷漠、排斥，监护人极力反对的事物，他则积极、热情地去肯定和赞同等。当然也有一些留守儿童懂事早，家庭教养好，或者因为胆小怕事、个性内敛，他们在日常行为中表现出服从性。

（四）聚合性与孤独性并存

"聚合性"一词是19世纪著名的神学家霍米亚科夫提出的，以代替被歪曲和误解的"普世性"。斯特卢威的解释是："聚合"不是具体地点的聚会，而是精神的凝聚与意志的统一。行为的聚合性就是在实现行为最广泛、多样化的同时达到最大限度的统一。行为的聚合性包含共同的终极目标和令人感到温暖的、沐浴着爱的认知活动。

爱与自由是聚合性的两个基本因素，是构成留守儿童行为聚合性的两个根本条件。留守儿童自身特有的生存方式、思维习惯、价值取向和精神气质，使儿童天然地带有聚合性，其极强的张力会自然而然地吸引、吸收并融合来自不同环境和家庭的儿童行为方式。同时，学校超强的融合力也为儿童行为导入与行为输出提供了最佳接口，使留守儿童通过聚合形成综合体，并将自己的个性品行、思想观念消解其中，从中寻求理解和信任，寻求爱慕和庇护。然而，由于留守儿童信仰的不坚定、多元化思想的骚动和集体组织结构的涣散，综合体的主旨容易受到不良思潮和行为的冲击，造成综合体的集体受伤，致使综合体中的个体发展受到伤害，行为发生畸变。在这种情况下儿童可能重新走向自我封闭，行为变得拘谨而固执，或以退避、逃离等方式进行自我防卫，显示出行为的孤独性。

（五）易变性与固执性并存

易变性作为一个金融概念，它测度的是一个中心趋势的变化性或者说是发散性。易变性的行为学解释是指不肯定的、不稳定的、高风险的、多方向性的行为。其典型特征是多方向性，即在进行某一项活动时，容易因主客观情况的变化而迅速转变为不同性质的行为。比如留守儿童遭受到挫折时，刚开始会埋怨外界条件的恶劣，或者指责命运的不公平，甚至对外发起攻击，而一旦在外面找不到突破口，他们就容易将矛头转向内在，攻击自身，用残暴狠毒的手段对待自己，甚至结束自己的生命。

一份调查数据表明，有35％的留守儿童表现为任性、冷漠、孤独，逆反心理严重，遇事固执己见，不肯改变，不肯通融，表现出行为的固执性。

【聚焦现实】
爱上了电视的丁丁

和爷爷奶奶一起生活的留守儿童丁丁，从小就非常喜欢看电视。每天放学回家，丁丁的第一件事就是打开电视寻找儿童节目，要是没有儿童节目，就打开DVD看《蓝猫三千问》、《福娃奥运漫游记》等动画片。丁丁看电视非常投入，以致有一次奶奶喊他吃晚饭，他都没有听见。当奶奶关电视时，丁丁不停地哭闹起来："我不吃饭！我不吃饭！我要看电视！我耽误了这一点儿，就找不回来了！"丁丁的哭闹，让奶奶特别生气。

【简评】

丁丁的行为属于典型的易变性与固执性并存。丁丁喜欢看电视，这是正常儿童的天性，但是却得不到应有的限制。奶奶对丁丁不适当的行为没有进行耐心教导，而是采用简单粗暴的制止，引发了丁丁的抵触情绪。情感冲突导致了丁丁行为的易变和固执。

二、留守儿童行为的不良表现

行为表现是指一个人在过去某个阶段所做的事。根据其结果，行为表现可分为优良表现和不良表现。留守儿童的行为不良表现是指他们所做的不利于自己优良习惯养成、健康成长、人际关系正常发展的事情。研究结果表明：留守儿童的不良行为集中表现为厌学、盲目攀比、任性、搪塞、缺乏爱心、不善交际、缺乏热情、迷恋网吧、结交不良朋友甚至暴力犯罪等。教师对这些不良行为表现的认识程度将有助于留守儿童健康人格的缔造。

（一）盲目攀比、炫耀

所谓盲目攀比和炫耀就是指不顾实际情况与别人进行盲目比较，向人进行夸耀。这是留守儿童比较常见的一种不良行为习惯。

留守儿童家庭大多数生活并不富裕，但身边一些经济条件好的同学高档生活用品常常刺激这部分留守儿童潜在的需求，而他们既没有能力来实现自己的愿望，又抵挡不住物质的诱惑，只得以盲目攀比、炫耀来满足自己的虚荣心，获得心理平衡。盲目攀比不仅会使留守儿童形成奢侈浪费的陋习，而且还会影响他们与周围同学的关系，更严重的是会影响到他们的价值取向，形成功利主义价值观和享乐主义人生观。

【聚焦现实】

我捐10万

2008年5月，江西一小学的老师正在发动学生为地震灾区捐款。一个学生马上站起来对老师说："老师，我们家有钱，我可以捐款。"老师问他："那你准备捐多少啊？"他大声说："捐10万。"他知道10万块钱是一个很大的数字，是别的同学都不会捐的。当天晚上一回家，他就对爷爷说："爷爷，我已经对老师说了明天要向灾区捐10万块钱，你明天帮我去取钱吧，我要带到学校去。"他爷爷一听惊呆了，语重心长对孙子说："孩子，这10万块钱是你爸爸妈妈辛苦打工十多年才攒下来的，他们准备把破旧的瓦房拆了盖新房。还有，你今后上学的钱也要靠这10万。"

【简评】

一个留守儿童为了满足自己的虚荣心，不顾家庭实际，盲目承诺，企图以一个惊人的数字达到炫耀的目的，虚荣心在他心中是如此根深蒂固。他的行为虽然幼稚可笑，但内心所隐藏的"虚荣心"却令人担忧。虚荣心很难说是一种恶行，然而一切恶行都围绕虚荣心而生，都不过是满足虚荣心的手段。

（二）任性

所谓任性，是指明知自己不对还要坚持实现自己不合理愿望的行为。从心理学上讲是个性偏执，是不考虑实际的坚持自我；从行为学上来讲是缺乏自我控制、自我管理、自我约束力的表现。美国心理学家威廉·科克的研究表明：由于儿童心理发展还不成熟，对许多事情缺少认识和判断力，只是凭着自己的兴趣和情绪参与，于是便有了任性。

观察一些留守儿童的行为表现，我们发现固执、撒娇、我行我素，以自我为中心，不肯轻易放弃自己要求的行为非常普遍。不少留守儿童为满足自己的某种需要，在家里总爱以"不吃饭"、"大哭大闹"、"满地打滚"等为手段要挟临时监护人，年纪稍大的留守儿童，就以叛逆来对抗，故意不听临时监护人的劝告。据一些教师反映，不少留守儿童在学校不服从教师的安排和学校的规定，时常跟同学发生冲突，常常以不上学、不做作业等方式与教师对抗。

（三）自私

自私指的是只为自己打算，只顾个人利益，不顾他人、集体、国家和社会利益的一种主观行为。我们在调查中发现，不少留守儿童心胸狭窄，目光短浅，喜欢计较个人得失、私心杂念严重、公德意识淡薄。相当多的留守儿童看重的是自己的利益和快乐，不会顾及到别人的渴望和痛苦，不懂得分享和共享，不懂得关心和帮助别人。当留守儿童同他人、社会发生利害冲突时，他们首先考虑的是自己的利益，只有当自己同他人的利益不矛盾时，才会有利人利己的行为；一旦自己的利益同他人、社会的利益相矛盾，他所采取的行为就是牺牲他人和社会的利益来维护自己的利益。

（四）戏谑性

戏谑原指以诙谐有趣的话开玩笑或愉悦某人，后来也引申为行为的不端庄、不检点、不严肃等。留守儿童的戏谑性行为通常表现为有明确动机但无明确目标，行为的选择只有随意性，而没有必需性，其行为的背后缺乏诚信意识和责任意识。比如，一些留守儿童对异性好奇就去早恋、尝试性行为，对某件事不满就发烂帖"爆吧"。为招人耳目就打扮出格，露肩露背，露腿露脐；为图痛快就用气枪、弹弓毁坏路灯，故意放火招引消防车；为取乐就在网络上做黑客等。

【聚焦现实】

留守儿童"性失控"谁之过？

2007 年 4 月，海南省某市一职业中学一名留守女生在教室里产下一名足月女婴。

2008 年 11 月，广州市某妇幼保健院收治了一名怀孕 8 个月前来引产的 13 岁留守少女。

一份留守儿童的性行为调查报告显示，留守儿童的性行为具有性活动频繁、性伴侣多以及不采取避孕措施等特征。在调查的 150 人中，18 岁之前发生过性行为的有 45 人，最小年龄仅 12 岁。19 人曾有 2 个或 2 个以上的性伴侣，其中做过 2 次以上人工流产的高达 13 人。

一位网吧业主说："来网吧的绝大多数是留守儿童，她们的周末几乎都是在网吧里度过的。有的儿童为了十块钱上网费就可以和网友发生性关系，更有女孩纯粹靠与人做爱维持每天上网聊天、打游戏的费用。有个女孩一个月内就和几个网友上过床，有的还把是否与网友发生过性关系当成炫耀的资本。"

【简评】

青少年身体的早熟趋向和性信息的全面开放，使得社会"性问题"猛然增多。由于父母角色的缺席以及对儿童获取性知识渴求的忽视，留守儿童在进入青春期之前几乎很少接受正规性生理、性心理方面的教育和引导，因此他们的性意识基本上处于一种混沌状态。留守儿童在缺乏正确的引导模式和必要监督的前提下，就容易在网络不良信息中迷失自我。在网络色情图片、黄色影视等的刺激和诱惑下，留守儿童难以自制，从而导致他们的"性失控"。

（五）撒谎

撒谎指的是不说实话，用与事实相悖的话骗人的行为。撒谎者常常通过实施欺骗他人的行为来满足自己的需求。比如有个留守女童想买新玩具，爷爷不给买，她就打电话给远在外地的爸爸谎称要交资料费来骗取金钱。

有的留守儿童害怕说出真相会受到父母的责备和惩罚，就不敢说出真相，而用说谎话来自卫；有的留守儿童比较懂事，害怕父母担心，不忍心说出事情的真相，就以谎话来搪塞。大量数据分析表明：年龄小的留守儿童的撒谎是"惯"出来的，年龄大的留守儿童的撒谎是"逼"出来的。例如一个初中一年级的留守儿童因为英语测验没考好，教师要求罚抄 1~18 课的单词 10 遍。她从放学抄到晚上 10 点，还没抄完。奶奶心疼孩子，就让她别抄了，还让她和老师说小区停电了没抄完，就这样她有了撒谎的习惯。还有的留守儿童喜欢上网，习惯性地把虚拟的场景带到现实生活中，不自觉地产生一些不符合客观实际的言行。

【聚焦现状】

失踪的伙食费

代倩是一所寄宿制中学的学生。

一次缴伙食费的时候，代倩告诉班主任说伙食费丢了。班主任知道代倩的父母都在外地打工，家境不是很好，丢伙食费对她家来说可是件大事。于是班主任发动全班学生开展调查和寻找，结果一无所获。班主任没有办法，就跟代倩要了他爸爸的电话号码，说打电话告诉家长。这时代倩迟疑了半天说了句"我不知道"就跑开了。

事后，班主任从其他同学那里了解到：代倩根本就没有丢伙食费，她的伙食费早就被她花光了，她家并不富裕，可她爱慕虚荣，总是假装家里很有钱的样子，一个月的伙食费 10 天就花完了。

【简评】

虚荣心与说谎就像一对"孪生姐妹"，有此即有彼。一个人会因为爱慕虚荣而引发一些不良甚至违法犯罪行为。案例中的代倩因为虚荣心作怪，导致她谎话一说再说。儿童早期的说谎行为若得不到有效的引导和纠正，任其发展下去是很危险的。

第二节 留守儿童的行为问题的成因

留守儿童的行为问题是指对留守儿童的身心健康发展产生了重要障碍，在严重程度和持续时间上都超过了其年龄所允许的正常范围，并影响其社会功能的行为异常问题。比如：说谎、逃学、偷窃、不听管教、离家出走、迷恋网络、发生两性关系等行为。留守儿童的行为问题受到他们的个性基础、生长发育的环境和社会化过程中所受的教育等诸多因素的共同影响。他们表现出来的行为问题可能是家庭行为问题或社会行为问题的延伸，也可能是受同伴团体的不良影响，亦或是不良的校园环境或教师的教学失策导致的。留守儿童的行为问题产生的原因不是某一因素孤立作用的结果，而是其个性品质、学习生活环境、社会风气等内部因素和外部因素综合作用使然。

一、影响留守儿童行为问题的外部因素

外因和内因共同作用影响留守儿童的行为。外因是产生行为问题的条件，内因是产生行为问题的根源，外因通过内因起作用。外部因素，通常指个性因素之外影响留守儿童行

为问题的各种因素，包括家庭因素、社会因素和学校因素。我们先从影响留守儿童行为问题的外部因素着手分析。

（一）家庭因素

家庭因素是指家庭的文化氛围、生活习惯、处事风格、家庭制度、成员个性、家庭交往、行为规范等等。家庭因素是对留守儿童行为持续最久、影响最深的一个因素。家庭中各成员的处事风格、行为习性以及约定俗成的家庭制度、文化氛围等各种因素，都会对儿童产生潜移默化的影响。家庭教育的缺陷是留守儿童行为问题出现的根源，家长或监护人的不会管、不愿管、管不了、没时间管等情形会直接导致留守儿童不良行为问题的产生。调查分析表明，家庭环境、亲子关系和教育方式等对留守儿童行为问题的影响最为明显。

1. 缺乏良好的教养

弗洛伊德的儿童精神发展理论告诉我们，青少年时期是一个人性格行为形成发展的重要阶段。在这个阶段，如果儿童的身心需要都得到满足并且受到家长良好的教养，儿童就会成为人格健全的人，否则，儿童就可能出现行为障碍、人格缺陷等问题。良好的教养包括言语的交流、肌肤的接触和眼光的关注等。只有不断的交流、沟通和爱抚，儿童才会变得温顺，觉得有安全感，否则，他们的行为就容易出现对抗性或退缩性。留守儿童和父母的两地分居，使教养缩减为言语的交流。而短暂的亲子对话，话题多以考试成绩和学习为主，虽然偶尔夹杂着一些生活方面的浅层关怀，但往往缺少感情的交流和心灵的对话，缺乏轻松幽默的交流氛围，缺乏待人处事道理的传授。

2. 亲情关系不和谐

亲情关系不和谐是指亲子之间因年龄特征、成长背景、生存条件、生活方式、目标志趣等不同而导致的互不理解、互不支持的行为不协调现象，包括看问题的角度不相同、对待同一个问题的态度不一致等。心理学家麦肯侬指出："早期的亲子关系定出了儿童的行为模式，塑造出儿童一切日后的行为。"儿童行为问题危险因素 Logistic 回归分析数据显示：留守儿童行为问题的主要危险因素是监护人的心理行为不健康和管教方式不当导致的亲情关系不和谐。监护人心理健康，其监护的儿童有行为问题的比例为 19％；而监护人自身心理不健康的，其监护的儿童有行为问题的为 60％。

有些家长强行将自己的孩子托付给亲戚或朋友，受委托的亲戚或朋友心不甘情不愿，但碍于面子又不好意思拒绝，于是这些亲戚或朋友与被监护的留守儿童的关系就显得相当别扭，常出现"宽""严"不当等不协调现象。比如尽力满足留守儿童在物质上的需要，对其精神世界却很少关注。其结果是留守儿童的不良情绪得不到宣泄，没有人与他分享快乐，不良行为得不到纠正。这种异化的亲情关系极易导致留守儿童消极低沉，抑郁寡欢，出现任性自私、蛮横无礼等不良行为。

3. 监护人教育方法简单陈旧

监护人教养方式的非恰当性，也是影响留守儿童行为问题形成的重要因素。在留守儿童身上，人们常常能看到少年老成的影子，这就是作为监护人的祖辈性格、感情、行为、语言等多种心理、行为因素的影响和作用的结果。老年人思想保守，对新事物反应迟钝，甚至有抵触情绪，不愿意接受新的知识和教育理念，在行为上表现为因循守旧，对现实中某些不正之风痛心疾首却又无可奈何等。这些不良的人格特点和行为特征会直接影响到留守儿童的身心发展，致使留守儿童在情绪上变得焦虑、悲痛、厌恶、怨恨、忧郁；在性格上变得孤僻自卑，缺乏自信；在行为上表现出固执偏激。

（二）学校因素

学校是有目的、有计划地向儿童施加影响的教育场所，是儿童获取知识、习得能力、发展思维、形成习惯的基地。学校是留守儿童行为表现和成长的主要场所，留守儿童的行为能力需要在学校通过学习与熏陶而获得，其行为方式需要教师正确的示范和指导。因而，在留守儿童不良行为的形成中，学校也是一个不可忽视的因素。

学校对留守儿童行为问题的影响主要有以下几方面：

1. 学校的指导思想不正确

党的教育方针是每一所学校必须贯彻执行的思想，是学校运行和发展的行为指南。然而在现实中这一指导思想在个别学校并没有得到很好的贯彻和落实；一些地方教育工作的好坏，学校教育质量的优劣，教师水平的高低，都以"升学率"来衡量。于是出现了"素质教育轰轰烈烈，应试教育扎扎实实"的现状。在这种教育环境中，一部分天资聪慧的留守儿童脱颖而出，成为学习上的佼佼者。更多的留守儿童由于家庭监管的不力和自我行为的放纵，不肯投入到紧张的学习中，导致不能在学习方面获得成就感，有的慢慢淡出教师的视野，有的厌学、逃学，最终沦为问题学生。

2. 校园环境不健康

校园环境包括学校外部环境和内部环境，也有人称为硬环境和软环境。由于家庭环境的不完美，留守儿童对校园环境充满着期待和憧憬，并对其表现出一定的依赖性，因此其思想、情感、情操受学校的影响更为深远。学校的环境，特别是内部环境是否舒适与安全，有没有健康向上的文化氛围等，都直接影响留守儿童的身心健康发展。

在市场经济的冲击下，不少学校的自然环境遭到人为的破坏，绿地被开发建成商品房，围墙被打开做了店铺。学校的周边环境也不容乐观，脏污嘈杂，小商小贩叫卖声不断，网吧、游戏厅也紧挨着学校。与此同时，校园内部环境又得不到合理的改善，缺乏文化气息和思想内涵，一些学校的校风学风令人担忧。我们在调查中发现，出现行为问题的留守儿童大多来自校风不好的学校，来自班风、学风不正的班级。

3. 部分教师的道德素质和心理素质不良

教师的道德素质是指教师个体所具有的道德观念、道德情操和道德品质，具体表现在教师对教育、对学生、对同事、对家长和对学问研究的态度上。在调查中发现，个别教师并没有把教师道德规范、准则全部内化为自己的行为范式，他们的道德素质与教师道德规范、行为准则有一定的距离，比如，一些教师受到社会上行贿、受贿风气的影响，变相牟取私利，或暗示性地向家长索取某些好处。有的教师为了获取个人的利益和荣誉，对"优生"肆意加压，对"差生"则挖苦讽刺；有的教师不思上进，对教研、教学不求甚解；有些教师喜欢向家长告状，或把对留守儿童的批评转嫁到家长头上等。调查中，我们发现有不少教师表现出情绪不稳定、缺乏耐心、功利心重、自信心不足和批判性强、职业倦怠感严重、职业的情感投入程度和职业成就感低等不良的心理特征。教师的期望或明或暗地被传递给了儿童，儿童会按照教师所期望的方向来塑造自己的行为。教师的不良行为也会引发留守儿童的行为障碍。比如个别教师的言行不一导致留守儿童对教师的怀疑，个别教师的不学无术导致儿童学习兴趣的丧失等。

（三）社会因素

社会因素是指社会上各种事物，包括社会制度、社会群体、社会交往、道德规范、国家法律、社会舆论、风俗习惯等。在诸多因素中，对留守儿童的危害最大的是社会的"三色污染"，即文化市场的"黄色污染"，以腐败现象为代表的"灰色污染"以及带有黑社会性质暴力犯罪的"黑色污染"。这些污染因素的作用是强有力的，影响留守儿童对社会环境适应性行为的有效性，影响留守儿童形成健康向上的人生观和价值观的主动性，也影响留守儿童独立处理日常事务和承担社会责任的积极性。

1. 社会情景因素

社会情景因素是指影响留守儿童行为动机或取向的社会环境。市场经济利益的冲击，导致诱惑留守儿童行为失控的社会情景因素日益增多。一些游戏厅、歌舞厅、网吧的老板，利欲熏心，无视法律规定，让一些留守儿童随意进入。一些自制力差的留守儿童为了排解孤独，寻求网友，进入网吧或游戏厅，结果沉湎其中难以自拔。

另一方面，社会环境的相对宽松和混杂，让一些留守儿童无法正确地把持自己，加上缺乏来自同伴和家长的社会支持和正确引导，他们很容易受社会上不良分子的诱惑、拉拢，最终误入歧途。有资料显示，我国近10年来的犯罪增长率已过24％，而其中14～25岁年龄段的青少年犯罪人数占全部犯罪人数的比重一直维持在65％以上，其中，十五六岁的留守儿童犯罪案件又占到了青少年犯罪案件总数的70％以上。另一组数据显示：在一些犯罪团伙中，留守儿童的比例远远高于非留守儿童。

2. 社会文化因素

社会文化因素包括一个国家或地区的社会性质、人们共享的价值观、人口状况、教育程度、风俗习惯、宗教信仰等各个方面。在当今信息时代里，社会各种信息通过多种媒体大量涌入学校，留守儿童的知识总量中，有一半左右是通过学校以外的大众媒体获得的。大众媒体传播的信息并非都是积极的、正面的，也有一些诸如暴力、色情、凶杀等庸俗低级的内容，以及一些暴露大众社会的集体空虚、世俗价值的内在脆弱性的价值慰藉物。由于没有足够的鉴别能力，留守儿童往往不能透视到社会文化和主流价值的内核，他们很容易因剧烈的文化冲突而激起内心的郁闷和焦虑，导致行为失控或盲目模仿。帕克（Parke, A.）等人的研究报告显示，在其他生活条件相似的情况下，观看暴力电影的儿童比其他儿童有更多的攻击性行为出现。我们在对7～11岁留守儿童的调查中发现，常看暴力电视节目的留守儿童具有更多的恐惧感，消极的媒体内容还会导致留守儿童产生性格障碍，出现行为问题。

3. 社会认知因素

社会认知是个体关于社会现象、社会关系等方面事件的认知。在内容上涉及人自身的认知、人与人之间的各种双边关系的认知以及社团内部及社团之间各种社会关系的认知。

社会认知因素对儿童的影响不是简单的表现或反映，它与认知者自身、认知对象、认知情境有着密切的关系。留守儿童个体的原有经验、价值观念、情感状态和各种各样的认知偏见对认知过程产生着特殊的影响，直接影响其对社会关系、社会事物的价值判断。比如有些留守儿童对教师十分尊敬，他会直接运用教师的价值观去评判其他人或事。有些留守儿童对一些成绩不好的同学会产生消极的评价，即使这位同学有优秀的品行，仍然以谴责的态度进行评价，缺乏客观性。比如有的留守儿童受扭曲的价值尺度和道德观念的影响，崇尚"及时行乐的人生观，不劳而获的幸福观，亡命称霸的英雄观，为所欲为的自由观，江湖义气的友谊观，低级情趣的恋爱观"。

【聚焦现实】

抢男友，连刺"情敌"17刀

15岁的小莹与14岁的小菁是两个留守儿童，她们既是同学，又是很好的朋友。后来，小菁通过小莹结识了17岁的社会青年张某，之后的日子，三个人经常一起吃饭、聊天、唱歌。有一天，小莹发现自己的男朋友竟与小菁约会，就产生了报复心理。2009年10月18日下午，小莹拿了一把水果刀，叫上好友小霞去找小菁"算账"。二人将小菁骗至郊区的一个工地。小菁看到小莹和小霞她们拿出刀，平静地说："我知道你恨我，这样，你扎我一刀，咱俩的事算结了。"在小霞的催促下，小莹举刀刺向小菁的后背，之后又连刺其胸部、背部、腹部等处，共计刺了17刀。随后，小莹和小霞把小菁抬到不远处的马路中间后离去。满身是血的小菁被路人送到医院抢救，虽然保住了性命，却落下终身残疾。

【简评】

西奥菲拉斯图斯在比较各种恶的行为时说：因为欲望而引起的犯罪比那些因愤怒而引起的犯罪更应该受谴责。因为就愤怒而犯罪的人看来是因某种痛苦和不自觉的患病而失去了理智，但因欲望而犯罪的人却是被快乐所压倒，他的犯罪看起来更为放纵。案例中小莹用如此残忍的手段对待昔日的朋友，可见她对美丑善恶的概念是多么的模糊。同时，这也可以看出，小莹的社会认知存在严重的偏见。

4. 社会风险因素

社会风险因素是指增加风险事故发生的频率或严重程度的社会事件。它包括导致损失发生的物质方面的因素及文化、习俗、行为和生活态度等一类非物质形态的因素。国家发展与改革委员会曾提出："影响中国社会发展的十大风险因素中，对留守儿童构成行为影响的占六成，它们是就业问题、三农问题、贫富差距、全球化问题、国内治理危机、信心和诚信问题等。"劳动力市场的供大于求，贫富差距日趋强烈，国内包括腐败问题、法制建设问题、政治体制改革问题、党群关系问题等治理危机，使留守儿童的社会安全受到较大影响，导致留守儿童对社会缺乏安全感和信任感，从根本上影响其行为发展，引发诸如喜欢打闹、说谎、违反纪律、毁坏东西、"非主流"之类的反社会行为问题。

二、影响留守儿童行为问题的内部因素

家庭因素、学校因素和社会因素均属于影响留守儿童行为问题的外部因素。在影响留守儿童行为问题的各种因素中，留守儿童自身的内部因素才是最关键的，因为外因是通过内因起作用的。留守儿童本身的情绪情感、品德、个性、成长阶段性等因素是影响留守儿童行为问题的内部因素。对留守儿童行为问题与情绪情感因素、品德因素、个性因素、成长阶段性因素等问题作相关分析，相关系数分别为0.301、0.191、0.278及0.231。下面我们从情绪情感因素、品德因素、个性因素、成长阶段性因素等四个方面加以阐述。

（一）情绪情感因素

情绪情感因素是指留守儿童因为情绪情感上出现的问题，如情绪消沉、心情郁闷、焦虑、恐惧等引发行为问题。一些留守儿童常常由于情绪不稳定，不能或勉强能完成其社会功能，缺乏轻松、愉快的行为体验，导致思维敏捷性下降，记忆力减退，情绪低落，意志

127

消沉，行为紧张等。

留守儿童出现的典型的情绪情感型行为问题表现为：在人际交往上有适应障碍，处处防备别人，行为敏感，易被激惹；看问题偏激，常常处于攻击状态；在学习上容易焦虑，有退缩行为，一到考试，脑子里就出现杂七杂八的怪念头或出现头疼、尿频尿急等问题。

（二）品德、个性因素

品德因素行为问题指的是留守儿童因为违背一定的社会道德准则，缺乏个人的道德信念和道德意向而在言行中表现出来的稳固的行为特征。调查显示，一些留守儿童常常因为思想、道德不符合规范，出现违纪违规行为，破坏公共秩序而影响他人利益。留守儿童品德问题行为形成的根本原因是其基本需要没有得到满足，自我价值无法实现，无法成为"自我实现"的人。其行为表现为：有意破坏班级纪律，借打闹故意伤害同学，损人利己，恃强凌弱。比如将涂改液涂于前桌同学的头发上；当自己违纪被班干部揭露后，对班干部进行打击报复等。

个性因素是指留守儿童自身的稳定的、习惯化的思维方式和行为要素，美国伊利诺州立大学人格及能力研究所卡特尔（Catell）教授认为，个性因素包括乐群性、聪慧性、稳定性、恃强性、兴奋性、有恒性、敢为性、敏感性、怀疑性、幻想性、世故性、忧虑性、实验性、独立性、自律性、紧张性等16个方面。它渗透到人所有的行为活动中，影响人的活动方式、性格和绩效，是每一个人行为的根源特质。留守儿童的多数行为问题都是由两个或多个个性因素交叉作用的结果。

（四）发展阶段性因素

发展阶段性因素又指成长过程中的心理幼稚和不成熟表现因素，是指留守儿童身心发育脱节，心理发育滞后，行为比较幼稚，呈现出心理活动简单化和认识水平低龄化的现象。其特点是：自我意识发展不平衡，心理发育迟滞，心理特征、兴趣爱好呈低龄化，自我概念混乱，不能正确、全面地看待自己，缺乏成就动机，相信自己的"低自我力量"或"弱自我结构"等。从这类儿童的行为举止中，我们看到的不是"童心"而是以自我为中心、思想简单、缺乏主见、无理想无追求，常常作出社会性退缩行为。比如中学生爱玩幼儿园小朋友玩的游戏，看天线宝宝之类的幼儿动画片等。心理幼稚的最大危害是导致留守儿童不求上进，行为缺乏责任感，甚至发生无知型犯罪。有的留守儿童的冲动行为就是由于心理不成熟、情绪不稳定、看问题片面、主观、偏激等引起的行为失控。

第三节　留守儿童不良行为的干预对策

留守儿童中存在的不良行为，严重影响着自身的成长，也在一定程度上影响社会治安。由于留守儿童是当今产业结构调整和劳动力转移过程中出现的制度性孤儿，是在较长时期内存在且无法回避的特殊人群，因此，我们有必要对留守儿童的不良行为进行干预。

我们对留守儿童进行行为干预的模式，是以华生的行为主义的基本原则为指导思想的。这种模式认为，个体的行为可以通过操纵环境刺激或行为后果而加以改变。操纵环境刺激的意义在于为特定行为的产生提供机会，而操纵行为后果则旨在改变某种行为在未来增加或减少的可能性。

对留守儿童不良行为的干预可以从两个方面进行操作，一是在留守儿童的不良行为发展进程中通过施加外在因素来操纵行为环境，以改变其行为发展方向或阻断其发展进程；二是操纵行为后果以引起儿童行为的内在变化，从而达到改善其不良行为的目的。

一、留守儿童不良行为的矫治原则

有资料显示，专家们在对多达 200 个针对行为不良的留守儿童矫正项目的比对研究中发现：矫正是有效果的，最好的矫正项目可以降低不良行为重现率的 40%。专家们指出：矫正工作并不当然产生积极的效果，矫正只有在一定原则指导下才有明显效益。教师的矫正行为需要有专业知识的指导，教师在矫正时需要考虑矫正方案的方式和风格与留守儿童的能力和接受方式是否一致；需要关注不良行为产生的原因并采用与留守儿童的需要相应的矫正方法，如选择认知矫正还是行为矫正方法等。对于留守儿童的不良行为中的活性因素还需要借助中介途径进行控制，比如：提高其反对不良行为的角色感；增强其自我控制与自我管理的能力；设定替代其不良行为的良好行为等。总之，要整体提升矫正的效果，使矫正与结果呈现正比关系，就必须遵循矫正的原则。为此，我们提出有效矫正的六条原则。

（一）指向性原则

指向性原则又称危害应对性原则，它是指针对留守儿童所具有的重新施行不良行为的可能性采取相对应的干预力度。统计结果表明：干预对留守儿童中危害性较大的不良行为的适用效果是明显的，78% 的干预项目运用于留守儿童时，被发现可以降低累犯率的23%。但是，干预对留守儿童中危害性较小的不良行为的作用是中性或者是具有负作用的，有的干预项目只能降低其累犯率的 5%，有的甚至增加了不良行为重现率。因此，指向性原则要求教师、家长或监护人对留守儿童的不良行为实施矫正时要对其行为危害性与不良性进行评估，对行为的危害性和影响性整体切入，全面了解，重点把握，根据危害性评估结果来确定干预力度，选择合适的行为项目，进行综合处理。

（二）需要性原则

需要性原则是指行为矫正需要建立在被矫正者自愿的基础上才能有效果。需要性原则要求教师在对留守儿童实施行为矫正的时候，要激起留守儿童自身的意愿和欲望，让其对自我行为有矫正的意识，而不是一味强调留守儿童的被动应对和对不良行为的简单否定，更不是对其不良行为进行粗暴的干涉或控制。

遵循需要性原则，教师不但可以减轻留守儿童矫正不良行为的反抗性，而且可以借助其自身的力量，预先处理其在某种情况下可能发生的不当行为，避免产生较严重的行为。因此，教师需要对留守儿童不良行为前的态度、价值观、信念等动态因素进行考查分析，尽量使矫正内容、方式与留守儿童不良行为矫正的需要保持一致，干预所使用的认知方法应与上述因素动态相关。同时，实施矫正时教师应提供替代行为的范本行为，以满足留守儿童模仿、尝试和练习的需要，帮助他们转变思维，提高技能，适应变化，形成好的行为习惯。

（三）对应性原则

对应性原则是指矫治项目的内容、方式和方法要与留守儿童的人格、个性和学习方式相对应。研究表明：当矫治项目与留守儿童的学习方式、改变态度、传授实质技能的认知行为方法相对应时，矫正更有效。矫正的对应包括一般对应与特别对应。一般对应指矫正项目应当与留守儿童矫治需要相一致，要有清晰的结构和层次，矫正行为中的问题解决、行为训练、行为替代等要与留守儿童不良行为性质相一致。特别对应指的是项目应当与行为人的性格相对应。如留守儿童属焦虑型的人，那么矫正教师的性格应当是安静型的，如概念型的矫正教师应当承担极端行为矫正项目等。

对应性原则要求矫正者关注被矫治对象与项目之间的关系。在对留守儿童实施矫正时，教师需要综合考虑矫治环境选择的合适性，辅导人员与被矫治者之间互动的强度，以及被矫治者的接受能力等因素。

（四）整体性原则

整体性原则是指矫正项目的完整性，也就是说矫正的材料、矫正的工具、矫正的措施、矫正的时间、矫正的环境等要与矫正的目标保持一致。整体性原则要求教师在矫正过程中要充分考虑各矫正要素之间的关系和影响，把各要素加以整合，实行整体把握、整体优化、整体设计和整体推进，以发挥矫正的最大效能。整体性原则要求实行三个方面的整合：即环境的整合、态度的整合和矫治手段的整合。环境的整合就是整合与不良行为相关的行为环境，既破坏留守儿童原有的与其不良行为有关联的人际空间，又为其提供一个安定、和乐、热忱的环境，以减少留守儿童因行为的改变而带来的不适和焦虑；态度的整合是指教师或家长对待留守儿童同一种不良行为应该持连贯的、一致的态度，要做到奖惩分明、行为一致、标准统一、前后连贯，使留守儿童的行为改进有明确的方向；矫治手段的整合是指教师或家长在实施矫正时，需要围绕矫正目标，选择恰当的手段，并对手段进行合理设计和优化整合，使矫正手段既能为留守儿童行为的改变提供结构性的帮助，又能为留守儿童形成新的行为习惯提供强有力的推动。

（五）专业性与实用性相结合原则

专业性原则是指矫治者需要有专业知识、专业手段。从行为学的角度来看，专业是为满足教师从事行为矫治必须接受的训练需要而设置的理论体系，专业性对矫治行为技术有指导作用。马克思指出："技术是人的本质力量的延伸，技术既可以造福人类，也可以是危害人类的'双刃剑'。"因此处在理论体系与矫治行为需求交叉点上的专业知识，必须符合矫治的总体目标，即有用、有效、有利、有力。

实用性原则就是指矫治技术理论应该体现明确的目的，形成完整的体系，对"做什么"、"如何做"的问题有完整的解读，能够妥善处理理论与实践的关系，不断增强理论对实践的指导作用。实用性原则要求矫治者不断学习和修正可以支持矫治的社会心理学、认知行为学等理论，在实践中总结提高对矫治行为的认识，提高矫治技能，使矫治技术既专业又实用。

（六）渐进性与强化性相结合原则

所谓渐进性的矫治方式，就是以现有的条件为基础，并以现实的问题为导向，在现实的可能中不断试错并探索的循序渐进式的矫治技术行为。著名生物学家家巴甫洛夫曾指出："矫治，是一种高级的、复杂的精神活动，它的过程自然少不了一种规律性。"一种不良行为的危害程度有深浅，被矫治者的接受能力有强弱，教师的行为介入速度有快慢，因此，矫治必须遵循"循序渐进"的原则。只有这样才符合儿童的认识规律，才能提高矫治效果。

冰冻三尺非一日之寒。留守儿童的不良行为多是长期累积养成的，为消除其行为问题，教师既应遵循渐进性原则，订立阶段性目标，在实行的过程中不断试误调整，又要考虑留守儿童的个性、习惯和行为能力等因素的影响，在实施矫治行为时，要采取一定的强制性，防止其不良行为重现的措施也要有一定的强度与行动性，并要求留守儿童反复演练所学习到的技能，实施多种环境下的强化，从而使其行为转变能够顺利迁移到其他情境中，达到从根本上改变其不良行为的目的。

二、不同类型留守儿童的行为干预对策

根据不同留守儿童的行为问题表现，我们把留守儿童分为孤僻退缩型、暴力攻击型、异常行为型、行为越轨型、仇视社会型。对于不同类型的行为问题应采用不同的行为干预对策。

（一）孤僻退缩型留守儿童不良行为干预策略

孤僻退缩型不良行为问题是指留守儿童在无特殊原因的情况下孤独、胆小、害怕、退缩、不愿与其他儿童交朋友等行为问题。留守儿童产生孤僻退缩不良行为的原因各有不同，有的是缺乏自信；有的是性格内向；有的则是过于崇拜别人，对别人的评价过于看重所造成的；有的则是三者兼而有之。从整体上看，留守儿童孤僻退缩不良行为与儿童心理素质、父母对儿童的态度以及环境影响有关，是多方面因素长期作用的结果。

孤僻退缩型留守儿童的行为具体表现为：羞怯胆小、沉默寡言、过度焦虑、自卑、孤僻；对人对事冷漠、回避与他人的接触，缺乏与人交往、交流的倾向，没有独立交往的能力，不会与人建立正常的联系；兴趣狭窄，行为刻板重复，不会根据环境要求改变自己的行为方式来适应环境等。要干预孤僻退缩型留守儿童的行为，教师可从以下三个方面进行科学的行为训练。

1. 唤起自信，提高留守儿童对自我的评价

自信是战胜退缩的重要因素，教师要引导留守儿童对自身行为积极归因，增强自信心，使胆怯、害羞、孤僻、不合群的儿童能够增强自己的行为兴趣，改变消极否定的自我评价。因此对那些怯懦胆小的留守儿童，干预的第一步就是鼓励其独立行动，激发其生活热情，提高积极行为的发生率，让留守儿童在行动中逐渐消减局促不安的情绪，增强勇气和自信，使怯懦胆小的症状得到改善。为此教师需要加大对留守儿童的情感投入，要与他们多交往，要对其言行表现出兴趣和热情，同时加强课业辅导和兴趣培养，让留守儿童掌握一些文化方面的技艺，拥有一技之长，使其同时拥有学业上和能力上的自信，以增强其自我效能感、心理安全感和充实感。

2. 培养留守儿童的主动性和对集体的归属感

成功的教育实践告诉我们：对孤僻退缩的儿童运用集体疗法干预效果比较理想。教师要尽量让留守儿童参加集体活动，使其在参与同伴的集体活动中增强主动性，学会接受别人同时让别人接受自己，从中体验友谊、智慧与温暖，培育适应社会的综合能力。集体活动包括同学之间相邀做游戏、做作业，包括学校、班级统一组织的文体活动，包括祝贺同学生日、欢送教师等。教师还可以通过开展一些诸如拔河比赛、篮球比赛等集体活动，增强班集体的凝聚力，激发留守儿童的班级主人翁意识，帮助留守儿童获得归属感，使其为

131

了班级的整体利益愿意主动改善自己的行为。

3. 开阔视野，拓宽留守儿童的生活半径

一些留守儿童的家长或临时监护人出于安全考虑，喜欢把留守儿童关在房间里，很少让其到室外活动。虽然这样做比较安全，但其实是给了留守儿童一个封闭的环境。长期生活在这种环境下的留守儿童，容易出现社交恐惧，和别人谈话会脸红，见到生人就焦躁不安等不良问题。因此，教师应允许并鼓励留守儿童从屋子里走出来，走出班级，走出校园，走向社会。教师要为留守儿童的交往创造条件，教给他们一些具体的交往艺术、方法与技巧，让其积极地与邻居或同学玩耍、交往，去应对交往中的一切情况。同时，教师要尽量提供机会，扩大留守儿童的生活半径，让其亲近大自然，参观博物馆等，使其心胸开阔，行为坦荡。教师还可以设计有趣的生活情境表演，让留守儿童参与其中，在表演中感受同他人交往的快乐，从而获得主动与他人交往的需要。

4. 培育自立能力，强化留守儿童的责任意识

研究表明：基于独立行动环境中的自信最容易建立。教师要想方设法为留守儿童创造能发挥自己积极性、主动性的良好环境。教师可以适当安排留守儿童干些力所能及的事，而且有意让其遭遇挫折，以磨练留守儿童的意志。比如儿童在与同学玩耍中产生友谊或者出现纠纷时，应放手让他们自行处理各种纠纷，使他们学会如何解决实际问题。

责任感是一个人对自己、自然界和人类社会（包括国家、社会、集体、家庭和他人）主动施以积极有益作用的精神。留守儿童只要有了责任感，就具有了勇往直前的驱动力，就能够感到有许许多多有意义的事需要自己去做，能够感受到自我存在的价值和意义。因此教师在实施行为干预时要坚持"自己的事情自己做"的原则，增强留守儿童的承受能力，让其在行动中承担更多的责任。

【聚焦现实】

电视男孩童童

童童是个小学三年级的男孩，从小就由爷爷奶奶带大。每到周末，他常常在电视机前一坐就是半天，除此之外，对什么都不感兴趣。童童身高不到 1.3 米，体重却达到 44 公斤，成了名副其实的"电视土豆"。更糟糕的是，他变得十分怕羞，见了外人也不敢抬头。

经诊断，他患上了单纯性肥胖及儿童电视孤独症。家长找到学校希望能够得到老师的帮助。老师针对童童的情况，让童童参加讲故事兴趣小组，还建议童童爷爷带童童晨练，去邻居家串门。经过一段时间的矫治，童童慢慢变得开朗了。

【简评】

童童患上单纯性肥胖及儿童电视孤独症的主要原因是他需要娱乐刺激和情感放松。孤僻退缩的留守儿童一方面希望逃避现实世界，另一方面又对现实世界充满好奇，对幻想世界充满向往，通过看电视，儿童可以成功地达到自己的目的，也就是说既躲避现实世界，又能够了解自己所向往的另一个世界。值得庆幸的是，案例中的童童经过有针对性的矫治，走出了孤独的阴影。

（二）暴力攻击型留守儿童不良行为干预策略

暴力攻击是指留守儿童由客观外界事物的强烈刺激引发的、依靠激情推动的、突然爆发的伤害他人且不为他人所接受的冲动行为。暴力攻击行为很少或不受意识的控制和支

配，其行为特点有着明显的攻击性和破坏性，表现为攻击别人、毁物、语言威胁、猥亵、自伤等。上海市精神卫生中心谢彬教授认为：儿童暴力攻击行为的原因是多方面的，具有一定的生物学基础，包括遗传缺陷、神经电生理异常、生物化学方面的改变如中枢神经系统的5-羟色胺水平低下等，更与社会性、心理性的因素有关，如家庭环境、受教育水平、同伴影响、人格特征等。

要预防暴力攻击型留守儿童情绪失控，防止其做出对自己或他人的伤害行为，减少暴力攻击、自杀等悲剧的发生，我们可以采用以下三种措施对他们的暴力攻击行为加以疏导和干预。

1. 建立留守儿童行为档案，实行动态管理

教师通过调查确定需要干预的留守儿童对象，记录"儿童基本信息"、"儿童问题程度"、"家庭状况说明"、"监护人基本情况"、"儿童校内外表现及主要存在问题"等信息，然后对调查情况进行统计分析，提出帮扶干预实施方案。留守儿童的心理行为问题有一个发展过程，在不同时期会面临不同的影响因素，教师要通过这些儿童的思想、品行、学习和生活情况的详细记录，实施跟踪管理。同时教师要借此充分认识并理解留守儿童的人格类型，针对不同人格类型的留守儿童采取不同的干预措施。比如驱动型人格的留守儿童，有思想、有主见，教师可以安排他做学生领导；对于表现型人格的留守儿童，教师可以尽量提供各种机会让他们展示自己；对于分析型人格的留守儿童，则可以从学业上对他们进行有效的帮助。

2. 进行适当的情感体验和行为约束

心理学上的"共情"概念指出：只有处于同样的情况境遇下才能感同身受。因此教师实行的干预措施都必须激起留守儿童相应的体验，才能够被理解，干预才会有效果。解决留守儿童的攻击性行为问题，更应该让他们有情感体验，如果光讲道理，不能触动留守儿童的内心，那么是解决不了根本问题的。比如，某个留守儿童打了别人，就让他通过回忆摔倒的疼痛等来体验别人的不舒服，然后教师再反复引导，让他们懂得打人是不对的。

同时，教师要对暴力攻击型留守儿童给予必要的行为约束。比如，通过建立并强化班级常规来约束他们的行为，或者让留守儿童担任一个小干部，比如"纪律委员"或"纪检组长"，用这种职务来培养其自我约束能力，让其在管理别人的同时改善自己的问题行为。

3. 创造和谐民主的人际环境

在对留守儿童暴力攻击行为的干预中，环境选择有先导性的作用。社区、学校与家庭环境中的人的言行举止都会使这些留守儿童耳濡目染，从而受到潜移默化的影响。如果这些留守儿童经常处在不良环境中，其情绪和行为的参照体系就会发生偏差。一旦缺少纠偏的监督系统，这种类型的留守儿童就会以与周围人一样的方式来待人接物。调查发现，生活在暴力行为发生率较高的社区的留守儿童，喜欢采用暴力行为解决问题。

【聚焦现实】

3分钟内被打16个耳光

福建某学校的四名女孩与另一女孩发生纠葛，话没说几句，其中一人扬手就给了另一个女孩两个耳光。接着四个女生轮番上前猛打该女生耳光。而被打的女生表现得相当被动，几乎是打不还手，骂不还口。在短短的3分钟内，该女生被打了16个耳光。

据调查：这些女孩的父母都在外地做生意，女孩们很少和父母见面，生活费也是父母直接打到卡上，她们长期呆在网吧玩网络游戏，结交一些社会青年。事情发生以后，学校对四个女孩进行隔离干预，对她们实施行为约束，同时给她们安排专门的教师和志愿者，进行"多对一"的交流和沟通，终于让她们认识到问题的严重性，慢慢对自己的行为有了理性的认识。

【简评】

案例中的女生，因为父母都在外地做生意，她们浸润在不良环境中，受到不良文化的影响，导致价值观的严重错位，滋生出暴力意识和暴力情绪，出现暴力攻击行为。幸好学校对她们采取了积极的干预措施，使她们在和谐民主的人际环境中反省觉悟，迷途知返。

（三）异常行为型留守儿童不良行为干预策略

异常行为是指由于情境因素的刺激所引起的留守儿童心理上的不平衡和生理上的障碍或混乱所表现出的行为。留守儿童的异常行为不仅违反社会文明准则或群体行为标准，偏离社会和个人所期望的方向，而且常给自己或他人带来不同程度的悲伤或痛苦，并严重影响儿童自我身心的健康和人格的健全。留守儿童的异常行为包括儿童过度焦虑反应、重复进行某些活动或动作的强迫行为、无缘无故的恐惧行为、注意缺陷与多动障碍等。造成留守儿童具有这些异常行为的原因是复杂多样的，主要原因是留守儿童成长中的情感矛盾。大多数留守儿童的异常行为与精神创伤、压抑感、挫折、人际关系障碍和遗传因素等相关。干预这类行为的常用方法是消退、暂停和反应代价。

1. 有针对性地观察与体认，实行行为忽视

故意忽视，就是为了达到降低某种特定的异常行为的发生率或者为了达到使它不再发生的目的，在该行为发生后不再给予任何强化刺激的一种行为干预方法。在干预行为中有一句真理就是"道理多了也伤人"，有时忽略比关注更有效，不做比多做更有益于儿童的成长。比如，有些留守儿童大声说话、讲废话等课堂问题行为，其目的就是为了吸引教师或者其他同学对他们的注意。当教师或是其他同学对这种行为不予关注时，这类留守儿童的不良行为自然会很快消失。这种干预策略还适用于留守儿童的争辩、挑衅、不服从、遗忘、应付、愤怒、不合作等异常行为。

2. 平衡行为反应，实施强化暂停

强化暂停，是为了抑制某种特定行为的发生或使它的发生率下降，而让行为者在一段时间里得不到对行为的任何强化刺激的一种行为干预方法。当留守儿童出现故意吵闹或者打架等问题行为时，上述的消退策略可能效果甚微，此时可以责令他停止该行为一段时间，让他在无任何外界刺激的地方反省，使问题行为逐渐消失。比如对留守儿童的暴力、恶意攻击、残酷迫害、恃强欺弱、偷窃等异常行为的干预，就需要实施强化暂停；对于有多动症的留守儿童，对其不分时间、不分场合的多动行为，也要进行及时的中止和控制。但对于留守儿童的某些异常行为，比如反复洗手的强迫行为，若盲目阻止其重复会引起其焦虑不安，这时教师就要懂得平衡其行为反应，从他的行为诱因中寻找缓解其焦虑的方法。

3. 帮助儿童转移兴奋点，实行反应代价

反应代价是为了使某种特定的行为不再发生或尽可能减少发生，在该行为发生后，使行为者失去原本拥有的部分强化物的一种行为干预方法。当留守儿童故意违反规则而且屡教不改时，就可以采取撤销部分行为的正强化办法，从而使该问题行为得到及时终止。比如对于经常侮辱同学或者教师的留守儿童，可以使用该种干预方案，即对于该儿童其他表现突出的地方不予表扬和奖励。但是，教师在进行干预时要摆事实、讲道理，以免他们误解，使师生之间产生矛盾。对于有些行为也可以采用转移兴奋点的方法进行干预。比如对留守儿童不切实际的攀比行为，教师可以引导儿童将比较的内容从外在的转为内在的，从物质上的转为精神上的，帮助他们找到合适的比较目标，比如将比较的对象从生活富裕的儿童转移到生活条件相当的儿童。同时引导这些留守儿童面对现实，鼓励他们设定合理的目标，寻找通过自己的努力超过别人的办法。

（四）行为越轨型留守儿童不良行为干预策略

留守儿童的越轨行为又叫离轨行为或偏差行为，是指留守儿童违反或偏离其应该遵守的社会规范，对现存社会秩序具有破坏性并受到否定性评价的所有行为。越轨行为是多种消极因素共同作用的结果，其原因涉及到经济、政治、文化、教育、道德、学校、家庭、大众传媒等多方面。比如社会因急剧变迁致使旧的行为规范不适用或受到怀疑，而新的规范又没有建立起来或还未被社会群体广泛接受，留守儿童失去了行为准则，就会发生一系列越轨行为。同时，个人需求力量的强大，自我控制力量的弱小以及社会控制力降低、社会评价体系失衡等，也可能会使留守儿童的行为迷失方向，导致越轨行为的产生。

干预此类不良行为可从以下三个方面入手：

1. 及早发现，帮助化解潜在的危机

行为干预的一条重要原则就是防微杜渐，防患于未然。比如留守儿童因对学校环境不适应、学习压力大、情感受挫等问题而出现行为异常时，教师要耐心地聆听，在了解留守儿童真实感受的基础上，为他们作导向性的分析和疏导，以化解他们内在的矛盾冲突，缓解他们的心理压力，预防他们的行为偏离正确的轨道。同时，教师要与留守儿童的家庭及其所在社区充分接触，关注留守儿童的日常行为表现，及时发现有越轨行为倾向的留守儿童，有针对性地采取干预措施。比如对学习困难的留守儿童利用志愿者进行一对一辅导；对有心理障碍的"问题留守儿童"采取心理辅导、专业治疗等；对喜欢泡网吧舞厅、有酗酒吸烟等轻微越轨行为的留守儿童进行强化治疗，从而有效地将越轨行为扼杀在萌芽状态。

2. 唤醒道德自觉，提高道德选择能力

根据皮亚杰的观点，人的道德的发展有一个从无律到他律、最后发展到自律的过程。在留守儿童的越轨行为因素中，外在他律因素已经不存在或很少，因此必须唤醒儿童的自律精神才能使他们做出道德行为。21世纪是一个多元价值共存的时代，各种道德的、非道德、不道德的信息充斥社会各个领域，而一些传统的道德规范由于不适应新环境而受到严峻的挑战和巨大的冲击，其约束力明显下降甚至形同虚设，出现暂时的"规范真空""规范迷乱"与"规范软化"现象。因此，教师在实行干预时，首先要增强留守儿童的道德意识，唤醒儿童的道德自律；其次要对留守儿童信息的选择和接受环节进行调控，以净化儿童的信息环境，减轻儿童因经验不足带来的对选择的恐惧；再次要加大对留守儿童鉴赏和批判能力培养的力度，提高儿童的道德选择能力，从而趋利避害。

135

【聚焦现实】

血色青春"古惑仔"

留守儿童毕赢伟、徐建平、侯玉刚、朱涛、齐笑霆、虞大海、杜健翎，因为认识了一个道上的"哥们"，便拜其为"老大"。在"老大"的关照下，七人成群结伙成为一股不可小视的势力，"打出了名声和面子"。毕赢伟说："因为我觉得跟他们在一起，有一种无拘无束的感觉。我们大家因此认识了很多朋友，走到哪儿别人都不敢惹你，这种感觉蛮威风的，出来混就要讲义气，就像电影里的古惑仔。"

2009年7月的一个傍晚，他们7个人看完黄色录像在一个小树林边上高谈阔论时，看到了放学独自回家的白静，于是七人找到了"实践"的对象，将年轻美貌的白静拉入小树林轮流进行了猥亵，后来毕赢伟、徐建平、侯玉刚等人采用威胁、恐吓手段将白静奸淫。之后毕赢伟、徐建平、朱涛先后将两名女网友骗至住处，以腰带抽打、"以后别想好过"相威胁，实施了强制猥亵、轮奸。因为美慕古惑仔的自由和威风，七人在进入少管所之前，还先后多次伙同他人抢劫、盗窃、聚众斗殴。

【简评】

案例中的留守儿童正处于生理成熟与心理幼稚相碰撞的时期，心智发育没有得到相应的引导，缺乏社会经验，对自己的道德自律和道德选择往往缺乏正确认知，不能圆满地处理生活中遇到的各种问题，所以，在这类留守儿童出现越轨行为之前，唤醒道德自觉，提高道德选择能力对他们来说尤为重要。

3. 增强留守儿童的自控能力

所谓自控能力，就是指个体对自身的心理和行为的主动掌握，是个体自觉地选择目标，在没有外界监督的情况下，适当地控制、调节自己的行为能力。研究发现：留守儿童行为越轨多为自我调控功能失调。自我调控功能失调产生的原因与儿童的自然生理发育有关，与社会心理因素有关。增强儿童的自控能力就是引导儿童自觉地调节自己的思想和行为，有效地控制行为的临界，从而使儿童的思想或行动符合所设定的目标模式或计划，保证自我教育目标的实现。教师在增强留守儿童自控能力的时候，首先要做到以身作则，树立榜样，做到不因挫折失败而沮丧，不为消极情绪所困扰，面对非常事态能够处变不惊、镇定自若，能够自觉抑制冲动、抵制诱惑；其次，教师要制定系列行为规则，制定活动的时间表或行为指标，确定明确的期望值，并且通过反复训练，强化规则。再次，对儿童的失控行为要有适当的惩罚，对儿童能够延迟满足的行为要有适当的鼓励，使其自控行为容易完成并且保持，达到提高儿童自控能力的目的。

（五）仇视社会型留守儿童不良行为的干预策略

仇视社会行为是指留守儿童为了个人或少数人的利益而违背社会公认的行为规范，对他人和社会造成损害乃至严重破坏的行为。有的留守儿童由于受到不公平的待遇或者受到过多的委屈，个人的需求没有得到满足，觉得社会故意与他们作对，就认定社会"伤害"了他们，于是便以仇恨的心理或目光看待社会。他们愤世嫉俗，行事刻薄，伺机报复，不负责任，肆意发泄对社会的不满。对于仇视社会型留守儿童不良行为的干预策略，关键在于恢复留守儿童对现实社会的信心。对此，教师可采取以下方法进行干预。

1. 建立有效的沟通

有效的沟通包括教师与社会的沟通，教师与家庭的沟通以及教师与儿童的沟通。加强家庭、社会、学校三方的沟通与合作的目的在于建立干预行为的支撑系统，通过沟通呼吁政府加大对留守儿童关爱的宣传力度，营造全社会关爱留守儿童的良好氛围。

教师与儿童的沟通是有效沟通的基础。仇视社会型留守儿童内心脆弱，最需要得到关爱和理解。而教师不歧视留守儿童，平等地对待他们是有效沟通的前提条件。沟通时，教师要学会设计启发式问题，要创造多元化的沟通渠道和沟通方式，鼓励他们倾诉，消除他们心理上的紧张、焦虑，以艺术的形式唤醒迷失的心灵。同时，教师要采用渐进的方式帮助留守儿童分割行动目标，做到每一步都具体细致且相对容易地达成，让他们在完成目标的过程中能够体会到成功的乐趣。这样教师就容易调动留守儿童行为的积极性，而且能够从心灵深处把握住他们思考和行动的方向。

2. 进行价值观教育

价值观是指儿童对周围的客观事物（包括人、事、物）的意义、重要性的整体评价和看法。价值观是决定儿童行为的心理基础，是儿童用来评价行为、事物以及从各种可能的目标中选择自己合意目标的准则，是驱使儿童行为的内部动力，它支配和调节儿童的一切社会行为。留守儿童的价值观是随着知识的增长和生活经验的积累而逐步确立起来的。它是相对稳定的又是可以改变的，家庭、学校、所处环境等对留守儿童价值观念的形成起着关键的作用，其中学校对留守儿童价值观的形成影响最深。

教师要从价值取向、价值追求、价值目标、价值尺度和准则等多方面对留守儿童进行价值观教育，让他们领悟到人应对生活、对社会心存感激之情，懂得一个人的价值在于对社会的贡献而不是索取。教师要教育每一位留守儿童树立正确的世界观，辩证地看待社会，要相信社会的主流是好的、健康的、向上的。同时教师应尽力帮助留守儿童克服一些实际困难，让他们接受到社会的良性反馈，鼓励和培植留守儿童的亲社会行为，反复修正儿童不正确的价值观念，促使儿童形成相对稳定且有积极意义的价值取向和行为定势。

3. 营造良好的社会行为方式

我们知道，留守儿童的生活行为绝大多数都是自觉地和不自觉地按照环境所提供的行为模型来完成的。无论是克服不利发展的行为方式，还是建立培养有益于健康的行为方式，环境因素都起着巨大作用。而环境的这种行为模型作用既可通过具体的行为来体现（即人们所看到的、且自认为是可接受的他人的行为），也可通过行为概念来实现（即在内心里认为什么样的行为是可以接受的）。因此，教师可以同时从这两个侧面入手，充分发挥环境的行为模型作用。教师要大力表彰和宣扬留守儿童身边的良好行为方式，积极鼓励他们改善自己的行为方式。比如教师可以通过组织留守儿童参加"感动中国 10 大人物"投票、为困难学生募捐等活动，让留守儿童多接触、多了解模范人物、优秀人物的先进事迹，激发他们向善的行为动机，进而提高他们的行为正确率。同时，教师在对留守儿童不良行为问题的处理时要给予更多的爱和关注，要倾听他们的心声，要尽量保持公正公平，要营造公平合理的行为氛围。

第四节 留守儿童的交际特征与不良表现

人际交往也称人际沟通，是指社会活动中人们运用语言符号系统或非语言符号系统相互之间传递信息、沟通思想和交流感情的联系过程。对于每个儿童来说，人际交往既是他们个人发展和精神生活的需要，又是一种习得社会经验、理解行为规范、明晰角色行为、协调人际关系的重要方式。留守儿童通过人际交往交流思想，获得信息，展示才能，在自己与他人的比较和他人对自己的评价中客观地认识自己，从而最大限度地开发自我潜能，实现自己的理想。留守儿童通过相互交往，诉说个人的喜怒哀乐，能够及时地宣泄和排解自己的负面情绪，从而保持积极、健康的心理状态，达到调节身心的目的。

为此，本节通过分析留守儿童日常交往的行为表现，探究留守儿童交往的现状及特点，帮助教师了解留守儿童的人际环境，从整体上把握留守儿童交际的特征，认识不良交往系统对儿童社会化的影响，从而为促进留守儿童形成良好的人际关系提供有效的行为学依据。

一、留守儿童的交际特征

交往能力是未来社会发展的必然需要，是教育的一项重要内容。欧洲著名心理分析学家阿得勒认为，假使儿童未曾学会交往之道，他必然会走向孤僻之途，并产生牢固的自卑情绪。我们通过记录，分析儿童人际交往对象和人次、人际交往类型、交往态度、交往的性质以及接近方式和接近反应状况等因素，比较留守儿童与非留守儿童在人际交往特征方面的异同，发现留守儿童与非留守儿童在人际交往的诸多方面不存在显著差异，趋同多于不同。比如儿童交往都具有年龄差异、性别差异。但在人际影响方面，留守儿童的家庭、社会和学校的影响力度与非留守儿童有所不同，家庭对留守儿童的影响远远小于非留守儿童，而学校和社会对留守儿童的影响明显大于非留守儿童。研究结果还表明，随着年龄的增长，留守儿童渴望交往的愿望比非留守儿童要强烈，交往的稳定性和依赖性比非留守儿童要强，但交往的能力和经验却不及非留守儿童。他们交往的接近方式比较单调，除了语言、身体外，没有其他更丰富的接近方式。留守儿童交往对象的性别差异表现得比非留守儿童要明显，他们对异性交往的渴望度大大高于非留守儿童。

总之，留守儿童的人际交往有他们自己的特点。通过对留守儿童交往实践的调查研究，我们总结出留守儿童交际的五个特征：

（一）选择性与随意性并存

选择性是指留守儿童有选择地与他人建立人际交往，有选择地投入情感，有选择地与他人保持行为等方面的一致性。人际关系的这种可选择性，无论留守儿童还是非留守儿童都是存在的。不同的是，留守儿童选择的主动性要比非留守儿童弱，选择的方式要单调。与此同时，当留守儿童的日常行为习惯和讨论话题的吸引力不足以增强他们的交际选择力的时候，留守儿童为了能够获得更多的交往资源，满足自己个人的交际欲望，就会肆意扩大个人交往圈子，使其交际表现出一定的随意性。比如有的留守儿童的网友多达800多个，混杂其中的人形形色色，良莠不齐。有的留守儿童因为选择网友的随意性而走上了犯罪的道路。

【聚焦现实】

交友不良走上邪路

15岁的留守儿童蔡超峰在同学的生日宴会上认识了王大哥，为人仗义、出手大方的王大哥经常请他去餐馆吃喝，带他去电子游戏厅玩游戏机。从此王大哥成了蔡超峰的好朋友和崇拜偶像。有时王会带着蔡超峰敲诈比他们更小的学生，如果不给就动手打人；有时王让蔡向自己的同学借钱。一次蔡把强行借钱遭到拒绝的事情告诉王,王大哥对蔡超峰说:"这小子跟你过不去,就是不买我的账,我不便出面,你替我教训教训他。"被王大哥这么一蛊惑,原本一腔怨气的蔡超峰手拿铁棒,朝那个人的头上猛击,导致其头部受重伤。蔡超峰因犯故意伤害罪被判刑三年。

【简评】

处于成长阶段的留守儿童大多活泼、好动,希望被人关爱、理解,一旦这些需求不能在家庭和学校得到满足,他们就会到社会上去寻求。但由于留守儿童心理不够稳定,对于交际对象缺乏鉴别力,在选择朋友的时候随意性很大,对朋友的言行也缺乏警惕性,就像案例中的蔡超峰,结识王大哥之后,受到对方的情感要挟最终走上犯罪道路那样。

(二)稳定性与动态性并存

稳定性是指留守儿童的交往受文化定势和思维定势的影响而形成的交往对象和范围的固定不变性。在社会心理学中,人际关系大多被定义为个体与他人之间的心理距离和行为倾向。个体之间的关系大多是由人与人之间的互动建立起来的,蕴涵着各种各样内容的关系。由于留守儿童大多数性格较为内向,在交际方面容易表现出某种固执,使他们的交际呈现一定的稳定性。另一方面,亲子关系的缺失又严重影响其稳定性。亲子交往中亲子关系是留守儿童人际关系的基础,由于父母常年在外工作,父母与子女之间的情感交流和行为交往变得匮乏,这种具有极强的情感亲密性的亲子沟通的缺失,使儿童交往失去心理的支撑力量,于是不能很好地应对交际过程中发生的各种情况,造成儿童情绪容易波动,性情敏感而多疑,进而对周围世界缺乏信任感,儿童形成的各层次人际关系也因此而呈现动态性。

(三)开放性与隐蔽性并存

有关调查显示,当留守儿童的监护人在教育、沟通和成长方面不能够给他们提供智力和情感支持时,他们便选择同学、网友和其他伙伴作为沟通的对象,通过 QQ 聊天、发帖子、发短信等方式交流情感,沟通信息。在网络的虚拟语境中,留守儿童可以进行真心实意的对话,进行敞开心扉的交流,加上网络语言的流行和渗透,使儿童的共同语言得到极大的丰富,儿童人际交往的心理距离得到极大的缩小,从而使留守儿童的交往显现出空前的广泛性和开放性。

然而,由于留守儿童的自律能力低下,道德意志薄弱,容易受到社会不良诱因的影响而做出违背道德甚至法律的事,比如网上恋爱、网上婚姻、网上械斗、网上偷菜等虚拟情景的现实化。因此留守儿童的交往行为,尤其是视频聊天、网友见面或者男女生之间不正当交往,常常受到家长和教师的干预和反对,导致部分留守儿童的行为被迫转为"地下",使其交往呈现隐蔽性的一面。

(四)自主性与依恋性并存

在留守儿童的家庭交往中,有一种特殊的人际交往方式就是独立成长。外出打工的父母出去后,不给儿童找任何监护人,要么让其寄宿在学校,要么把其留在家中,只提供生活上的需求。这样的成长环境,使留守儿童的人际交往具有自主性。随着网络化、全球化时代的到来,留守儿童交往的自主性亦大大增强了。社会哲学大师吉登斯说:儿童交往自主性的增强是由于全球化客观上增加了个体认同的选择机会,这便使个人主观上的自主性较之以往更加突出了。在互联网上，留守儿童的交往不再受到年龄、性别等身份地位的限制，而是按照自己的主观需要，自由地建立起交往的网络，实现心灵沟通。

在网络化、全球化时代的交往独立性与主观性大大增强的同时，留守儿童的交往也表现出了依恋性的特点。这种依赖除了表现在网络中，还体现在学校人际交往中对同学和老师的依赖。在学校教育中，师生之间、同学之间的交往是留守儿童最主要的交往。他们需要这份因交往而生发出来的友情，需要这份友情里面的理解、支持和共鸣，以此来排解个人内心的孤独和寂寞，获得对自我价值的认知。在学校，教师（尤其是班主任）和同伴（尤其是同桌或者是同寝室的同学）是留守儿童最信任的人，有许多留守儿童把班主任老师当成自己的父母，把同伴当成自己的兄弟姐妹。生活上遇到问题向他们求助，情感和学习上遇到障碍找他们倾诉，使留守儿童对人际交往产生一定的依赖。

（五）相似性与互补性并存

相似性是指交往双方在文化、态度、信仰、价值观等方面有共同之处。在生活与学习中，与留守儿童交往最多的是他们的同伴，无论是生理年龄还是心理年龄，同伴间都具有一定的共性，在兴趣爱好上也有一定的相似性。为了使自己在与同伴共同生活、学习、游戏中建立起来的人际关系和谐，各方面的交流沟通变得顺畅，留守儿童常常会选择一些和自己有相同性格或信念、共同处境、共同爱好、共同语言的伙伴作为交往对象。

同时留守儿童在交往过程中存在一种获得互相满足的心理状态，他们希望通过交往，借助交往对象身上具有的特征来弥补自身的不足，达到互相学习、取长补短、共同进步的目的。于是他们会选择一些出身、背景、性格、家庭环境、父母从事职业等各不相同的伙伴来做交往对象，通过与他们的交往，促进个人社会化交往的健康发展和社会交往技能的提高。

二、留守儿童的交际不良表现

人是群居动物，在社会生活中，人际交往不仅能协调人们的生活、学习和工作，提高活动效能，而且还能促进人与人之间关系的和谐，消除人们心中的寂寞和恐惧感，使人变得更自信，心理更健康。然而，在现实生活中，我们发现，留守儿童更多的是面对电视机、电话、电脑网络等，缺少与人面对面交流沟通的主动性和积极性，因此，使得他们在人际关系方面的问题越来越突出，甚至比学习问题还要严重。某市留守儿童服务咨询服务中心对 2 万多人次的调查结果显示：留守儿童在人际关系方面的问题占 42％，而学习方面的问题占 27％。留守儿童不良的人际交往行为和人际交往存在的问题，使他们不仅不能健康发展，还有可能走上违法犯罪的道路。通过调查和咨询，我们发现，留守儿童在人际交往中存在的不良表现有以下五个方面：

（一）自负

自负就是指留守儿童在自我认知的过程中对自己估计过高的心理状态和行为表现。自负的实质就是儿童对自我的不认知。留守儿童的自负通常是以语言、行动等方式表现出来的。比较自负的留守儿童常常觉得自己无所不能，骄傲自大、自以为是、固执己见、唯我独尊。在人际交往中表现为趾高气扬、盛气凌人，喜欢对别人发号施令，将自己的观点强加于人，常常看不起其他同学，喜欢对周围的人吹毛求疵，品头论足，从而在周围人当中造成较坏的影响。自负的留守儿童，往往缺乏团队意识，在学习和生活中，缺乏时间观念和组织纪律性等。在与他人的交往中，别人常常要为他的自以为是付出代价，因而容易形成同学不愿与其交往的尴尬局面，导致他与他人关系的疏远。

（二）妒忌

妒忌是指留守儿童对与自己有联系的、强过自己的人的一种不服、不悦、失落、仇视，甚至带有某种破坏性的危险心理行为。妒忌常常是留守儿童在人际交往中通过与他人进行对比而产生的，妒忌的对象常常是与自己相像的人，一旦见到其才华、名誉、地位、成绩、容貌优越于自己，心理就失去平衡。在人际关系中，妒忌是非常有害的腐蚀剂。它表现为对别人的成绩、成功非常嫉妒，看到同学或邻居取得了比自己优越的地位或成绩时，便产生一种忌恨心理；对别人的失败幸灾乐祸，当对方面临或陷入灾难时，就隔岸观火，不向别人提供任何帮助。同时，在别人成功时，他们常用"酸葡萄心理"来安慰自己。妒忌在竞争激烈的人际环境中表现得尤为突出。比如在毕业班的留守儿童更容易出现妒忌行为：有好的参考资料藏着自己一个人用，获得有关升学的信息不肯向同学公开，看见同学用功冷言冷语讽刺，自己则背地里发狠学习等。有的留守儿童甚至借助讽刺挖苦、造谣中伤、刁难等不良行为贬低竞争对手，以求通过别人的失误来达到自己的目的。

（三）猜疑

猜疑就是猜测怀疑，是一种狭隘的、片面的、缺乏根据、盲目想象的交际行为。猜疑在留守儿童交际行为中具体表现为：喜欢进行没有实际凭据的猜测和歪曲事实的联想，对事情的性质或发展方向不顾实际地进行认知和判断。个别疑心重的留守儿童，对他人缺乏起码的信任，喜欢捕风捉影，把无中生有的事实强加于人，没有根据地猜疑别人对自己要如何如何，使事情节外生枝，导致自寻烦恼，人为制造了交际障碍。有猜疑心的留守儿童常持消极的态度，过分留意别人的脸色和言行，凡事都喜欢和自己联系在一起，怀疑别人做的事就是针对自己，从而影响儿童之间的交往。

（四）闭锁

闭锁是指留守儿童在人际交往中所表现出的与外界隔绝或不相联系的"龟缩"行为。有闭锁表现的留守儿童回避人群，回避社交，喜欢独处，不想出现在有人的地方，不愿跟比自己活跃的人在一起。他们见到陌生人就脸红、心慌、紧张，不善于和陌生人说话，与陌生人在一起非常不自在，找不到话题。他们看到很多人会觉得恐慌，在交际场所或大庭广众之下，非常害羞，羞于启齿或害怕见人。过分的焦虑和不必要的担心，使他们在言语上支支吾吾，行动上手足失措。闭锁的留守儿童不愿意显示自己，也不轻易向人表露自己的心迹，对别人（包括父母、教师）紧锁心扉。有的留守儿童受到"我不行""我不如他们"等消极心理的暗示，对自己缺乏信心，过低地评价自己，在交往中表现为羞怯、忧伤、退缩。还有的留守儿童心理冷漠，缺乏热情，在与人的交往中，总是给人以拒绝和不可接近的姿态，使自己的交际封闭在自我的狭小空间中，表现出严重的不合群。

【聚焦现实】

孤雁雨薇

留守女孩付雨薇是一个学习成绩较差的初一学生，平时测验、考试几乎都是班上最后一名。性格内向，胆小，不爱动，不合群，孤独，害怕参加活动；自卑感强，回避与老师同学相处、说话，曾经因学习上的事对老师撒过谎。上课从不主动举手回答问题，即使被老师喊到也因紧张而说话不完整，语言表达能力差。

【简评】

从案例中，我们不难发现：付雨薇与人交往时所表现出来的是闭锁性。她自卑、孤独、有心理压力，缺乏主动性。这种行为形成的主要原因是：付雨薇的父母没有时间也没有精力与她交流沟通，不能帮助雨薇全面地认识自己，同时她与同学的交往又进入一个不良的循环——孤独漠然的性格阻碍她交往的需求，导致她很少主动与人沟通，语言能力发展不足，这样，她更难与人交往，表现得更加孤独、压抑，最后只得将自己封闭在个人的小世界里。

三、留守儿童交际问题的成因

留守儿童正处于身心迅速发展的时期，对自身变化、人际交往等方面有着自己的理解与认识，与此相关也带来了一些麻烦和冲突。交际理论显示，留守儿童的人际交往和心理发展之间具有相互促进、相辅相成的关系。拥有良好人际交往能力的留守儿童，其心理发展状况往往比较好；心理发展好的留守儿童，在人际交往方面也表现得比较出色。比如对父母的依恋心理过重的留守儿童交际能力就显得较弱。心理专家的实验也表明：交际能力强的留守儿童，更能够共情于他人、更能进行复杂的协商、不好斗也不畏缩，有更浓厚的交际兴趣，拥有更好的人际关系。这些拥有良好人际关系的留守儿童能够更顺利地与同龄伙伴一起玩耍，也有更强烈的学习热情和耐心，更能够取得老师的积极评价并避免不良行为，从而取得良好的学业成绩，在同辈中表现突出。

由此可见，正常的人际关系是留守儿童健康发展的前提和保证。而一些留守儿童却处在不那么正常的人际关系之中。在观察中，我们发现，有很大一部分留守儿童难与他人交往，他们敏感、多疑、封闭、自卑、怯弱，不善于与人沟通，常常被同伴排除在交际圈外。导致留守儿童交际问题的因素很多，主要是留守儿童个人的性格、气质等主观因素和交往时的场合（包括家庭、学校、同辈群体）、交往条件（比如大众传媒、网络、书籍）、交往对象的情况等客观因素。

（一）自身因素

每个儿童都有其鲜明的人格特征，都有其特定的行事处世方式，都有各自的交往需求，以及维持那些习惯与信仰所必需的仪式，他们通过相应的言语或非言语的行为与他人交往，发生相互作用。因而人际交往通常表现出浓厚的个人色彩，个人的气质、性格、品行及交往技能等方面的缺陷都会影响其交往能力的发展和人际关系的健康。

1. 性格过于内向

儿童在交往中能够满足多种心理需求，缓解心理压力，但是由于留守儿童个人成长阶段较多地处于封闭的环境，加上其他种种因素的影响，使他们的性格偏于内向，其交际行为表现为胆小自卑、紧张窘迫。他们在社交场合，特别是在大型集体活动中，因为担心出现窘态，担心自己的一举一动遭到他人的耻笑，所以常常有意识地抑制自己的交往欲望。他们的内心世界虽然很丰富，却不愿意和别的同学交往，不愿意正确表现自己的意愿，他们介入人际交往时常处于被动游离状态。这类留守儿童在交往受到挫折的时候，不能进行合理的归因，处理的方法往往是选择逃避。而留守儿童回避社交的后果是导致他们反应迟缓，进一步产生交际恐惧感，并逐渐失去对外界事物的兴趣，最终导致交际冷淡。

2. 品行不端，心理不健康

良好的品行是儿童与同伴交往取得成功的首要条件。那些能够尊重他人，与他人和谐相处的留守儿童往往受到同伴的欢迎；反之，那些攻击性强，唯我独尊的儿童也能强制性地加入某些"同伴团体"，但由于被同伴心理上排斥，他们的交往活动往往以失败告终。还有一些留守儿童，凡事均以自我为中心，个性很强且很少顾及他人感受，团队合作的意识也比较差，他们在人际交往中也容易出现交往中断。

不健康的心理是导致留守儿童出现交际问题的另一个重要因素，有交际障碍的人一个重要的特点是不自信。一些偏远地区的留守儿童，或者因为家庭经济条件不理想，或者因为自己的知识面和社会视野不及其他同学，往往存在自卑心理，容易形成自我封闭，不敢或者不愿与人交往。比如多疑的留守儿童，由于对环境、对别人、对自己缺乏信任，因而出现"不相知，长相疑"的现象。

3. 缺乏交往技能

人际交往既需要科学性、又需要艺术性。在交往中只有将两者有机结合在一起，才能提高交往效果，改善人际关系。有交际障碍的留守儿童往往缺乏交往所需的基本技能，他们不知道如何与别人交朋友，如何维持友谊，化解矛盾，如何在恰当的时候表示好感和爱心。还有少数留守儿童因为言语表达存在障碍，在人际交往中，他们选择逃避，使得人际关系日益淡漠。随着交往机会的日益减少，这些儿童的交往能力日渐弱化。

【聚焦现实】

个性决定交际

留守儿童张某某，以自我为中心，言语多攻击之词，得罪了不少同学，于是游离于伙伴之外，变得孤僻离群，生怕自己一开口又冒犯别人，因而不愿与人交往。留守儿童皇甫某，从小有点口吃，每次讲话总是结结巴巴，面红耳赤，颇为费力。渐渐地，他变得沉默寡言。锻炼的机会越少，言语表达的障碍越严重，就越不愿意与他人交流，形成恶性循环。

【简评】

交往个性决定交往品质，案例中的张某某和皇甫某一个因为自负，一个因为自卑，他们的结果都一样，缺乏交际的语言技能指导，出现了交际障碍，影响了与他人的交往。

（二）交往场合

德国社会学家勒温在关于心理动力场的理论研究中，曾经提出了一个著名的人类行为公式：人的行为＝主体素质×环境。这一公式的含义是说，人既要受动于自身素质（内在受动性），又受动于外部环境（外在受动性）。好的环境可以最大限度地调动人的积极性，促进人不断提高素质并向好的方向发展；而坏的环境则可能抑制人的发展和进步，甚至可能诱发和强化人的某些弱点及失误。家庭的氛围、学校的风气和舆论的导向等都是影响留守儿童交往行为的外部环境，它的好坏直接影响儿童的人际交往质量。

1. 不良环境的制约

儿童交际能力的培养，依赖于儿童自身实践体验和来自外界的指导和帮助。由于生活环境中约束因素、沟通与指导因素的缺失，留守儿童较之非留守儿童更容易受外界不良环境的影响。社会、学校中的任何一类因素的不足与缺陷都会影响留守儿童人际关系的发展。邻里关系是否和睦，校园里老师、同事关系是否纯洁，都会影响儿童的交际活动能力。

著名的关系学专家桑德拉·雷（Sondra Ray）认为，如果我们不能在心中重新清理与父母的关系，那么我们就无法创造出我们想要的人际关系。留守儿童的父母与子女之间关系的相对疏远，家庭关系的失调，以及亲子关系的消极性变化，都会影响儿童对人际交往的看法。还有些留守儿童寄居在别人家中，感到寄人篱下，难以与临时监护人之间产生依恋的感情，也难以与别人建立亲密的关系，导致自我封闭、抑郁不安，慢慢失去与外界交往的兴趣，表现出对社会冷淡，对他人猜疑、嫉妒，导致人际关系的紧张。

2. 缺乏交际体验

儿童之间的交往本身就是一种情感教育，一种心理体验，比如留守儿童在游戏玩耍时把别人欺负了就有成就感；被欺负了就有挫折感；和伙伴们一块儿玩有规则感等。如果没有这些体验，儿童在交往中就难以把握交往尺度，领会交往规则。有些监护人认为，留守儿童在一起玩容易闹矛盾、受委屈，出现吵闹、打架等麻烦，或受到不良影响，甚至还会带来一些意外事故。所以，当留守儿童想出去找朋友玩时，他们就会找出一些理由阻拦，有意无意地限制和减少儿童与同伴的交往，导致儿童视野狭小，缺乏交际行为的刺激。这样的留守儿童，为人心胸狭窄，不善与人交际，自然不能拥有良好的人际关系。

3. 受到人际排斥

在交际学中，交往双方出现相互亲近的现象称为人际吸引；交往双方出现关系极不融洽、相互疏远的现象称为人际排斥。在一般情况下，儿童的居住地和座位等越邻近，交往的频率越高，态度和外形越相似，个性越能相互取长补短，儿童之间就越容易相互吸引；相反，彼此就越容易排斥。调查中发现，大部分留守儿童的学习成绩都不是很理想，在"分数至上"的评价体系中，有的教师缺乏爱心、态度冷漠，这些留守儿童不但得不到应有的关照，还常常被教师分配到教室的角落就座，或者与品行不够好的差生同座，生活在这个"人际孤岛"上的留守儿童，内心承受着老师的歧视、同伴的忽视和集体的排斥，他们既要躲避着别人指责、轻视的目光，又要压抑着内心的情感，小心地维护着自己仅有的一点自尊，这就使他们缺乏交往的勇气与自信，不敢主动与伙伴、教师交往，进而无法进行正常的人际交往。

（三）交往条件

随着社会多元化、信息化进程的加快，错综复杂的交往条件对留守儿童的交往影响会越来越大。儿童在不同交往条件下获得的交往结果也不一样。比如在真诚和热情条件下将获得快乐和进步，在虚伪和功利条件下获得的则是烦闷和痛苦等。

1. 交往受挫的消极影响

心理学研究表明：儿童早期的经验对他们的人格、情绪和交往能力的发展有深远的影响。在儿童的成长过程中，父母的爱、支持和鼓励能够使儿童建立起对初始接触者的信任感和安全感。这种感觉的建立，可以保证儿童与他人交往的顺利进行。而留守儿童由于自幼缺乏来自父母的关爱，他们的安全感和信任感严重缺乏，在交际中会表现出紧张焦虑，造成交际障碍。与此同时，留守儿童在和同学、老师、监护人、朋友的交往中，不可避免地会出现一些矛盾，如教师的严格要求、同学的误解、监护人的责备等，如果这些矛盾处理不好，就会产生交往挫折。这些挫折容易使儿童产生烦恼、痛苦、悲观失望等不良情绪，导致他们不愿意同他人交往。

2. 舆论的不良导向

社会环境对留守儿童的交际也会产生一定的影响。心理学家曾做过一个有趣的实验：将一些缺乏礼仪的儿童邀请到一个不平常的晚会上，他们意识到自己的"来宾"角色，在晚会上表现出有教养、文雅的气质。这个实验表明，如果赋予儿童适当的角色，而且当他对角色有所领悟和理解时，儿童就容易按照角色的规范来要求自己。这就叫"角色认同效应"。比如女生从小接受的教育或公众的特定性格指向是内敛的、文静的，甚至是腼腆害羞的，她们在交际场合中就得用这样的模式来规范自己。这对性格开朗、向往浪漫的留守儿童的交际就会带来一定的束缚，导致她们交际行为的不自然。而对男生来说，社会的定位及习俗的约定是男生应该具有男子汉气概，认为男生就应该保护女生，这对个子矮小、能力不强的留守儿童来说无疑是划了一道交际鸿沟，使他们不敢接近女生，不敢进行正常的异性交往。

3. 媒体的片面宣传

大众传媒对留守儿童交际的影响日趋显著。由于影视作品、流行音乐、网络游戏中的人物存在多元化现象，英雄与恶棍、善良与邪恶、暴力与软弱的界限不明显，与留守儿童长期以来在家庭和学校所接受的传统价值观产生了冲突，导致留守儿童的自我认同混乱。比如教师和父母教导留守儿童只有勤奋学习，才能长大成才，而电影中的"古惑仔"却用打打杀杀、违法犯罪成为一呼百应的黑帮老大。这一冲突很容易引起留守儿童的不良交际。不健康的书籍对留守儿童交际的影响也是深远的。漫画、青春校园小说等书籍中某些情节的描写、刻画细腻真实，使得喜爱并经常阅读这类书籍的留守儿童常常会幻想书中的故事情节也有可能发生在自己身上，以致他们的交往常常脱离现实，导致交往失败。现在的电影、韩剧、动漫、网络游戏等等，几乎都有男女之间的感情纠葛，成人世界的情与爱对留守儿童的思想、行为影响很大。对成人世界处于好奇状态的他们，会模仿影视、网络中明星的行为。由于很多留守儿童对于交往没有明确目的和正常的概念，他们这种不合身份的"成人化"交际行为势必引起交际障碍。

（四）交往对象的情况

马克思说过："一个人的发展取决于和他们直接进行交往的其他一切人的发展。"留守儿童的人际交往对象主要包括同伴、监护人和教师，他们的交际观念和交际圈子的纯洁度都将影响儿童的交际行为。

1. 交往的同伴有不良行为

有的学者认为，"大多数的问题儿童均有其有问题的朋友，而问题儿童的大多数问题也是在与问题朋友一起时犯下的。"美国的犯罪学家萨瑟兰也认为："犯罪行为是在交际过程中与他人交互作用时学会的。"这是因为随着留守儿童对父母和老师权威的叛离，同辈群体的影响上升为首要的影响因素。调查发现，当留守儿童的内心有什么烦恼时，64％的儿童会找朋友倾诉。因此留守儿童自我概念和自我形象的建立基本上是通过交际的同伴来完成的。他们的交往同伴一般是兴趣、习惯、性格、经历与自己相近的同学或朋友。但是对于中、小学阶段的留守儿童来说，他们很难凭借自身的能力鉴别朋友及朋友圈的质量，加上他们人生经验、社会阅历、自我认识和自我控制等方面的不足，一旦同伴有劣迹，他们会受到同伴的压力而做出趋同于群体的不良行为。如果留守儿童与"不良群体"进行不良交际，不良行为就通过交际这一桥梁加以影响和传播。

2. 监护人有不良社交圈

榜样的力量是巨大的。家庭是最重要的社会化群体，是社会化的一个理想场所。它既是留守儿童的庇护所，又是第一个学校，留守儿童不仅在这里获得情感支持，还从监护人对他们的期望中知道了社会对他们的期望。因此监护人一切言行举止都会得到留守儿童密切的关注，监护人的社交圈中存在的一些不良因素会造成留守儿童产生不良的认知、情绪和行为，使留守儿童产生不良的交友观、交际方式，在今后的人际交往中这些留守儿童会不自觉地与"不良群体"交往，并逐渐边缘化。据调查，某工读学校30％的留守儿童的家庭成员（包括监护人）被判过刑，25％有不良作风；监护人有酗酒或聚众赌博行为的，被监护的留守儿童行为越轨率为23％。

3. 教师的不良儿童观

留守儿童与教师的关系是其人际关系中的一种重要关系。由于教师的角色、地位和身份与儿童相比具有特殊性和权威性，因而在与留守儿童的相处中，教师往往是以教育者、评判者、仲裁者的身份自居，这种不平等的关系本身已使许多留守儿童惧怕。与非留守儿童相比，留守儿童对教师充满了更多的崇拜、依赖和敬畏，他们通过教师掌握各种科学知识与交际技能，学习做人的道理，对教师的言行举止会有积极的反应，教师的态度和处事方式直接影响他们的交际欲望和交际行为。然而，一些"唯成绩论"的教师，判断学生的好坏以成绩的优劣为考量标准，忽视了留守儿童的其他优点，出现"优生不在乎教师，差生不尊重教师"的局面，造成师生关系的尴尬。

第五节　留守儿童交际障碍的化解对策

社会学家认为，交际角色是留守儿童的基本社会角色，当儿童履行某一地位的权利与义务并按照社会功能而行动时，他就在扮演一个人际交往的角色。交际角色是留守儿童在与个人和社会相互作用的过程中形成的。这一过程受许多因素影响，其中包括留守儿童的性格特征、个体经验、社会地位以及交际活动的独立性和交际角色的平等性等。交际角色定位和认同理论认为：留守儿童交际角色的正确定位和积极认同是激发留守儿童交际兴趣和继续实践的动力。如果定位模糊不清或认同不自信，就会出现角色错乱，导致交际障碍，影响留守儿童个体社会化的健康发展。

本节以留守儿童自我交际角色的定位与认同为切入视角，揭示极具个性色彩的角色认同如何影响留守儿童确认自己的交际角色以及选择和参与交际活动，并提出留守儿童因角色行事而带来的交际障碍的化解对策。

一、留守儿童自我交际角色的定位与认同

留守儿童的自我交际角色是指他们在人际关系中所处的特定社会地位和符合社会要求的一套个人行为模式。它包括角色扮演者、人际关系体系、交际地位、交际期望和行为模式等五个要素。交际角色定位是指留守儿童适应角色要求，接受群体行为规范，符合群体发展需要的过程。交际角色认同是指留守儿童对自己人际交往中角色的自然认知和社交归属的自我觉知。留守儿童通过角色认同获得人际交往的自我概念，并根据社交文化对个体

的期望形成相应的动机、态度、价值观和行为，继而发展为交际方面的个性特征。留守儿童的交际角色认同包括留守儿童在交际中某一位置的权利，以及承认由此位置上而生发的行动、情感、个性和格调。或者说，留守儿童交际角色认同就是指其当下的态度及行为与其交际中扮演的角色的一致性。交际能量限制理论告诉我们：留守儿童只有在交际过程中通过获得交际经验来实现自我交际角色的调整和认同意识的培养，才能形成正确的自我交际角色定位，否则留守儿童的自我交际角色定位就会发生偏差，甚至出现角色冲突。

（一）留守儿童自我交际角色的定位

留守儿童作为人际交往中的特殊群体，他们的角色特征具有典型性、代表性和参照性。留守儿童交际角色会影响留守儿童的潜意识，并将投射到留守儿童的日常行为之中。如果他们的交际角色定位准确，符合交际对象拟定的理想角色要求，那么他的行为将得到认同、赞许和褒扬。例如他们对"朋友"这一角色的言行等把握比较准确，并身体力行，他的这一角色的认同度就会比较高。反之，如果交际角色错位甚至相悖，那么他的行为将遭到批评、反对和否定，留守儿童的其他社会行为也会因此受到影响。例如，把"朋友"当成达到其他目的的手段。下面我们从四个方面来探讨留守儿童自我交际角色的定位问题。

1. 留守儿童交际角色的分类

在交际活动中留守儿童所处的社会地位不同，其交际角色也就不同。许多社会学家、社会心理学家从不同的角度，根据不同的标准对留守儿童的交际角色进行了各种各样的划分，我们择要介绍几种。

（1）根据角色存在形态的不同，留守儿童交际角色可以分为理想角色、领悟角色和实践角色。

（2）根据交往方式的不同，留守儿童交际角色可分为先赋角色和自致角色。

（3）根据交往活动规范制约程度的不同，留守儿童交际角色又可以分为规定性角色和开放性角色。

（4）根据交往活动中地位关系的不同，留守儿童交际角色可以分为支配角色和受支配角色。

【聚焦现实】

沉迷了网络交友的留守儿童

由于学习成绩不好，留守儿童范晓雄在学校常常受到老师的责备和同学的欺负，在一个小伙伴的"引导"下迷上了网络。在这个虚拟的世界里，他的游戏玩得超级努力，自尊心得到了极大的满足，特别令范晓雄感到自豪的是，在现实生活中没有一个朋友的他，竟有网友80多个，老婆23个。

【简评】

随着互联网的迅猛发展，网络社交成为包括留守儿童在内的新一代儿童的重要交往方式，虚拟情感占据他们大量的情感空间。他们在虚拟的世界中产生和现实交流的情感，有的从网络交友，发展到网恋、网婚，随意自制角色，有的连真实姓名甚至性别都不知道，便妄称"老婆""老公"等，他们在虚拟中颠覆现实中的交际规则，造成虚拟与现实之间角色的模糊。范晓雄这种情况实在令人担忧。

2. 留守儿童交际角色现状

通过观察留守儿童在交际中的具体表现，我们发现他们对自己的角色并没有做到正确定位，主要表现在如下三方面：一是理想角色多于实践角色；二是先赋角色多于自致角色；三是受支配角色多于支配角色。

3. 留守儿童交际角色偏离的原因

在调查中我们发现，一些留守儿童的交际角色定位常常会偏离正确的交际行为轨道，出现交际角色偏离。造成这些留守儿童交际角色偏离的原因是多方面的，主要原因有以下三点：个人整体素质不高、交际动机不纯、交往质量低下。

4. 留守儿童交际角色的正确定位

留守儿童交际角色的正确定位是其成功交际的开始。自己在交际中扮演什么角色，对每一位留守儿童来说，是至关重要的。

留守儿童要正确地进行角色定位，首先，要提高交际文化素养。交际是一种大众文化，不管是什么类型的交往，无不打着文化的烙印。交际对象的选择、交谈的角度、评论的立场和观点都带有一定的文化价值取向、审美情趣和文化传播理念。留守儿童要与交往对象获得文化上的认同，使其获得交际上的满足，并达成交际志趣的一致，就必须不断学习，大力提高文化素质。

其次，要增强留守儿童交际的责任感和使命感。交际和其他行为表现一样，总是隶属于人的思想。它反映留守儿童的愿望、要求、社会理想、价值观念、道德意识等众多文化层面的东西。与此同时，留守儿童的交际也肩负着净化环境创造和谐的重要使命。留守儿童需要在交往中传承信息、交流思想，同交际对象一道担负起这份责任，担当起知晓者、行动者和合作者的交际角色。

再次，要强化交际管理，完善人际环境。教师应该为留守儿童创造条件，对留守儿童的交际环境进行科学管理，对留守儿童的交际行为进行正确引导，让留守儿童的实践角色与其期望的理想角色相吻合，实现留守儿童交际角色的正确定位。

（二）留守儿童自我交际角色认同

留守儿童对自我交际角色的认同，就是留守儿童在交际活动中产生"我是某类人"的感觉。角色认同是留守儿童对交际环境的一种归属感，留守儿童通过角色的认同所产生的归属感，能够起到稳定留守环境的作用。留守儿童交际角色认同一经形成就会以一种无形的力量作用于其交际行为。

为保持和增强留守儿童自我交际角色认同的积极性，发挥留守儿童自我交际角色认同的创造力，帮助留守儿童增强自我交际角色认同的稳固性，教师必须明确角色认同在留守儿童交际中的意义，了解留守儿童交际角色认同的现状，教会留守儿童交际角色认同的方法，从根本上提高留守儿童的交际角色认同的坚定性和稳固性。

1. 角色认同在留守儿童交际中的意义

角色认同指的是留守儿童在交际活动中寻求有意义的自我认知，了解自己的交往地位和交往行为等活动。留守儿童交际角色认同的过程也是深层认知留守儿童生活历程的过程。留守儿童通过交际角色认同，学会质疑现在的生活经验，寻找自身的社会价值，明确自己对未来生活的责任，并根据社会文化对留守儿童的角色期望形成相应的动机、态度、价值观和行为特征。通过角色认同，留守儿童能够获得更大的抽象思考和反省能力以及对复杂世界的思辨能力，迅速地了解事件的真相及问题的实质，掌握问题的关键，提高自身的决断能力。留守儿童通过交际角色认同，感受个人所需面对的复杂现实，自觉调节人际关系，使人际关系融洽，交际活动心情舒畅。随着留守儿童角色认同方面的成长，他们在人际交往活动中的个人参与也将越来越深入。

2. 留守儿童交际角色认同的现状

根据留守儿童交际的决定因素，研究留守儿童角色认同的特点，我们发现留守儿童交际角色认同有以下四种情形。

（1）角色认同达成。角色认同达成是指留守儿童在角色认同中实现了人际关系的自我概念和别人所表示的概念相一致。

（2）角色认同延缓。角色认同延缓又称角色认同推迟或角色认同延期，是指角色认同活动的暂时停止，或在时间上的延长。

（3）角色认同预设。角色认同预设是角色认同的预测与设计，是认同前进行有目的、有计划的设想与安排，是一种先入为主的认同方式，是一种超时空的假定。

（4）角色认同混淆。角色认同混淆是指在角色认同上由于扭曲、困扰导致内在不平衡而产生与真实角色的认知冲突。

3. 留守儿童交际角色认同的分类

在社会进入转型期以后，人们的生活由封闭走向开放，交际活动变得日益复杂，扮演的角色也在不断的变化。通过分析留守儿童交际角色的外部表现、角色结构方面的特征，根据交际角色认同理论与实际调查，我们认为：留守儿童交际角色认同共有五种类型，即形式主义、教条主义、理想主义、媚俗主义、现实主义，它们都有各自不同的角色内涵。

4. 交际角色认同的方法

通过对留守儿童交际角色认同多样性成因的研究，我们发现留守儿童角色认同一般都会经过无知、好奇、害羞、肯定等不同的阶段。社会心理学家通过对留守儿童交际角色认同类型及各个类型呈现出的特质的研究，认为通过有效重构价值观念、加强角色规范，有利于克服留守儿童交际角色认同混乱带来的影响，并提出有助于理解留守儿童交际角色认同的多种方法，下面介绍四种常用的方法。

（1）认知矫正法。认知矫正法是通过指导留守儿童察觉个人不合理的思想观念、态度，并通过自我质辩、架设最坏可能性、角色倒换等方式形成合理认知，借以减弱或消除留守儿童角色认同焦虑的一套操作程序。

（2）模仿学习法。模仿学习法是指留守儿童在交际活动中根据别人的行为模式和活动进行仿效的过程。

（3）角色替代法。角色替代法是根据正向发展原则，在交往训练中，借助一定的中介物（一般为留守儿童喜欢的物品，有时是人）通过角色替代来实现人与人之间的对话、交流。

（4）情境法。情境法是根据丰富环境原则，创设一定情境以提供适当的刺激，引起留守儿童注意并充分感知情境，然后进行角色练习，并从一些特定的角色中获得满足，使其逐步学会目标情境下的交际行为。

149

【聚焦现实】

找不到性别角色的红梅

留守女童红梅出生在农村，平时和姐姐一起生活。红梅父母望子心切，从小就把红梅当男孩抚养。红梅从小就与男孩一起学习、一起玩、一起长大。进入初中后，红梅并没有像其他女生一样与男孩疏远，反而经常与周围身边的男孩"混"在一起，动作大大咧咧，拍肩拉手，称兄道弟，行为举止豪放、粗犷、着装中性。经常与男生在教室、走廊、过道等公共场合追逐打闹，显得很自然。别的女生不能够接受她的所作所为，都不愿意与她交往。红梅觉得自己好冤，但又感到无法走出男孩的角色阴影，交往活动过程中始终找不到适当的位置。

【简评】

案例中，红梅从小到大整天与男孩为伴，模仿男孩子的动作和行为，加上红梅的父母刻意把她当男孩子抚养，穿着上倾向于男性化，行为上对其男性化的举止、言语也没有刻意进行纠正，没有进行有效的性别教育，这就自然而然地促成了其男性化气质的发展，久而久之，造成其性别角色的混乱，性心理的扭曲，形成性别认同偏差。

二、不同类型留守儿童的交际障碍化解对策

社会心理学家认为，人际关系的形成与发展主要受后天环境及教育的影响，如家庭因素、学校环境及其教育经历、社会环境与社会风气的影响。留守儿童出现人际交往障碍的原因是多方面的，有文化因素障碍，包括语言障碍、意识倾向差异和教育程度差异等引起的交际障碍；有社会因素障碍，包括地位角色障碍、空间与心理距离障碍等，比如因无法了解不同背景、经验、成见及人格类型之间个别差异而出现人际交往困惑；有个体因素障碍，包括个体倾向差异和个性品质特征造成的障碍，比如因个体认知、性情、品格和心理等因素，在具体的交往活动或过程中，面对交际危情感到紧张、担心和害怕，束手无策，出现了各种"交往不适征"或"交往综合征"等。

通过调查分析，我们将留守儿童的交际障碍分为交友不良型、自我中心型、"能力"崇拜型、金钱崇拜型、友谊失真型等五种类型。

（一）交友不良型留守儿童的交际障碍化解对策

交友不良指的是留守儿童在交际活动中与有劣迹、或者有过违法犯罪经历的人交往密切乃至成为朋友。对未成年的留守儿童来说，同龄群体是对他的行为产生强烈影响的外部环境，有的留守儿童为了摆脱管束或耐不住孤独寂寞，就到同龄人中寻找友谊、心理支持或靠山等，从同伴那里获得身份的认同。俗话说，"近朱者赤，近墨者黑。"一个品行端正的留守儿童，一旦交上了坏朋友，就容易受到不良思想和行为的熏陶，经过潜移默化，他们会表现出对监护人不屑一顾、行为变"横"、行踪不定、谈话诡秘等不良行为，有的甚至走上违法犯罪的道路。留守儿童的交友不良具有相当大的危险性，如何帮助交友不良的留守儿童化解交际障碍，我们提出以下三条对策。

1. 明确交友意向，清理人际关系网

有职业规划专家说，10％的成绩、30％的自我定位以及60％的关系网络才是成就理想的标准因素。美国心理学家罗伯特·凯利和珍妮特·卡普兰在贝尔实验室进行的一项研究结果也表明，良好的人际关系对人的成就有重要的影响。因此教师在指导留守儿童清理人

际关系网的时候，首先要让他们明确自己的交友意向，要注重交往对象的品行、兴趣爱好和价值观念等内在品质，摒弃所谓的江湖义气，更不可以貌取人。其次要指导他们经常评估自己的人际关系网络，不断刷新，去伪存真，使自己的朋友圈子纯洁健康。

2. 进行认知重建，正确认识交往需求

对留守儿童来说，交往是一种重要的精神需求。留守儿童的成长过程是在与其他人的交往过程中实现的。如果留守儿童的交往需求错位，接触不良儿童和不良行为的频率高于接触正常儿童和正常社会行为，就会产生不良行为，这时教师就需要指导留守儿童进行认知重建，帮助留守儿童正确认识交往需求。

认知重建包括内省外导。所谓内省是指留守儿童对自身的反省和判断，它以心理健康标准为参照，反省和判断自己交往行为的价值；外导是指交际对象的被省视和被判断，也就是留守儿童省视和判断他人的行为价值。通过指导留守儿童内省外导，帮助他们认识自己信念的不合理性，进而予以放弃，同时建立新的合理信念。教师通过反复的解释澄清，使留守儿童逐渐明白自己的角色特征，正确认识自己在所处环境中的地位与角色，积极疏通交往渠道，适应交际环境，并在这样的环境中充分实现自我价值。

3. 坚持交际原则，增强意志品质

人际交往不当，往往是放弃交际原则的结果。留守儿童的交际原则应该是善交益友、不交损友和乐交诤友。教师要指导留守儿童以交往原则为标准，调整自己的价值观和世界观，在交往中不断优化交际品质，提高对朋友的选择甄别能力。引导留守儿童结交那些正直、善良、有崇高理想和远大抱负的朋友，拒绝结交那些心术不正、华而不实、阿谀奉承、花言巧语、谄媚的人。

同时，教师要向留守儿童提供一些识别不健康的友谊及摆脱这种友谊的方法，鼓励留守儿童在交际思想、文化内涵和情感挖掘上下功夫，使他们积极参与交际实践，在交际实践中逐步学会并切实掌握与人交往的方法与技巧，从而与人友好相处。

【聚焦现实】

"朋友"把他拉进深渊

留守儿童飞飞（化名）曾经是个品学兼优的初中学生，学习成绩总是名列前茅。2009年5月份，飞飞带了40元钱去学校，结果在途中被人抢走。飞飞不但没有报告老师，还鬼使神差地和抢他钱的人交上了朋友。此后的几个月，飞飞经常伙同他人敲诈其他学生，连续作案达30多次，抢劫金额达2万多元，2009年底，在一次拦路抢劫现场他被当地派出所抓获。随后法院做出判决，飞飞被判处3年有期徒刑，缓刑4年。

【简评】

在留守儿童的成长过程中，同龄人往往是留守儿童了解社会的一个窗口，是个体之间交流的最佳对象。由于留守儿童缺少与同龄伙伴正常交往的经验和辨别能力，容易在交友中出现失误。当他们和社会闲散人员或有劣迹的同龄人混在一起，在满足了交往需要的同时，也感染了诸多的不良行为和习惯。案例中的飞飞就是受到不良朋友的影响而走上违法道路的。

（二）自我中心型留守儿童的交际障碍化解对策

自我中心是指留守儿童在交际活动中只会从自己的立场与观点去认识事物，而不能从客观的、他人的立场和观点去认识事物。自我中心型留守儿童在交际活动中表现为自我意识过强，常常以自己的感知及情绪、意志为主，喜欢将个人的感受强加给别人，很少为别人着想或者进行换位思考，这种行为多与留守儿童的自傲、冷漠和自恋心理有关。他们在交往中过分地自我关心，自我欣赏，过高地估计自己，总觉得自己优于别人，盛气凌人，自以为是，不愿与人为伍。这种类型的留守儿童在交际中缺乏爱心，事不关己高高挂起，或者错误地认为言语尖刻、态度孤傲就是"个性"，致使别人不敢接近自己，从而失去一些朋友。

留守儿童的交际行为正处于由唯我平衡性的自我中心到人际平衡性自我的过渡期，如果过渡不良则可能导致自我同一性的混乱，在人际交往等方面造成偏差，引发留守儿童产生社交障碍。帮助留守儿童调整好自我心理，使他们从情绪、认知和行为上产生改变，是化解这类留守儿童交际障碍的有效策略。

1. 调适交际距离

人类学家霍尔（E. T. Hall）和心理学家索玛（R. Sommer）通过观察和实验发现，人都具有一个把自己圈住的心理上的空间，它就像一个无形的气泡一样为自己割据了一定的领土。一旦这个气泡被人触犯，就会感到不舒服或不安全甚至恼怒起来。研究者指出，人都有一种保护自己个体空间的需要，这并非表示拒绝与他人交往，而只是想在个体空间不受侵占的情况下自然地交往。所以在交际活动中要讲究距离技巧，尊重交际对象的个体空间，使对方能够有安全感的缓冲地带。霍尔把人际交往距离划分为亲密距离、个人距离、社交距离和公众距离四种。教师应告知留守儿童了解上述交往距离可以使他们在交往活动中有意识地选择与人交往的最佳距离，既可避免因误入别人的个体空间而惹人生厌和自讨没趣，又可避免因离对方太远而有拒人千里之外和装腔作势之嫌，从而有助于增进人际关系。

2. 端正交往态度

美国心理学家伯奈（E. Berne）认为，人们在交往过程中之所以会出现各种各样的问题，往往是由于他采取了不正确的交往态度造成的。他根据多年的调查研究发现，人们的交往态度有以下四种模式：①我不好—你好，我不行—你行。②我好—你不好，我行—你不行。③我不好—你也不好，我不行—你也不行。④我好—你也好，我行—你也行。自我中心型留守儿童大多数持"我好—你不好，我行—你不行"的态度。其盛气凌人、自以为是的表现常使对方感到难堪、窘迫、恼怒，因而影响了人际关系。教师要引导留守儿童转变态度，把价值观念、认知方式、个性特征及行为习惯建立在"我好—你也好，我行—你也行"的基础之上，运用自己的理性判断能力，正视种种复杂的人际交往现实，对生活的现实进行恰当的理解。

【聚焦现实】

吵架的留守男童

一天，一位学生家长来校向老师反映，说自己的女儿在家要求给她转学，老师问是什么原因，家长说是因为和班上的一位同学吵架了。于是，老师到班上调查，分别找吵架的两个同学谈话。老师先找要求转学的女孩谈话，女孩说："他老是说自己在上海怎样好。听得人都烦了，好像在向人炫耀他去过上海，我听了不舒服，就说去过上海有什么了不起，他就和我吵了起来。"老师又问那个男孩是不是这么回事，没想到这个男孩竟一下子哭了起来，说："我又没有炫耀自己去过上海，我也不想去上海，但是我的爸爸和妈妈在那里打工，我想他们，就去上海见他们，有谁不想自己的爸爸和妈妈，我也希望爸爸妈妈每天在自己的身边，他们都看见我父母不在家欺负我。"说着，又哭了起来。他的一番话，令老师大吃一惊。原来这个曾经和多个同学吵架的男孩竟然是一个留守儿童。

【简评】

不少留守儿童认为父母不在自己身边，别人都欺负他们，心中都存在一种自卑感，因此在交往中没有自信。他们自我保护能力强所以与同学的交往不融洽，吵架的次数就自然的多了起来。作为教师，应密切关注这些留守儿童的心理变化，鼓励他们增强交往的自信心，帮助他们走出交往的怪圈。

3. 多与心胸开阔的人交朋友

自我中心型留守儿童往往不想了解他人，只关心自己的私利，对别人的痛苦、欢乐、兴趣、爱好都漠不关心。而心胸开阔的人能客观地了解他人的认识和情感需要以及个性、兴趣和品质，能看到并学习他人的优点，并善意地指出他人的错误。因此，教师要有意识地安排这类留守儿童与心胸开阔的人交往，让他们在接触中学会从多角度了解和评价他人，增强交往中的合作意识和平等意识，使他们乐于与人交往，进而改善其人际关系。

（三）"能力"崇拜型留守儿童的交际障碍化解对策

"能力"崇拜是指留守儿童在交际活动中产生的对能力强大者的内心尊崇，并且无条件地服从他驱使的心理状态。"能力"崇拜型留守儿童交际障碍的根源在于留守儿童的自卑、害羞和封闭心理。他们对自己缺乏正确的认知，缺乏交往的信心和勇气，表现为在交往中过于羞涩拘束，不能准确、充分表达自己的思想感情，不能与人进行积极的交往，他们与人交往无法深入，友谊不能发展。从留守儿童角度分析，化解"能力"崇拜型留守儿童的交际障碍应注意以下方面：

1. 肯定自我价值

黑格尔曾经说过，人应当尊重自己，并应自视能配得上最高尚的东西。教师要鼓励那些觉得自己在交往方面自卑的留守儿童，千万不必为自己的短处而自惭形秽，引导他们经常想到自己的长处，深信"寸有所长，尺有所短"，"天生我材必有用"，并脚踏实地勇于实践，相信自己的能力必定能充分发挥。同时教师要引导留守儿童把交往中的不自信清晰地表达出来，将交往的各个项目按程序依次写在纸上，使之明确化，让留守儿童以一种理智、现实、不逃避的态度正视自我，既不自高自大，也不自轻自贱，增强实践交际的信心。

2. 增强交往的主动性

教师要引导留守儿童在交往中体认个别差异可以截长补短的价值，寻找到激励自己交往的动力，推动自己努力实践。同时，也要帮助和指导留守儿童克服诸如"逢人只说三分话，未可全抛一片心"、"口开神气散，舌动是非生"、"病从口入，祸从口出"等消极观念的不良影响以及人际偏见的干扰，树立人际交往的正确观念和态度，经常注意观察和模仿一些活跃开朗、善于交际的人的言谈举止，多进行一些模仿性训练，以此来获取一定的技巧。而一旦娴熟地掌握了交往技巧，心理就有了"底"，自然也无能力崇拜了。

153

【聚焦现实】

为留守儿童创造交际平台

重庆的不少社区为了让留守儿童过一个有意义的暑假，根据孩子们的兴趣爱好设置内容，开设多种形式的主题活动，比如万州沙河社区为儿童们举办的小讲台，邀请社区街道德高望重的老同志，或者是学校的老师、志愿者给儿童讲故事，或是儿童之间互相讲故事等。组织儿童看传统革命题材的电影和传统动画片，让儿童通过讨论谈感受，接受英雄主义的教育。在沙河街道和花青社区联合举办的社区暑假培训班上还开设手工课，在课上儿童互相交流，互相合作，配合默契。

【简评】

沙河街道为了解决留守儿童如何过暑假的问题而开展暑假主题活动的效果是十分不错的。不少儿童尤其是一些留守儿童在这里增强了交往的主动性，学会了交往，找到了自信。

3. 提高文化素养

一个知识渊博，具有较高文化素养的人，不但可以凭自己广泛的兴趣爱好结交不同类型的朋友，轻松拓宽自己的交际范围，增强个人在交往中的魅力和人际吸引力，而且能在形形色色的人际交往中审时度势，妥善处理各种问题，应付各种复杂的场面。教师在引导留守儿童注意扩大知识面的同时，可指导留守儿童阅读一些有关社交知识的书籍，了解和掌握一些社交活动的基本知识和技能，并在此基础上指导留守儿童使用积极的内在对话对"能力崇拜"进行分析，质疑"能力崇拜"是否有事实依据，是否以偏概全，是否夸大对方的优点，缩小自己的能力和长处等，帮助留守儿童走出"能力崇拜"的阴影，促进留守儿童人际交往的顺利进行。

（四）金钱崇拜型留守儿童的交际障碍化解对策

人际交往最基本的动机就在于希望能从交往对象那里满足自己的需求。留守儿童活动的范围主要是在校园内，接触的对象主要是同学和教师，主要任务是学习，因而他们之间的交往动机应该比较单纯，如结识朋友、切磋学问、交流信息、沟通感情等，而不是带有功利色彩。但随着社会市场经济的发展与留守儿童自身的生理和心理要求以及留守家长的物质性补偿，留守儿童在人际交往中的实惠性需求增加，出现"金钱崇拜"现象。金钱崇拜即认为一切价值都要用金钱来衡量，金钱是人成功与否的唯一尺度。金钱崇拜源于留守儿童自身力量的匮乏和对第二种力量的追求，虚荣、炫耀、不健康的人格等是其产生的内在根源，不够完善的社会机制和社会不正之风，是其存在的土壤。有的留守儿童认为交朋友的目的就是为了"互相利用"，见到对自己有用、能给自己带来好处的朋友才交往，这种见利忘义、唯利是图的不良心理，会造成留守儿童的社交障碍。

为解决留守儿童的金钱崇拜人际交往困惑，教师可从以下三个方面入手：

1. 开展金钱观知识讲座

金钱观是对金钱的根本看法和态度，是和人生观紧密相连的。金钱作为物质财富，是人类创造的，并为人类服务，人类应当是金钱的主人，而不是金钱的奴隶。金钱在促进商品交换的过程中起了重要作用，但金钱并非万能，世界上有比金钱更重要、更宝贵的东西。教师可以召开主题班会，让留守儿童以小组为单位进行讨论，增强留守儿童抵御金钱诱惑的能力，使他们面对金钱能保持一颗平常心。对于那些家庭经济状况较差的留守儿童，教师更应该耐心细致地帮助他们树立正确的金钱观。

2. 指导个性修养

留守儿童存在的交际障碍问题，不光有外界的因素，其个性缺陷也不可忽视。首先，教师要指导留守儿童端正自己的态度，在人际交往中，要主动、热情、大方、得体。不能把人际关系的恶劣视为别人或社会对自己的不公正待遇。其次，教师要加强对留守儿童个性修养的指导和培养，引导留守儿童强化以下五种修养：豁达大度、克制忍让、温和亲切、正直诚实、委婉含蓄。

3. 保持人格完整

解决留守儿童的金钱崇拜人际交往困惑的另一个重要方法，是保持本身人格的完整性。每个留守儿童在交际中都会表现出自己独特的态度和行为方式，与别人相处时，固然要对别人的一些需要持随和、迁就的态度，但随和不等于放弃原则，迁就也不等于"予取予求"。交往中要坚持正确的立场，信守正确的原则。教师要鼓励留守儿童在平常的人际交往中，把自己的处世原则和态度和盘托出，让别人了解你是怎样的一个人。这样做可以使别人有很多要求不至于向你提出，而你也不需要因经常拒绝别人的请求而影响彼此间的人际关系了。

【聚焦现实】

被扭曲了的灵魂

留守儿童游明明学业优良，还是数学课代表，但性格孤僻、内向，父母在外打工所挣的钱只够他们兄弟俩的学费和生活费，为此，自尊心极强的他从不主动同有钱的同学交往，怕他们看不起自己。有一次明明收作业本时，看见全校"闻名"的调皮生——郭永刚正在抄作业。他偷偷地告诉了老师，老师在办公室狠狠地批评了郭永刚一顿。郭永刚的父母是包工头，家中很有钱，父母每次回家，都会给他买很多东西。当郭永刚听说是游明明打的小报告时，恨得咬牙切齿。他平时就看不起家境贫寒的游明明。于是，下午放学后，他花钱叫来了四个"哥们"，狠狠教训了游明明一顿。游明明强忍着心灵和身体的创伤，回到了家。

第二天早上，郭永刚同他的四个"哥们"又围住了他，并教训了他一顿。游明明随即拿出藏在书包里的水果刀，直刺郭永刚心脏，郭永刚因抢救无效死亡，游明明被判刑十年。

【简评】

金钱不是万能的，但没有钱是万万不能的，从这个血淋淋的案例中，我们看到郭永刚被金钱腐蚀的灵魂，以及因为金钱而异化的人际关系。游明明因自己剥夺郭永刚的生命固然是违法犯罪，但郭永刚自恃家中有钱，横行霸道是他走上不归路的导火索。

（五）友谊失真型留守儿童的交际障碍化解对策

友谊是留守儿童在交往活动中产生的一种特殊情感，是一种来自双向（或交互）关系的情感，即双方共同凝结的情感。友谊是一种精神层面的审美交流活动，有时由于涉及利害冲突会让它变质失真。友谊失真也称友谊畸变，是指友谊失去本意或本来面貌，表现出跟人们愿望的不一致。友谊失真表现为不能够向朋友表露自己的思想感情和内心秘密；对朋友失去充分信任；不能与朋友分享快乐；朋友之间互相妒忌，造成人际关系不和谐，出现社交焦虑。化解策略有：

1. 增强人际知觉，克服人际偏见

友谊能否保真首先取决于留守儿童能否有正确的人际知觉。人际知觉是交往中人对人的知觉，它是一种社会知觉。留守儿童对人的知觉不同于对物的知觉，这主要表现在当留守儿童知觉别人时，并不停留在被知觉者的面部表情、身体姿势等外部特征上，还要根据这些外部特征进一步了解他的内部心理状态，即了解其动机、意图、观点、信念、能力、品质等，然后根据观察到的印象做归因判断，给对方作一个初步的评论。人们彼此的感知和理解，往往直接影响到人际关系的深度和融洽性。在现实生活中，由于受种种主客观条件的限制，留守儿童往往不能全面地看问题。尤其在看待别人时，由于种种主体消极心理因素的影响而产生许多人际认知偏见，从而对别人的行为作出错误的归因判断。在人际知觉中，常易发生的人际偏见主要有：第一印象、光环效应、刻板印象（又称定型化）、近因效应和自我投射等。教师如能让留守儿童了解和克服这些人际知觉过程中的种种偏见，将有助于留守儿童建立起和谐的人际关系。

2. 增加交往频率，发展良好的沟通模式

人际关系是在"互动"中发生联系和变化的。人际关系要密切，彼此有一定频率的交往是前提。生活中我们常可看到，原先关系亲密的两个留守儿童，后来由于交往少了，关系可能淡薄下去；反之，原先不很熟悉的两个留守儿童，由于经常在一起活动，关系也可能亲密起来。因此，教师要鼓励留守儿童在紧张的学习之余，主动地找朋友谈心，讨论些问题，交换些意见，传递信息，指导留守儿童在交流的时候以开放的态度去倾听，细心了解对方的人格类型与沟通需求，设身处地体会对方的话，在适当改变个人的沟通习惯以满足别人需求的同时，优化自己的表达方式，正确表达自己的沟通需求。只要留守儿童与伙伴之间坦诚相待、互通有无，便能加深彼此之间的了解和信任，密切彼此之间的关系。

3. 平等相待，真诚相处

留守儿童的性格特点决定了其人际交往的基础只能是人格平等，以诚相待。留守儿童之间存在差别，但他们在交往中却都刻意追求平等，强者不愿被迎合，弱者不愿被鄙视。交际中有一个心理平衡法则就是只有暴露了自己的内心，才能走进别人的心里。当你对别人作出一个友好的行动，表示支持或接纳他时，他的心理就会产生一种压力，为保持自己的心理平衡，他便会对你报以相应的友好行为。这样，相互间就容易有一种亲密友好的关系了。教师要告诫留守儿童，在人际交往中要了解人际交往的底线，即维护对方的尊严，切不可因为别人有这样那样的缺点就横加挑剔、指责，甚至故意疏远、嫌弃。相反，要真诚、热情、无私、宽容，要有同理心，要设身处地地为别人着想。

第六节　留守儿童生命安全教育的对策

生命，对每个人而言弥足珍贵。"留守儿童"作为一个弱势群体，往往缺乏自我保护意识和自我保护能力。父母不在身边，没有直接的关爱与监护，很可能会成为不法分子的侵害对象。"留守儿童"中，男性儿童容易成为人贩子注意的目标，而女性儿童易受到人身的侵害。让几千万留守儿童生活在安全的环境中，增强其安全意识，使其远离意外、磨难乃至死亡威胁，是家长、临时监护人、教师以及所有关心和爱护他们的人的心愿。为此，本节将通过分析留守儿童的安全状况及成因，引导家庭、学校、社会以及留守儿童自己，筑起一道生命安全的防护墙。

一、留守儿童生命安全问题的现状与成因

经过深入调查，我们发现留守儿童的生命安全意识薄弱，在其玩耍、生活和学习中，存在着诸多不安全的因素。正是一系列不稳定的社会因素的存在，造成了留守儿童生命安全的隐患，使其生命时时都可能处在不安全的状态。

（一）留守儿童生命安全问题的现状

据媒体报道，近年来，留守儿童受伤害案件呈直线上升态势。"威胁就在留守儿童身边"，这是个客观事实。这些威胁来自社会、学校、家庭等各个方面存在的危险性因素，比如自杀、毒品、性侵害、暴力、虐待、车祸、溺水、火灾、触电、学校危房、体育设施等。

【聚焦现实】

被毁灭的一代

广东省林就万夫妇长年在深圳打工，三个女儿在老家由 80 多岁的奶奶照顾。七年之内，姐姐林文婷因蜡烛引燃大火烧成双脚残疾；小妹在帮奶奶提开水时被严重烫伤；二妹在家用柴火烧水时引起大火严重烧伤，脸和胸连在一起，眼睛因拉扯眼睑合不上，双手双脚畸形程度严重，而被人称为"鬼孩"。她四年没出过家门，更没上过一天学。

留守儿童小刚在梁婆婆家附近砍柴时，到梁婆婆家借刀砍柴，梁婆婆以为他来偷东西，于是骂道："刚娃子，你又来偷东西了！"小刚听了觉得很委屈，于是随手抓起旁边的木棒朝她打去……杀死梁婆婆后，他逃离了现场。

近日，广西贺州市公会镇杨会村一爆竹"黑作坊"发生爆炸事故，13 名死伤者均为留守儿童。该村领导表示，"想不出办法解决这个问题。"（《羊城晚报》2009 年 11 月 16 日）

【简评】

留守儿童的安全教育迫在眉睫，多发的事故不仅体现出留守儿童的生命价值观错位，也体现了在对留守儿童的监护过程中，安全教育不达标，安全漏洞很多。

留守儿童的安全问题具体体现在：

1. 事故多发

目前，涉及到留守儿童的安全事故几乎每天都在发生。据有关调查显示，在被拐卖的儿童当中，流动儿童占第一位，留守儿童占第二位。有些地方出现的女童被强奸的恶性案件中，也是留守女童居多。据报道，在 2005 年湖南省洪水灾害遇难的 12 名儿童中，11 名是留守儿童。一些农村大龄留守儿童多游荡乡间、寻衅滋事。他们既是社会不良青年的侵害对象，又是侵害其他留守儿童的凶手。

2. 影响面广

尽管留守儿童的生存状况不佳，但是其生命安全却备受关注，一旦留守儿童发生意外，将会牵涉到儿童家庭、亲戚以及儿童所在的学校和学校主管部门等多个方面。

3. "两地"并发

这里的"两地"指的是留守儿童生长、生活的家乡和其父母亲打工所在地，或者称为"流出地"和"流入地"。近年来，在寒暑假，一些留守儿童的家长常常将儿童接到打工所在地生活一段时间。这本是一举两得的好事情：一是可以满足留守儿童心灵对情感的需求，可以享受到与父母亲在一起的天伦之乐；二是可以开阔留守儿童的眼界，让其增长见识。可是，由于正在上班的父母无暇顾及留守儿童，这就带来了安全隐患。

【聚焦现实】

惊人的一幕

2009 年 7 月 28 日下午 3 时许，东莞民警刘宇田在塘厦镇东浦市场红绿灯一带巡逻时，发现一个 3 岁左右的小男孩在十字路口穿插嬉戏。红绿灯处车水马龙，他的处境相当危险。刘宇田立即将车停靠，朝小孩方向跑去。就在刘宇田抱起小男孩的一刹那，一辆左转向的五十铃货车与他们擦身而过，惊险的一幕把小孩吓得大哭。

一个多小时后，刘宇田终于找到了小孩的母亲。原来，该男孩的母亲在超市上班，孩子刚来东莞没多久。当天，她正上班，小孩在超市门口玩，没料到孩子玩着玩着就跑远了。

【简评】

这个小男孩是幸运的，作为超市的员工，小男孩的母亲不可能有很多时间来照顾他。母亲的疏忽，是险些酿成惨剧的重要原因。其实，像小男孩这样在父母亲打工所在地遭遇危险的事例，并非罕见。

留守儿童身上所发生的生命安全事故，数量多，后果严重，而且随着社会的发展还出现了一些新的特点，的确应该引起我们的高度关注。

（二）留守儿童生命安全问题的成因

留守儿童这一特殊群体，是一群成长中的脆弱生命群体，复杂的环境和自我保护意识的薄弱，都是造成生命安全威胁的"罪魁祸首"，主要有：

1. 社会环境存在"雷区"

留守儿童是在社会中成长和发展起来的。现实告诉我们：良好的社会环境会成就人，不良的社会环境则会危害人，甚至毁灭人。

如前几章所提到的，当前社会存在着不少对留守儿童的生命安全构成严重威胁的区域，如社会的一些不良习气、社会流传的低俗文化与暴力影片、不良社会群体的腐蚀与拉拢、金钱至上的价值观侵蚀、不法分子的肆意攻击等，都对留守儿童产生了极为有害的影响。一些不法分子眼睛也往往瞄准留守儿童，常常把他们当作敲诈勒索的对象，严重的还勾引一些女童过早地步入社会。

【案例1】

"下水"男孩宋则龙

宋则龙，小时候是个非常可爱的孩子。自从他上小学开始，父母亲双双外出打工，把他交给了爷爷奶奶照管。不幸的是，可爱的宋则龙被一伙与他年龄相近的在社会上游荡的少年"爱"上了。从此宋则龙开始逃学，和他们一起喝酒、偷窃，敲诈同学，还把人家打成了重伤。爷爷奶奶管不了，就劝其父母亲放弃打工生涯，回家进行管教。可是，简单无效的家庭教育并没有挽救了宋则龙，他初中没有毕业就离开了学校。

【简评】

俗话说"近朱者赤，近墨者黑。"这个朴素的道理，在宋则龙身上竟体现得那么"完美"，让人痛心！不良环境对留守儿童的影响立竿见影！

宋则龙，好端端的孩子，仅仅因为父母外出打工，仅仅因为不良的社会环境，就让他变得"简直像换了一个人"。今天的社会，这样的雷区还真不少。

网络、电视等媒体对留守儿童的不良影响，也是当前应该特别重视的一个问题。一些媒体所宣扬的内容，对于那些模仿性特别强的未成年留守儿童来说，特别具有影响力。一些留守儿童，在监护人不在身边的时候就偷偷模仿。

【案例2】

模仿上吊的孩子

家里，一名8岁的小男孩和一名6岁的小女孩，在房间里看电视。当电视画面上出现一名女子上吊自杀的镜头时，小男孩非常好奇，他随即找来了一根绳子，系在窗棂上，学着电视里的镜头将自己小脑袋伸了进去……当其爷爷奶奶赶回家时，孩子已经死亡。这不是电影里的镜头，而是5月22日发生在某地的一场悲剧！男孩的父母亲长期在外地打工，他们总以为爷爷奶奶是可靠的监护人，没想到，还是出了问题。再过几天，就是"六一"儿童节了！如何保护未成年留守儿童的生命安全，成为一个让人值得探讨的话题。

【简评】

在这个信息越来越发达的时代，媒体的影响是无处不在的，既有正面的，也有负面的。而监管不力的媒体，其负面的影响就更大，我们呼吁社会媒体担当起引领社会舆论的责任，针对留守儿童的教育进行正确舆论宣传，只有正面宣传强大了，才可能减少负面宣传的影响力。

2. 家庭和学校教育缺乏有效衔接

目前，学校和家庭在留守儿童的安全教育问题上缺乏必要的衔接与联动，出现了学校以为应该是家长或监护人的监管范畴，而监护人则认为是学校管理的责任，从而产生监护的"盲区"。一些"不听话"的留守儿童就可能利用这个空档，去做自认为无关紧要的事情，安全事故就可能随时发生。比如留守儿童在网吧产生纠纷或上网成瘾就是因为儿童放学后进入网吧造成的。

3. 留守儿童安全意识缺乏和自我防范能力较差

虽然学校、家庭的"安全经"天天在念，但由于没有落到实处，因此大多数留守儿童安全意识仍然不强，自我防卫能力较差，无法避免安全事故。一些留守儿童喜欢在车来车往的公路上玩耍，有些留守女童缺乏自我防范意识，容易听信别人的谎言，以致上当受骗。

造成留守儿童生命安全问题的原因是复杂的，也是多方面、多层次。因此，我们应高度重视对留守儿童的安全教育。

二、留守儿童生命安全教育的对策

对留守儿童进行生命安全教育，是学校教育中一项不可忽视的工作，需要学校领导乃至每一位教师付出艰苦的努力。当然，还需要除学校之外的各方通力协作，才能取得成效。

（一）开发生命安全教育课程

据调查，有不少中小学已经开设了安全教育课，但由于课程内容呆板，脱离实际需要，效果并不明显。我们知道，从实际出发，根据现实的需要开发新的课程内容，是课程应有的含义。学校安全教育课程，应该根据留守儿童自救自护的实际需要，开发出新的资源，这是时代的要求，更是留守儿童安全教育的必需。

新的安全教育资源包括青春期性安全教育内容、自我防卫知识、防震、防雷、防水、防电知识教育内容等。生活中一些留守儿童特有的安全事故，比如留守儿童意外伤害、自杀、违法犯罪等，也是安全教育的极好资源。

（二）系列化法制教育与安全教育相结合

在一些学校，法制教育和安全教育，都是经常开展的活动。由于法制教育是学校政治课的重要内容，又是初中教材中的考试内容，所以存在重法制教育、轻安全教育的倾向。同时，这些教育的内容零零碎碎，缺乏系统性和实效性，法制教育和安全教育系列化就更少见了，尤其是留守儿童比较集中的一些乡镇中小学。因此，把法制教育和安全教育有效结合起来，对留守儿童进行系统教育，是学校的一项紧迫工作。

作为学校，应当贯彻落实《未成年人保护法》、《预防未成年人犯罪法》以及其他教育法律法规，抓好预防留守儿童违法犯罪工作，切实维护未成年人的合法权益；根据治安形势变化，联系学校实际，结合留守儿童的特点，实施有针对性的法制教育和安全教育，这是当前留守儿童安全教育的内容，是预防留守儿童安全事故发生的重要举措。

调查显示，目前留守儿童违法犯罪现象日趋严重，留守儿童犯罪人数已经占到我国青少年犯罪总数的20％以上，这是一个让人感到惊讶的数据。数据的背后，是一系列复杂的问题。据调查，某县市近几年留守儿童犯罪几乎呈大幅递增趋势，且教育、挽救工作异常艰巨。这就告诉我们：学校教育中，抓好未成年人思想道德建设，加强德育工作，已经迫在眉睫，这是预防留守儿童违法犯罪的最根本、最有效的措施。

【聚焦现实】

有效的法制教育措施

在山东省威海四中的未成年人思想道德建设中，学校采取了诸多有效措施：开设法制教育课程、成立家长学校、学生模拟法庭，加强对留守儿童和教师的法制培训教育，通过家长培训、模拟法庭、开设法制讲座等法制学习方式，增强留守儿童的法制意识，同时建立预防留守儿童违法犯罪的长效机制，由学生法官与家长代表、教师代表组成合议厅，对学生（留守儿童）的违规现象进行模拟法庭审判，处理各种法律问题；在各年级开设好相关的心理辅导课，加强对留守儿童的心理健康教育，对儿童的显性和隐性心理压力进行疏导，帮助儿童健康、和谐发展，取得了令人满意的效果，受到留守儿童家长或监护人的一致好评。

——来自于洪飞老师团队的研究报告

【简评】

留守儿童的违法犯罪活动，虽然主要不是留守儿童实施的，但作为一种犯罪行为，却危及了他人或留守儿童本人的生命安全，甚至使他们丧失了生命。作为以培养人、教育人为主要职责的学校，重视和加强法制教育工作，就可以从源头上进行杜绝。该校的做法，具有推广的价值。

（三）定期开展安全教育系列主题活动

安全教育现已得到各级教育主管部门的普遍重视，一系列安全教育主题活动也被列为学校的重点常规教育内容来抓。但是，这些安全教育主题活动的教育对象是学校中的全体学生，缺少针对留守儿童的安全教育主题活动。因而，学校在开展安全教育主题活动的同时，应该考虑到留守儿童这一特殊群体，适时地开展一些针对留守儿童安全教育的主题活动。借助班队会进行安全演练等活动，让留守儿童积极参与到这些安全教育主题活动中来，通过活动过程中的实践体验，增强留守儿童的自救自护意识。如举办留守儿童安全教育展览等，有的学校利用学校所在地附近发生的留守儿童安全事件以及从其他途径获取的资料，制作展板，让留守儿童通过观看展板反省自己的言行，省察自己的安全意识，也能取得积极的效果。

第六章　家校共育，促进留守儿童健康成长

　　家庭是留守儿童成长的摇篮，父母是留守儿童的启蒙教师，家庭教育在留守儿童成长中起着不可替代的作用。学校是留守儿童学习的场所，教师是留守儿童习惯的培养者，学校教育在留守儿童成长中起着非常重要的作用。留守儿童迫切需要家庭教育与学校教育的双份养料。如今，为每个留守儿童健康和谐的成长服务已成为家庭和学校的共同目标，家校共育将成为完善留守儿童教育体系的首要和不可缺少的条件。

　　本章我们主要解读家校共育对留守儿童健康成长的重要性，理性地分析在家校共育的前提下有效教育留守儿童的策略与方法，为留守儿童创造一个温馨和谐的立体教育环境。

第一节　家校共育对留守儿童健康成长的重要性

　　留守儿童的健康成长是一项系统工程，不仅需要学校的良好教育，也需要家庭的有力支持与配合。众所周知，家庭教育在未成年人健康成长过程中具有特别重要的作用。针对留守儿童亲情缺失的特点，强化家校共育在留守儿童成长中的作用，就具有特殊而重要的意义。

一、家校共育有利于构筑立体教育防线

　　家校共育指家庭与学校相互配合，进行教育活动。它既充分利用现有的学校教育资源，又开发家庭教育资源，使两者步调一致，产生积极的教育合力，最终达到促进留守儿童身心健康成长的目的。可见，家校共育是利用社会力量进行教育改革的重要措施。

　　在调查研究中，我们发现，大多数留守儿童的父母忽略对子女的教育，缺乏必要的沟通，往往以满足物质需求代替家庭教育，造成很多留守儿童亲情缺失。由于亲情过度缺失，留守儿童很容易形成孤僻的性格，在学习和生活等方面都受到了很大的影响，甚至酿成悲剧。再者，在留守儿童的教育方面，我们的家长、学校与社会过多地依赖学校教育，忽视家庭教育，学校教育和家庭教育各自为政，缺乏必要的沟通与协调，学校难以掌握留守儿童的第一手资料，难以对症下药，因材施教；有些留守儿童接受了良好的学校教育，但是家庭教育几乎为零；也有的受到良好的学校教育和家庭教育，但是两者没有形成合力，在留守儿童教育方面难以取得大的成效。

【聚焦数据】

某校对留守儿童家庭教育情况的两份调查表
表1　学校对留守儿童家庭教育满意情况调查表

学校	＊＊＊＊实验中学	时间	2009年5月8日
留守儿童学生数	43人		
学校对留守儿童家庭教育的满意程度	21.3％		
学校认为留守儿童家庭教育的成功之处	培养孩子的独立性，能够给儿童提供必要的学习和生活物质基础		
学校认为留守儿童家庭教育存在的问题	存在以满足物质需求代替教育需求，对儿童过多的奖励，缺乏必要的管理，没有给儿童需要的亲情，忽视孩子的心理需要		
学校认为留守儿童家庭教育需要改进的方面	投入更多的时间精力教育儿童，关心儿童的生活，培养儿童的理财观念，进行必要的法制和安全教育		

表2　留守儿童家长对学校教育满意情况调查表

学生家长	＊＊＊	时间	2009年5月8日
留守儿童家长对学校教育的满意程度	67.1％		
留守儿童家长认为学校教育哪些方面比较成功	培养留守儿童学习兴趣，养成良好的学习习惯，培养学习热情，有一个说得过去的成绩		
留守儿童家长认为学校教育存在的问题	过多关注留守儿童的学习成绩，成绩不怎么好的没有得到相应的关怀，忽视对留守儿童的心理教育和法制教育		
留守儿童家长认为学校还需要在哪些方面改进	学校平等地对待留守儿童，让每一个留守儿童都享受教育的快乐，享受被教育的幸福，除了学习以外，能照顾一下住宿留守儿童的生活		

【简评】

上述调查中，我们可以看出，在留守儿童的教育方面，家庭教育和学校教育都存在不足，都需要改进。以往的家庭教育和学校教育各自为政，相互推诿，在很多方面造成了时间和精力的浪费，而有些方面却很少涉及甚至成了"真空"。就是这些"真空"地带成了危机潜伏的土壤，让留守儿童在成长中常常遭遇难忍之痛。

家庭教育和学校教育是留守儿童教育的两个主要支撑点。我们追求对留守儿童教育的最佳状态，就必须抓住家校共育这个关键点。家校共育是在学校教育和家庭教育各自基础上的一个综合，一个提高，两者结合起来就能扬长避短，从而取得1＋1＞2的教育效果。

家校共育体现了学校、家庭在教育观念、教育思想、教育内容、教育途径和教育方法等方面的一致性、和谐性、互补性。它是我国当代学校教育由封闭式办学逐步走向开放式办学的过程中出现的新事物，是具有时代特点的大教育观的现实反映。学校作为专门的教育机构，必须打破关起门来办教育的陈旧思想，由"封闭型"管理转向"开放型、民主式管理"，促使家长积极参与到学校教育中来，使家庭教育与学校教育有机结合，从而为留守儿童的健康成长构筑起立体教育的防线，形成一个无缝隙的教育环境。

（一）家校共育的必要性和可行性

在调查研究中，我们发现大多留守儿童父母外出务工，没有时间过问留守儿童的学习和生活，很多家长对留守儿童的现实情况一无所知，家庭教育达不到应有的效果。家长或临时监护人只有及时与学校沟通，掌握子女的第一手资料，才能有的放矢地进行家庭教育，才能取得预期的教育效果。有的留守儿童在学校期间表现很好，但在家里却是另外一个样，如果不与家长或监护人及时有效地沟通，学校看见的就只是问题的表面，看不到问题的实质，无法进行及时有效的教育。

目前，越来越多的家长和学校认识到家校共育的必要性，了解了家校共育的作用、方法和途径，积极配合学校教育。

在留守儿童教育上，单凭哪一方的力量都将很难支撑起一片完美的教育空间，它需要家庭、学校、社会的共同关心和密切配合。只有将三者有机地整合在一起，优势互补、协调运行，才有可能营造出一个宜人的教育氛围。正如苏霍姆林斯基所言："若只有学校教育而没有家庭教育，或者只有家庭教育而无学校教育，都不能完成培养人这一极其艰巨而复杂的任务。"

（二）家庭和学校各自承担的重要角色

角色是指个体在特定的社会关系中的身份及由此而规定的行为规范和行为模式的总和。家庭和学校在立体教育防线中各自担任不同的教育角色。

家庭教育在留守儿童成长中担任着留守儿童学习的引路人、鼓励者等重要的角色。随着生活质量的提高，家庭教育的角色也发生相应的变化，从传统家庭教育是保姆和后勤的角色，转变成留守儿童的避风港和心理咨询室的角色。

学校则是留守儿童学习的重要场所，它为留守儿童的学习开设了多方面的、系统的学习内容，不仅传授给留守儿童生活所需的知识和技能，还教给他们社会价值观念、社会行为规范和社会生活理想，并根据个体发展的阶段特点相应地划分教育阶段，将教育内容按照不同年级、不同等级设置相应的课程、学科顺序、教学时数和学年编制，有力地保证了教学内容的落实和教学目的、培养目标的实现。学校对留守儿童的教育除了担负传统的教育任务以外，还关注其精神的成长、身心的健康，为其提供好的学习和生活环境，为留守儿童的发展搭建一个自由广阔的大舞台。

家庭和学校在立体教育防线中的角色不是一成不变的，随着社会的发展，家庭和学校在立体教育防线中的角色必然会随之发生变化。但无论怎样变化，家庭和学校都应担负起各自角色的责任，为留守儿童的健康成长保驾护航。

（三）家庭和学校的德育沟通与互动

学校的德育工作不只是学校单方面的教育过程。家庭和学校的教育是一个互动的过程，这是由各自的教育优势和不足决定的。学校德育工作具有及时、教育方法多样、教师素质高、交流空间宽泛等优点。但是，如果学校延续传统道德教育的方法，就会造成对教育主体认知发展规律认识的模糊，造成以德育为载体的学校教育主题价值选择的困惑。家庭教育能为留守儿童创设真实广阔的生活情景，提供感悟善恶、激发情感、锻炼意志、调整行为、强化信念的空间，这些对留守儿童成长、生活及人生的发展意义是学校德育工作所无法承担和不能代替的。

留守儿童家校共育的德育沟通与互动应注意以下三个方面：

首先，注意沟通时机。家庭与学校双方及时沟通，传递信息，有助于家校双方的相互了解。当留守儿童的某个方面发展出现问题或者有很大转变时，这就是家校沟通的最好时机。学校要紧紧抓住这些时机，与家长一起商讨解决问题的方法。

其次，注意沟通方式。就目前状况来说，家校双方沟通的方式是多种多样的。但是，采取哪种沟通的方式更为妥贴，更有效果，要看具体的情况而定。一般来说，通报留守儿童的成绩，不如采取电话或贺卡的方式简单明了；如果留守儿童发生了亟待解决的大问题时，可以请家长到学校里来。如果有时间，我们就可以采取书信或沟通卡及期末家长会等形式。当然，家长会既可以集中开，也可以分层进行，甚至个别交流。

再次，注意沟通内容。对留守儿童身上存在的问题，双方所要沟通交流的问题，也应该有所选择。有的家长或监护人考虑不周，一些本来留守儿童自己能够解决的问题，也亲自跑到学校向老师说明。当然，对学校的事情，如果教师觉得自己有能力解决好，也不必事事都与家长或监护人沟通。作为受过专业训练的教师，在教育方面比一般家长或监护人的教育更有效果。有些事情涉及一些留守儿童个人的隐私，对此，教师应慎重处理，不能随便告诉他人。

二、家校共育有利于形成教育合力

家庭教育和学校教育都有各自的优势，也有自己的局限性，但都是留守儿童教育不可缺少的组成部分。家庭通过学校了解留守儿童在学校的表现，学校通过家庭了解留守儿童在家的表现，双方只有全面掌握留守儿童的各方面的表现，才能制定行之有效的计划，促进其发展。正是由于两者在教育留守儿童时的共同需要，才呼唤家校共育的形成；由于这种需要，才有利于形成教育合力，使留守儿童教育的效果更好。

（一）一致性——增进家校共育的合力效应

力学原理认为，两个力作用在一个物体，方向一致时，力的作用效果最大；方向相反时，力的作用效果最小，甚至是反效果。家校共育就像作用在一个物体上的两种力，只不过力的作用对象是活生生的人罢了。因为有共同的目标，在教育方向上达成一致，所以容易形成教育合力，让"教育力"作用的效果最大化，更好地促进留守儿童身心发展。

本着目标一致性原则，在学校与家庭教育之间寻求契合点，加强学校与家长之间的联系和交流，能够在教育方面形成共识和默契，增强家校共育的整体合力。

家校共育的一致性主要表现为教育思想和教育行为的一致性。在留守儿童的教育中，由于家校教育分离，教育目标差距太大，教育取向和方式未能协调，教育实效就大为减弱。著名教育家苏霍姆林斯基说过，"学校里的一切问题，都会在家里折射出来，学校教育中产生的一切困难根源都可以追溯到家庭。"因此，在留守儿童的家校共育中，我们应充分认识到贯彻目标一致性原则的重要性，切实保证学校教育与家庭教育步调一致，共同营造良好、和谐的教育环境。

（二）互补性——强化家校共育的整体优势

互补指的是相互补充，在这里主要指家校教育的互补性。学校教育如果仅仅关注留守

165

儿童的在校表现，家庭教育则仅仅关注留守儿童在家的表现，以一个方面的表现作为评价留守儿童个体表现的全部根据，这都是以偏概全的做法。有的留守儿童在家庭与在学校的表现截然不同，教师或监护人如果不全面了解其行为状况，就无法实施有效的教育。只有家校共育，互相补充，才能全面掌握留守儿童的实际情况，然后根据不同的情况，采取不同的教育策略。

现代教育的终极目标在于人的均衡、和谐、全面的发展，培养造就健全的人。然而现实生活中，留守儿童无论是兴趣爱好还是思维品质、行为习惯，往往带有一定的倾向性：或喜动，或喜静；或爱文，或爱理；或侧重形象思维，或侧重逻辑思维。为了造就全面发展的新人，家庭教育和学校教育就必须坚持互补性原则，各取所长，互相弥补，能够让教育进行得更好。但在互补的过程中，我们要清醒地认识到学校和家庭教育的优势与不足，才能够实施有效的互补。

【聚焦现实】

打架王

王月是班里一个比较听话的孩子，虽然父母外出打工，但基本可以料理自己的生活，学习成绩中等，不惹是生非。但有人说他爱打架，班主任不相信。当民警拿出王月打架的照片和证据，说王月被他们称作"打架王"时，班主任还是不大相信。民警对班主任解释道：王月打架不是一次两次了，每次打架以后，王月的家长总是匆匆从外地回来，怕自己儿子打架的事情传出去丢人，所以从来不跟外人和班主任说起王月打架的事情，每回都赔钱了事。

班主任仅仅依据王月在校表现，根本无法全面了解王月。造成这样的结果，最大的原因在于王月的父母不懂得与学校合作。

【简评】

学校和家庭，保持经常性的联系，及时通报留守儿童的相关情况。学校和家庭都掌握留守儿童在校和在家的表现，双方才能比较全面地了解留守儿童，制定相应的教育计划，采取适当的方法，发挥"双面胶"的作用，从而将教育的效果粘牢。学校苦口婆心＋家长极力配合＝完美的教育。

（三）及时性——发挥家校共育的协作效益

及时，指的是适时，抓住有利时机。家庭教育是学校教育的延伸和补充，学校教育是家庭教育外的教育主导力量，二者在时间和地点上都存在一定的局限，容易出现教育的真空。而留守儿童的教育问题往往出现在这些真空地带，及时加强家校共育双方的协作意识，在协作中及时了解留守儿童的思想动态，正好可以弥补这一缺陷。

家校共育的成效取决于学校教育与家庭教育的及时互动。学校要及时向家长或临时监护人反映留守儿童的在校情况，家长要及时针对学校所反映的情况，进一步核实和研究解决对策，即使无法解决也要与学校一起研讨。双方的节奏保留在"及时"这个分寸上，无论哪一方慢半拍，相互之间的协作都难以达到最佳效果。

及时性的家校共育在留守儿童的教育中特别重要，对于非留守儿童来说，家校共育相对比较容易，家长都在孩子身边，联系起来比较方便，相互之间也比较容易取得共识。但对留守儿童而言，父母在外地，及时性就不容易做到。为了做到教育的及时性，我们通常采用通讯工具——电话，来弥补这一不足。但是电话中的交流毕竟不能够畅所欲言，面对面交流才能真正做到家庭教育与学校教育的良好配合。

【聚焦现实】

离家出走的孩子

由于成绩不好，留守女孩王芳（化名）常常遭到同学的嘲笑，她感觉不到学校和家庭的温暖，给奶奶留下一张纸条后离家出走。父母得知这一情况后，一边寻找，一边和学校取得联系。学校得知这一情况后，马上在本班展开调查，仔细询问该生的特点。获悉这个女孩比较喜欢上网后，于是用 QQ 聊天的方式跟她联系。经过几天几夜的守候，终于看见她在线，学校立即通知她的父母和民警，通过 IP 地址锁定该女孩上网的地点，使女孩的父母顺利把她接了回家。

【简评】

案例中的家长发现孩子出走后，立即与学校联系，寻求学校的帮助，而学校又及时地与家长协作，这是一个很好的家校共育的合作过程。在这个协作的过程中，关键是"及时"。及时的教育才能够在第一时间发现问题，才能够在第一时间对留守儿童实施教育，让家校共育取得成功。

教育的时效技巧就是指要抓住教育的契机，找准切合点。教育过程中既不能在"高峰"时期相互"顶牛"，也不能等"风平浪静"或"时过境迁"再实施"打击"策略。抓准教育时机，把好脉，选好教育方法，及时展开教育，是保证教育成功的前提。那种"秋后算账"的方法令留守儿童深恶痛绝，教育也起不到实际的作用。

（四）艺术性——提高家校共育的教育技巧

艺术是指富有创造性的方式，在家校共育中，教育策略的艺术性能够提高家校共育的教育技巧。传统的家校共育在人们心中无非是这样：教师列举出儿童的缺点，家长在一旁听，然后根据教师的训话，对其子女作出严厉的要求。这种家校共育模式已经不能适应现代教育的发展。信息时代的高速发展，需要更好的教育方式，也就是我们所说的艺术性。

家校共育讲究艺术性，才能取得更好的教育效果。家校共育的艺术性，其内涵很丰富，但有一点必须明确：要淡化留守儿童教育技巧的教育色彩。所谓"淡化"教育色彩，不是取消教育，而是在充分理解教育内涵的基础上，还家校共育以本来面目，是要求家庭、学校在教育儿童时要讲求策略，使教育达到一种"润物细无声"的境界。既不要让留守儿童看出你的"教育"，又要达到教育的目的；把"教育"的过程做得"润物细无声"。

家校共育的艺术性需要学校和家长共同把握，这其中体现了家校配合的艺术性。教育可以曲径通幽。学校一味的硬性教育，家庭一味的硬性教育，都不利于留守儿童的身心发展。留守儿童具有很强的逆反性，如果我们的家校共育不能够拥有足够的艺术性，将会进一步激化留守儿童的逆反性，使其爆发出令我们感到意外的行为。

【聚焦现实】

爱花钱的孩子

王飞的父母在北京打工，由于不能经常回家照顾王飞，感觉很内疚。于是，经常从钱财上补偿自己欠缺的亲情，每月给她数量不少的零花钱。王飞全身上下是高档名牌，用的是几百元的化妆品。在她的影响下，全班形成一种比穿戴的风气。

班主任李老师得知情况后，没有立即找王飞谈话，而是先与她的父母取得联系，一起商谈好的教育方法。王飞的母亲从北京回来，情绪比较低落，目光有些茫然，很内疚地对王飞说，今年他们的生意赔本，几乎是一无所有了，每月只能给一百元的生活费，说着说着哭了起来。面对这样的场景，王飞从奢侈中清醒过来，每月精打细算，用一百元把自己的生活安排得头头是道，并且还时常安慰自己的父母要努力。一年以后，班主任看着王飞改掉了乱花钱的毛病，告诉她的父母可以试着多给她一些零花钱，但她仍旧很节约，不乱花钱。她从攀比中走出来了，学习成绩也是突飞猛进。

【简评】

很多学校和家庭都遇到过留守儿童乱花钱的现象。王飞自己乱花钱，还引发班里的攀比之风，直接影响了班上的学习风气。但由于家长和学校密切配合，又采取了巧妙的迂回之策，既给了留守儿童"改过"的机会，又让孩子学会了节俭，这就是教育艺术性。如果秉持一种紧抓不放的心态，就会激起其内心的反感和抵触情绪。教育方法的艺术性，其教育的效果之好是出乎意料的。

（五）共享性——实现家校共育的信息共享

共享指的是将一件物品或者信息的使用权或知情权与其他人共同拥有。你有一个苹果，我有一个苹果，我们交换以后，我们每个人还是拥有一个苹果。你有一个思想，我有一个思想，我们交换以后，我们就会拥有两个思想。家庭教育和学校教育就像是我们拥有的两个思想苹果，家校共育就像是交换思想，实现双赢。

一些留守儿童家长，由于时间问题无法对留守儿童进行及时教育，不惜重金聘请家庭教师、添置设备。这固然能取得一定的教育效果，但是，留守儿童的家庭教育，主要还是依靠家长或监护人。但大部分留守儿童家长或临时监护人缺少系统的教育科学知识，缺乏先进的家教理念和正确的家教方法，所以在实际的教育过程中，很多留守儿童的家长或监护人虽然愿望美好，效果却往往不理想。为了真正发挥家庭教育在育人过程中的作用，教师就应当在与家长或临时监护人的交往中，适当传播一些教育科学知识，使家长更新家教观念，掌握正确的教子方法，使家长在正确的教育思想和科学的教育方法指导下，配合学校和教师共同做好留守儿童的教育工作。

【聚焦现实】

别开生面的见面会

山东省高唐县第二实验中学召开的留守儿童监护人和班主任见面会成效显著。在一次见面会中，先是李若彤的父母做了典型发言。李若彤是一个学习成绩不怎么好，嫉妒心强的孩子，看见别人的成绩比她强，看见别人做的板报比自己好，总是冷嘲热讽，得罪了不少同学，没有人愿意和她交流。父母得知这一情况后，一边积极和班主任取得联系，让班主任积极鼓励她，哪怕是有一点微不足道的小进步；一边鼓励孩子，和孩子做了约定，一起努力，每天早上都要大声喊一句"我能行"。慢慢的，她的成绩好了起来，李若彤也变得与大家相处得比较和睦。学生家长和班主任们听了李若彤父母的发言，感到收获很大，于是纷纷发言，交流自己教育孩子的独门秘笈，并拿出笔记本作好记录，还相互留下电话号码，以便进一步交流育子经验。

【简评】

三个家长教育孩子的智慧一定比一个拥有丰富经验的班主任要强得多。班主任多年的经验又可以供家长们借鉴，学校和家长共享了这份智慧。班主任在以后处理这类问题时就可以得心应手，家长们也会事半功倍。

三、家校共育有利于和谐社会的建设

党的十六届四中全会上，党中央提出了建设和谐社会的发展构想。建设社会主义和谐社会的提出，为各种不同利益的群体和不同文化价值观念的人们建造了一个共同的发展平台，使大家能够在这个社会平台上相互尊重、合作与共同发展，这也为留守儿童教育发展提供了更大空间。作为受教育者中的一个弱势群体——留守儿童，其教育对于和谐社会的构建尤为重要。

和谐社会需要和谐教育，和谐教育又离不开和谐的留守儿童教育。所谓留守儿童的和谐教育主要指：追求留守儿童的自身发展需要与社会发展需要统一的教育价值观；运用科学的方法有效调控教育系统结构中诸要素的关系，为留守儿童的身心健康发展创造和谐的教育条件和氛围；实现促进他们素质全面、和谐、充分发展的培养目标等。

具体说来，家校共育对于构建和谐社会，其意义体现在：

（一）家校合作推广和谐教育理念，共建留守儿童学习型家庭

形成和谐教育理念，增强人们对家校合作的认知是推动合作发展的关键。因为，教育与社会是密切联系的，只有借助和谐教学、和谐育人、和谐活动以及和谐环境，才能充分发挥教育的影响力。而这种教育的影响力又应当是协调、有序、充满活力的，可持续发展的；必须从个人、群体、社会等各个方面来研究人际关系、资源配置、阶层结构的协调与冲突；必须通过学校与社会建立和谐关系，使学校教育在社会的文明进步发展中的重要地位得到认可，形成适合留守儿童发展的外部环境；在教育部门内部建立适合留守儿童健康成长的和谐人际关系、物理环境和组织恰当的工作进程。

和谐教育的理念，能够把家庭中的所有成员都凝聚在"学习"这一旗帜下，真正做到大家一律平等，共同学习，共同探讨，共同提高。在学习型家庭中，每个家庭成员都具有自主的学习动机，人人平等、民主、相互尊重；代沟被跨越，两代人的心灵上产生双向互动，学习与分享将成为家庭成员之间双向沟通的重要渠道；家庭成员之间具有共同分享的理念；能够理智地化解家庭矛盾。

（二）家校合作关注特殊的留守儿童，营造宽容接纳的留守文化氛围

营造宽容民主的文化氛围，需要有一个和谐的人际关系环境。在这里人际关系是指教育情境中有关的人际关系，如师生关系，亲子关系，家长与学校的关系，教育群体内部关系等。人际关系的和谐表现为相互理解、支持，彼此团结、合作，配合默契、协调，并使这种和谐的人际关系成为弥漫在学校、家庭中的一种校风、家风。它不仅可以减少留守儿童的学习障碍，更能够产生积极的熏陶作用，以利于形成健康人格。

因而，从文化倡导和心理引导的角度大力宣传人与人之间的合作精神、团队意识，消除人际间的心理防备与抵触，营造宽容、接纳的文化氛围，有效避免家校合作过程中的挑剔指责、增进双向交流和合作需求显得尤为重要。

家庭、学校、社会三方面应齐心协力，全方位关爱留守儿童的学习、生活、心理和行

为，促进其健康成长。一方面学校应帮助留守儿童家庭创设良好的家庭环境，引导家长通过口头、书信等多种方式与留守儿童进行情感交流和亲子互动，倾听他们的心声，鼓励他们的每一次进步，使他们能够充分感受到父母的爱。学校还应要求家长或临时监护人树立角色意识，配合学校真正担负起教养留守儿童的责任和义务，努力为其营造近似完整家庭结构的心理氛围和教育环境。

另一方面，学校应联合社会力量，协助这些特殊家庭解决生活中的实际困难，为他们参与家校合作活动提供可能，并进一步提高他们参与合作的积极性。正像《第44届国际教育大会宣言》所明确指出的："不仅家长而且整个社会都应当担负起同所有教育系统的工作者以及非政府组织一起工作的重大责任，一起全面实现为和平、人权和民主的教育之各项目标，并以此方式对可持续发展及和平文化做出贡献。"因为教育的发展需要一个良好的外部环境，而教育的不断完善又可以催生更加理想的社会环境。

（三）家校合作推进素质教育改革，促进留守儿童思想道德发展

素质教育离不开家校合作。"应试教育"向"素质教育"的转轨，也只有在家庭和学校形成合力的情况下才能顺利实现。家校合作给家长们提供了一个重要的学习机会，使家长更新教育观念，提高教育管理能力，从而更多地从身心健康的角度来看待留守儿童的发展。

家校合作教育最大的受益者是留守儿童。留守儿童是教育的终端，是教育的主体。留守儿童的综合素质包括思想品德、审美表现、运动与健康、学习态度和成绩等多个方面，全面发展是素质教育的基本要求，家校合作有利于素质教育的开展，对素质教育改革起促进作用。因而，家校共育只有坚持"以人为本"的理念，踏着留守儿童生命的节拍，就能寻到令人满意的效果。

发挥家校合作的优势，利用社会力量推进素质教育改革，可以通过以下两种途径：第一，家长辅导员。留守儿童家长来自各行各业，他们有的是优秀的交通警察，有的是优秀的白衣天使，有的是种粮大户……这些职业能够吸引其子女的注意力。学校可以把这些社会人才请进学校，让他们做报告，让留守儿童了解每个职业的特点，体验不同职业给人带来的快乐，倾听成功的经验。第二，提供体验场所。有的留守儿童家长来自工厂，有的留守儿童家长来自农村，借助其本身的优势，家长可以为学校提供体验场所，让留守儿童体验一种与学习截然不同的生活方式。

【聚焦现实】

"关爱留守儿童 追寻道德模范"暑期社会实践项目计划书

实践项目：

1．"关爱留守儿童 追寻道德模范"之英语夏令营

2．"关爱留守儿童 追寻道德模范"之古典诗词朗诵

3．"关爱留守儿童 追寻道德模范"之爱国主义教育

……

参加人员：某县留守儿童，某师范大学语言科学学院同学，部分留守儿童家长，部分学校教师

活动方法：

1. 通过切身的体验和经历，真实地体会和发现留守儿童中存在的教育问题

2. 进行一定的访问和实地调查问卷，观察并汇总留守儿童中存在的问题

3. 通过前期信息和实地考察相结合，分析留守儿童教育问题，并寻求能够解决问题的有效途径。

【简评】

这是一个丰富多彩的社会实践项目。这样的系列活动，通过学校、留守儿童本人、家长的共同参与，既活跃了气氛，又可以让每一位留守儿童在轻松愉快的氛围中，身心受到全面的陶冶，其整体素质自然会得到一定程度的提高。留守儿童在这里所学到的东西，是家长、学校任何一方的单独教育都难以达到的。

第二节　家校共育中学校对留守儿童的教育策略与方法

学校作为专门从事教育工作的机构，是促成留守儿童社会化的重要场所，在留守儿童成长过程中起着不容忽视的作用。家校共育的过程中，学校要采取有针对性的教育策略，让每个留守儿童学会生活，学会合作与交流，使他们健康茁壮成长。

如何发挥家校共育的长处，积极引导，扬长避短，让留守儿童积极健康地发展，是学校首先需要考虑的问题。家校共育的过程中，学校到底该采取怎样的教育策略才能更好地发挥学校的主导作用，引导留守儿童健康发展？相信您会从本节中找到上述问题答案的。

一、积极推行家长学校和家访制度

据媒体调查，当前留守儿童的家庭教育有两个突出问题，一个是部分家长或监护人认为教育留守儿童是学校的事，造成家庭教育的缺失；另一个是家长教育留守儿童不得法。这两种观念都使学校教育的效果大打折扣。家长学校和家访制度正好可以弥补这一不足。

家长学校，顾名思义是指为留守儿童家长开设的"学校"，可以是学校组织的教师讲座，还可以是学校组织的专家讲座，也可以是网上家长学校，总之是为留守儿童家长提供科学的家教经验，是引导家长进行科学教育的一种形式。

家庭是社会的细胞，家长又是留守儿童的第一任教师，家长的素质、教育观、人生观，是教育成败的关键要素。留守儿童的家长虽然或双方或一方在外地打工，由临时监护人承担照顾留守儿童的责任，提高监护人的教育素质，也是当务之急。而家长学校工作是提高留守儿童家庭教育水平的重要途径和有效形式。开办家长学校能有效地向家长或监护人介绍家庭教育方面的知识、方法，促进家长或监护人的教育理论水平和教育技能的提高；增强家校之间相互了解和联系；保证家校之间的沟通，使家长或监护人自觉配合学校，形成家校教育的合力。

今天，我们在留守儿童的教育工作中，还需不需要家访？答案是肯定的。多种形式的家访，可以让教育工作更好地进行，让留守儿童更健康地成长。学校、家长和社会本是相互信任与相互合作的关系，学校积极主动地引导家长，积极转变他们的教育观念，使之成为学校教育的挚友，是学校义不容辞的义务，家访正是达成这一共识的一条重要途径。

（一）建立"家长学校"势在必行

建立家长学校，在留守儿童的教育中，其意义是不言自明的，这主要体现在：

"家长学校"可以帮助家长达成两个转变，一是帮助家长或监护人更新家庭教育观念，树立正确的育人观，实现从"自然父母"到"合格父母"的转变；二是引导家长或监护人学习家庭教育学问，掌握正确的育人方法，实现从"一般育人"到"科学育人"的转变。

所以，留守儿童家长学校的建设，是一项迫在眉睫的工作，尤其是留守儿童占绝对比例的农村学校。

1. 建立家长学校四原则

建立家长学校，目的是向留守儿童家长或监护人普及家教知识，传授家教艺术，提高家庭教育的质量，让留守儿童能够健康茁壮成长。为了促进留守儿童家长学校健康发展，家长学校的建立必须遵守四个原则：

（1）工作规范化

家长学校要成立专门的委员会，明确分工职责，建立以德育副校长为组长，德育主任、校级家长委员会成员为组员的家长学校领导小组。制定《家长委员会工作章程》、《家长学校对家长自身的要求》、《家长学校管理制度》、《学校与家长密切联系制度》等一系列制度，使家长学校的建设有制度可依。

（2）教务细致化

学校要制定学年度教学计划，排出课程表，定期、定时上课，让留守儿童家长提前知道授课内容，让他们能够根据授课时间安排好自己的工作与生活，以确保有足够的时间和精力听课。对留守儿童家长实行考勤制度，建立入学报到簿、上课点名签到簿、听课意见簿以及家长学校学员登记卡。

（3）内容教材化

学校可以选择全国关工委编写的"家教统编教材"如《中学生家庭教育读本》、《初中生家庭教育》等作为教材。有条件的学校，也可以根据自己的需要组织教师编写相关的校本教材。

（4）教师专业化

家长学校的教师，是一个崭新的专业，我国目前还没有这样的教育机构，但教师首要条件就是熟悉先进的家庭教育的理念，懂得基本的家庭教育的技能技巧。还必须了解和掌握国际国内一些著名的家教专家的家教理论和经验。教师只有站在这样的高度，才有能力去指导留守儿童家长进行科学的家庭教育，发挥应有的作用。

2. 家长学校运作三模式

（1）专题讲座型

专题型讲座是围绕着留守儿童家庭教育中的某个具体问题为家长或监护人而开设的专门辅导。它可以让家长积累更多的家庭教育知识，学习他人先进和有效的家庭教育经验，更加具体有效地指导留守儿童的家长或监护人开展家庭教育。

【聚焦现实】

留守女孩张扬

留守儿童张扬，因为父母长期不在家，形成了孤僻的性格，很难和其他同学相处，学习成绩也不容乐观。其父母为她的学习和生活问题想了不少办法，伤透了脑筋，却没有一点效果。家长学校专门为她请来教育专家，做专题性讲座，专家建议尝试新的方法。根据专家的建议，班主任与家长一起制定了一套新方案，跟踪拍摄张扬在家庭与学校中的表现。得到了家长的支持。跟踪教育一个学期后，女孩进步了，成绩提高了，做作业时安静多了，与同学相处也融洽了，还参加了区运动会开幕的团体操排练。

【简评】

家长学校是留守儿童家长的平台，让每个家长都能更多掌握家庭教育的先进理念、先进方法，更多关注留守儿童的成长，家长学校的专题讲座正是适应这一要求而举办的。

（2）网络互动型

网络数字化是时代的象征，也是家长学校的主要平台之一。开设网上家长学校，让家长通过浏览相关网页与栏目，了解家庭教育的新方法、新内容。在网络上，家长和留守儿童之间可以开展"网络亲子情，网上共学习"活动；拍摄留守儿童校内外学习、生活的情况，拍摄成功范例，拍摄生活小场景，开展辩论、讨论等等。通过网络互动，让留守儿童家长了解自己孩子的真实状况，以便在留守儿童教育方面采取有针对性的措施。

（3）沙龙研讨型

沙龙研讨特点是研讨场合选择随意性较强，讨论问题并不一定经过预先设计，通过自主选择家庭教育活动内容和研讨来寻找解决问题的办法。这是一种比较可行的家长学校举办方式。它可以以一个家庭为单位，也可以几个家庭联合起来，一起去公园，一起到茶室，进行讨论和交流。家庭教育是共同的话题，自愿结合，相互切磋，共同成长是参加家庭教育沙龙的基本原则。

（二）形式多样的家访

顾名思义，家访就是到家访问，是沟通学校教育和家庭教育最直接、最有效的教育方法。家访的目的是加强家校沟通，改善家校关系，交流教育信息，共同教育好留守儿童。

传统的家访主要有鼓励式家访、"就诊"式家访、矫正式家访、指导式家访等几种形式。随着网络科技的不断进步，新型家访逐渐进入人们的视野。

1．视频家访

留守儿童的父母大多不在身边，寒暑假期间，父母大多回到家里，与留守儿童生活在一起，享受天伦之乐。如果采用传统形式，家访就难以实现，一些问题得不到及时解决，直接影响留守儿童的成长。而网络科技的发展，让视频家访这种形式成为现实，让家访可以远距离进行。语音、视频的真实性，又可以避免留守儿童造假，有条件的还可以召开视频家长会，留守儿童家长也不再受车马劳顿之苦，就能和教师轻松沟通，了解留守儿童在校状况，向有经验的留守儿童家长取经问道。

【聚焦现实】

视频家访

陈玉的父母在北京打工，暑假期间他跟父母一起住。但是班主任的心却一直放心不下。他总结陈玉这一学期的表现：迟到7次，旷课3次，上课睡觉13次，考试成绩一路红灯，全是C。和陈玉父母通过电话，约好时间一起上网视频家访。主任和陈玉父母相互通告这一学期的情况，以及暑假陈玉的表现。通过互动，大家都掌握一些信息。通过视频会议，陈玉也知道她的班主任一直关注她，即便是在休息的时间，也没有忘记他。开学以后，陈玉的学习有了很大的进步。李老师和陈玉父母的视频家访依旧继续，慢慢扩散到全班，都取得了一定的效果。

【简评】

视频家访是家访的一种新形式，是网络信息时代一种产物。它的简单、高效、真实得到越来越多人的认可。其实，无论哪种家访，只要能取得好的效果的家访就是值得效仿与推广的，网络时代的新型教师更应该采取不同形式。陈玉的例子就是新形式家访成功的体现。

2. QQ 群

QQ，一个即时通讯软件，大家都不陌生。借助 QQ 群，我们可以实现视频家访，甚至搭建一个免费的家长会平台。

【聚焦现实】

QQ 家长会

某班学生家长来自各行各业，有很多家长都是一方或双方在外地打工，他们教子的经验也各不相同。短短的家长会上的交流，他们总是觉得时间不够用，大家恨不得把一分钟当做一个小时来支配。家长会后，家长们互留电话号码，希望进一步联系。学生家长的个人交流，毕竟范围有限，不能很好地互相学习好的经验。班主任为他们建了个 QQ 留守儿童家长交流群，大部分学生家长都加入了，最后形成定期的 QQ 家长会。有个叫"开心果"的学生家长说，因为他正在闹离婚，造成这段时间他的儿子很不开心，感到非常的孤独和痛苦，不知道怎么办。群里有个学生家长给他说了一个"六尺巷"的故事，夫妻二人听了这个故事都感到很惭愧，相对于离婚对孩子造成的伤害，忍让又算得了什么呢？从此取消了离婚的念头，一家人恢复了和和睦睦的生活。

【简评】

QQ 家长会的优势在于沟通及时。QQ 和家长会的无缝结合，让家长和家长、家长和教师即时互动，即时沟通，以便采取更加有效的措施，是信息时代提高家长会效果的好方法。

3. 邮件、留言、贴吧、论坛及 bbs

邮件、留言、贴吧、论坛及 bbs 等形式的家访，操作简单，互动性强，容易让人接受，在留守儿童教育中可以起到一定的积极作用。但真实性较差，又无法确认是不是留守儿童家长的真实意见。但只要家长们真诚参与，就可以当成一种有益的家访形式。

【聚焦现实】

留守儿童电子家访信箱

泗洪县临淮实验小学陈翠老师每天早上都要提前一个小时到达学校，她要做的第一件事情就是打开自己的电子邮箱，接收她班上的 21 个留守儿童的父母从远方发来的电子邮件，然后一封封地回信⋯⋯

学校针对留守儿童父母多处于教育盲区的实际情况，为 28 个教学班的班主任开通了"留守儿童电子家访信箱"。通过电子信箱为他们传送教育儿童的教材，加强了对外出务工父母的教育培训及引导。同时，留守儿童由于家庭关爱的缺失，电子家访的方式能够让外出务工父母及时掌握留守儿童的思想动向，通过与家长探讨共同帮助留守儿童健康成长，让留守儿童真真切切地感受到家的关爱。这种电子家访的新形式在留守儿童和其父母之间搭起了一座连心桥，为留守儿童的心灵撑起了一片晴空。

【简评】

泗洪县电子家访信箱解决了留守儿童家长经常不回家，无法及时和老师沟通，不能掌握留守儿童在校第一手情况的难题，找到一条新的途径，不失为一种好的方法。而且，电子家访也避免了一些尴尬，使一些难以面对面交谈的问题得以交流。

二、建立留守儿童助教中心

目前，一些留守儿童处在"生活上无人照应、行为上无人管教、学习上无人辅导"的"三无"状况，由此带来了人身安全威胁、学习成绩不理想、道德品质下滑甚至犯罪等严重社会问题。

关爱留守儿童不仅是学校和家长的责任，同时也是各级政府和全社会的责任。有的地方建立了"留守儿童助教中心"，为解决留守儿童的生活、教育问题提供了新思路，并用自己的实际行动唤起了更多人对留守儿童这个特殊群体的关心。

留守儿童助教中心就是为了照顾留守儿童生活，管教留守儿童的行为，辅导留守儿童的学习应运而生的，它以其巨大的优势如雨后春笋般地在全国各地发展起来。

（一）留守儿童助教中心的类型

留守儿童助教中心由于创办人的资质、目的和性质不同，大体可以分为以下几种类型：

1. 义举型

以帮助留守儿童解决实际问题，为留守儿童父母解决后顾之忧，为社会分担压力，不以盈利为主要目的的留守儿童中心，我们称之为义举型。它们有一个共同的目标：做有益于社会、有益于留守儿童的事情。

【聚焦现实】

王直助教中心

"王直助教中心"坐落在安徽省泾县昌桥乡孤峰村，占地 2 500 多平方米，现有教室 4 间、男女生宿舍 15 间、食堂、浴室、图书室、接待室、操场、戏台、养猪场等，配备电灯、电扇、电视、电话、电脑等设备，生活设施较齐全。

由于管教有方，"王直助教中心"声名鹊起，在当地引起较大反响，周边许多乡镇的家长都把孩子送到该中心。助教中心是对学校教育的一种补充，为稳定社会秩序、解除农村外出打工父母的后顾之忧起到了积极作用，以至被家长称赞为"顽石的熔炉"。当地政府及教育等部门对中心给予了肯定和支持，大多数群众对王直老人扶贫助学、关爱留守儿童的行动给予较高评价。王直先后被省、市、县关工委评为"关心下一代先进个人"。

【简评】

帮一位留守儿童等于救了一位留守儿童。救一位留守儿童等于救一个家庭。帮一位留守儿童走完他最关键的一步就帮了这位留守儿童的一生。七旬老人王直用行动证明了一切。留守儿童不是问题儿童，留守儿童是可以教育引导的，只要我们大家都关爱留守儿童，留守儿童教育的春天就可以到来。

2. 家庭型

为每名留守儿童确定一名"代理家长"，帮助他们解决学习、生活、心理等方面的困难，创造条件使他们在生活上得到关心，学习上得到关爱，促使他们茁壮成长，我们称之为家庭型。它的特点是所选择的代理家长素质较高，能够给留守儿童爱心和关怀。

【聚焦现实】

大同小学的代理家长

大同小学为每名留守儿童确定一位以上固定的"代理家长"，"代理家长"的确定由留守儿童根据自身需要自由选择，"代理家长"必须做到定期家访、上门送温暖，同时利用假期邀请帮扶对象到家中作客，让留守儿童感受家的温暖，弥补他们亲情的不足。该校王开弟老师是9名留守儿童的"代理家长"，他自费给每个孩子买各种课外读物及学习用品，并利用每天午休、课间休息时间，深入孩子中间嘘寒问暖，为孩子耐心讲解纠错，帮助他们解决学习、生活上的困难。

【简评】

留守儿童所欠缺的是父母亲的亲情温暖，代理家长就是为了弥补留守儿童在这一方面的需求而诞生的。代理家长们用爱心做代理，用自己的爱温暖留守儿童的心灵，用自己的行动引导留守儿童的行为，让他们享受到了家庭般的温暖。

3. 企办型

企业创办解决留守儿童学习和生活问题的留守儿童助教中心，我们称之为企办型，它有一个显著的特点，就是创办人是企业，而非个人。

4. 尽职型

社会专门创办的留守儿童助教中心，我们称之为尽职型。它的特点是，创办人是专职部门，比如妇联、关心下一代委员会等，能够充分利用自身优势，沟通好的师资等资源，解决留守儿童学习生活等问题，助学效果较好，还能在很多方面起到一个带动和宣传作用。

【聚焦现实】

春蕾助教行动

某县妇联和教育局联合开展的春蕾助教行动，为留守儿童提供了无偿指导和服务，使留守儿童得到不同程度的进步。通过助教活动，每户受助家庭固定一位助教教师指导，由家长每周通过电话形式，向助教老师反映家教情况，咨询解决难题的办法。同时，助教老师还通过面谈、家访等形式实行个案跟踪指导。春蕾助教行动实施一年后，89.5％的家长认为孩子有了不同程度的进步，70.9％的孩子认为家长的教育态度和方法有了改善。

【简评】

政府是教育的主体，政府是教育的负责人，由政府部门创建的助教中心可以组织强大的社会力量来关心留守儿童这个特殊群体，正是由于政府的关注，才使得春蕾助教活动蓬勃发展，让更多的留守儿童享受到了爱的阳光。

（二）留守儿童助教中心的成功经验

1. 封闭式管理

为了确保留守儿童的安全，留守儿童助教中心可以实行封闭式管理，出入要有详细登记，有详细的日志记载。留守儿童每天上学、放学应有专人负责，签订责任状，有关人员应有强烈的责任意识。任何时间，没有特殊需要不准离开中心，外出需要限时登记，晚上有专人值班巡逻。双休日和节假日派专车送儿童回家与亲人团聚，春节前派专人护送部分留守儿童到父母务工地过年。

2. 强化学习方法辅导

授人以鱼，不如授人以渔。留守儿童大多存在学习能力较差，没有良好的学习习惯和良好的学习方法等问题，留守儿童助教中心成功的经验之一，就是强化学习方法的指导。

【聚焦现实】

内江市民学校

内江社区和内江师院在暑假期间，把辖区内的 20 名留守儿童和困难家庭的儿童集中到"市民学校"，然后由来自师院的志愿者们对孩子进行一对一的辅导，让这些孩子们度过一个有意义的暑假。志愿者们主要通过心理辅导和集中做游戏来锻炼留守儿童的上台讲话能力和交际能力。在学习辅导方面则是对症下药，针对每个留守儿童最薄弱的环节进行专项训练。除了辅导学习以外，志愿者还尽量通过聊天来解决他们的一些心理问题，如缺乏自信等。另外就是多鼓励留守儿童上台表演、唱歌、朗诵，以此训练胆量，让他们乐观、大方起来，并经常与他们交流，进行正确的引导，养成良好的习惯。

【简评】

"市民学校"中的志愿者，对留守儿童进行专门的辅导，针对性强。在与留守儿童的交流中，为他们树立了信心，让留守儿童感受到了家庭般的融融暖意。"市民学校"还有一个优势，那就是志愿者们都是年轻人，是留守儿童的哥哥姐姐们，他们几乎是同一代人，便于他们之间的有效沟通。

3. 营造"家"的氛围

对留守儿童来说，"家"有特殊的意义，他们对"家"有特殊的感情和深深的眷恋。助教中心营造"家"的氛围，让留守儿童感受到家的温暖，更加有利于留守儿童的成长。

【聚焦现实】

留守中心给留守儿童"家"的温暖

王直留守儿童助教中心为留守儿童们提供了细致的生活服务，配有男、女生生活指导员 2 名、炊事员 2 名，帮助自理能力有限的留守儿童洗衣洗澡。食堂提供的菜能做到一日三餐荤素搭配、营养可口、花样翻新。中心设置了 4 部电话，方便留守儿童与父母联系；聘请了会计专门管理留守儿童的零花钱；建立账目，存取方便；对玩游戏上瘾的留守儿童，暂扣他们的零花钱，杜绝其不正当的消费。每当留守儿童过生日时，中心都要举办联欢会，送上生日蛋糕。过年时，还给留守儿童们压岁钱、吃年夜饭。

一天深夜，不满 11 岁的王成肚子痛得厉害，王直老人冒着大雨一连跑了三趟医院，使孩子得到了及时救治。中心的留守儿童大多处在青春期，有许多思想问题需要及时疏导，王直老人主动与留守儿童交朋友，促膝谈心，帮助他们解开心中的困惑、改正不良习惯，营造积极向上的氛围。留守儿童们感到中心就是一个大家庭，王爷爷就是他们的家长。

【简评】

"家"不再是一个名词，而是实实在在存在的。王直留守儿童助教中心用行动给留守儿童诠释了这一切，让留守儿童享受温暖，享受阳光，让他们健康地成长。

三、建设并有效管理寄宿制学校

留守儿童作为我国当前义务教育中的主要弱势群体，面临着诸多问题。这些问题的产生，直接源自儿童父母监护的缺位。而寄宿制办学形式以学校代理监护形式来弥补留守儿童家庭监护的不足。寄宿制学校有相应配套的设施和合格的生活教师，可以对留守儿童进行有效的照顾和帮助。

国家启动了农村寄宿制学校建设工程，出台了优惠政策，尽量减免"寄宿制工程"建设收费；建章立制，规范寄宿制学校管理；在各级政府的统筹协调下，整合资源，摸索适合不同地区特点的工作思路，推动各地建立和完善农村留守儿童保护、教育机制。寄宿制学校建设工程正在帮助越来越多的留守儿童从孤独寂寞中解脱出来，投入到集体生活中，朝夕与同学相伴，在温暖的大家庭中快乐成长。

寄宿制学校管理是一个新的课题，需要教育工作者不断地努力，不断地调查研究，不断地学习，探索出适合各校的好方法好措施，就既能创建良好的学校氛围，也能提高学校教育教学的质量。

怎样才能建设好留守儿童寄宿制学校？我们认为，可以从以下三个方面做起：

（一）营造良好学风校风

没有良好的学风就没有良好的校风，没有良好的校风就没有良好的学风，两者相辅相成，和谐统一。只有倡导良好的学风和良好的校风，才有良好的寄宿制学校；只有良好的寄宿制学校，留守儿童才能享受到良好的教育。所以，营造良好学风校风应该是寄宿制学校常抓不懈的一个重点。

1. 全校形成"关爱"合力

学校的工作是教育，教育的前提是爱心，只有真心关爱留守儿童，才有成功的留守儿童教育。寄宿制学校形成了"关爱"合力，就有利于留守儿童教育的成功开展。

"全校关爱留守儿童教育"不是一句口号，而是实实在在的行动。这就要求寄宿制学校把关爱放在重中之重的位置，让关爱成为一种自发的行动。教师也以关爱为己任，把寄宿制学校当做自己的家，把留守儿童当做自己的孩子。

学校还要培养留守儿童关爱学校的意识。只有培养他们关爱学校的意识，才能使他们珍惜学校的教育机会，珍惜自己的时间。

2. 良好的工作作风

寄宿制学校的领导和教师应该注重养成良好的工作作风，带动全校留守儿童教育的发展。良好的工作作风能够形成良好的工作效率，良好的工作效率能够产生良好的工作业绩。

学校应强化教师的学习意识、整合意识、合作意识、科研和创新意识、探究意识；教师要克服教师职业厌倦情绪，改变工作浮躁情绪，努力形成"严、细、实、活、新"的教风；也要积极钻研教法学法，注重现代教育技术与所教学科的整合，结合自己教学情况随时反思，树立勤于思考、积极上进的良好形象。

3. 丰富多彩的课余活动

丰富多彩的课余活动有助于留守儿童的全面发展。学习只不过是其中的一部分，丰富多彩的课余活动能够培养留守儿童的特长，对培养留守儿童的自信心和创造力都起着重要的作用。

4. 让留守儿童参与管理

让留守儿童参与学校管理有利于培养其管理和协调能力。寄宿制学校留守儿童参与管理的方式很多，主要有学生会、校长助理等形式，但无论哪一种形式，都要坚持自愿、有利于留守儿童健康成长的原则。

（二）养成教育是寄宿制学校的首要工作

寄宿制学校养成教育就是培养留守儿童良好行为习惯的教育。它往往从行为训练入手，综合多种教育方法，全面提高学生知、情、意、行的水准，最终形成良好的行为习惯。好习惯让人受益终生，坏习惯使人深陷泥潭。要抓好养成教育，应当从培养留守儿童的良好习惯入手。好习惯养成教育的内容十分广泛，如培养文明礼貌习惯、学习习惯、卫生习惯、语言习惯、思维习惯等。

留守儿童养成教育的目的是培养成功的人格，使留守儿童在身心和谐发展的格局内呈螺旋状成长模型。

1. 规范训练，构成养成教育的训练体系

习惯形成性格，性格决定命运，可见培养习惯的重要性。养成教育要规范训练，构成教育的训练体系。

留守儿童养成规范训练可以参照中小学日常规范标准，积极创建情景，有目的、有重点、有针对性地进行习惯培养，还可以比、学、赶、帮、赛、超的形式，激发他们积极参与的热情和兴趣，增强其克服困难的勇气，使之拥有自我约束的动力和目标，同时采取多种激励手段使留守儿童主动自觉的遵守和维护。

留守儿童养成规范训练不要好高骛远，要从身边的小事做起，从学习习惯、行为习惯、生活习惯等做起。

2. 评价激励，内化良好行为习惯

留守儿童评价指在一定教育价值观指导下，根据一定的标准，运用现代教育评价的一系列方法和技术，对留守儿童的思想品德、学业成绩、身心素质、情感态度等的发展过程和状况进行价值判断的活动，能够对留守儿童起一定的激励作用。留守儿童良好的行为习惯，如果长时间得不到评价，就难以分辨行为的对错，有时虽然知道对错，但是觉得无所谓，所以及时有效进行评价是激励留守儿童内化良好行为习惯的重要因素之一。

3. 家校合力，落实良好行为习惯的养成

部分留守儿童具有"两面性"，有的"在家是个好孩子，在校是个顽皮生"，有的则相反，我们不能单凭留守儿童的在校表现就作出判断。有的留守儿童的"两面性"不是表现在家校的区别，而是体现在"表里不一"。大多数留守儿童虽然比较单纯，不善于掩饰，但有些留守儿童因为成长过程、生活环境的某种特殊性而导致丰富的内心世界与日常的行为表现不尽相同，甚至截然相反。这就需要家校合作，落实良好行为习惯的养成，防止其性格"两面性"的形成。

（三）寄宿学校中留守儿童的特色教育

1. 榜样教育

教师在教育活动中应留心观察，尽力捕捉留守儿童的闪光点，及时表扬鼓励；树立标兵，以榜样带动全体，以个体促进整体，让留守儿童学习身边的榜样。大力宣传和表彰一批优秀留守儿童，开展不同形式的学榜样活动，可以有效培养留守儿童的自信心。

2. 感恩教育

不少留守儿童存在只知受惠，不知感恩；只知索取，不知奉献；只知攀比，不知回报；只知被爱，不知责任等现象。学校可以通过歌咏、演讲、书信比赛等形式，坚持对留守儿童进行感恩教育，让他们感知父母养育之恩，感知教师教诲之恩，感知同伴帮助之恩，感知社会关爱之恩。

3. 亲情教育

据中新网对留守儿童家长们的调查发现，约有七成的家长感觉与留守儿童存在"距离"与"隔膜"，有六成家长感到留守儿童与家庭成员间的亲情淡化。因此，教师应该在教学中努力开发教材，不断渗透亲情教育和感恩教育。特别是语文教师，语文教材里有许多文质兼美的亲情赞歌，应引导留守儿童好好赏析，进行亲情熏陶，引导他们感恩亲情。

4. 自主管理教育

我们应充分发挥"留守儿童"自主管理的优势，采用多种方式增强其主人翁意识，提升留守儿童的自我管理能力。具体做法就是引导留守儿童自己拟订管理目标，自觉监督自己，用各种方式，站在不同的角度对自己的行为、思想、学习、生活进行反思，与社会、家长、教师的要求以及自己的行动计划进行对照，找差距、找原因，不断规范自己，提升自己，力争把自己塑造得更完美。

第三节　家校共育中留守儿童的家庭教育策略

家庭是社会的细胞，家庭教育是教育的基础，它对留守儿童的启蒙、成长、成才有着不可低估的作用；它又是终身教育的外延，是留守儿童成长过程中源源不断的教育力量。对留守儿童而言，家庭不仅为留守儿童提供了人生最初的游戏和学习场所，而且引导他们从游戏到学习，从学习到生活，从生活到为人处世。家庭是留守儿童健康成长的起点。

留守儿童家长如何主动参与学校相关教育工作？留守儿童家长如何实现与留守儿童亲情沟通？怎样强化监护人的责任意识？如何转变监护人的教育观念？本节将为您解答这些疑惑。

一、主动参与学校相关教育工作

家长或监护人的作用不可替代，所以，留守儿童的家长或监护人多层面多渠道参与学校相关教育工作，可以大大增强其科学教育的自觉性，激发其教育子女的积极性，并加深对子女的理解，增进与子女的感情；家长或监护人与学校的协调合作，有助于学校形成良好的学风与校风，从而推动学校素质教育的实施，促进留守儿童教育质量的提高，对留守儿童教育起着重要作用。

留守儿童家长或监护人参与学校对留守儿童的教育工作，有诸多途径：

（一）满堂言——圆桌式家长会

圆桌式家长会是分批召开家长会的一种形式，通常把教室的课桌排成圆形，一般根据留守儿童及其家长或监护人情况的不同分成若干个小组。以小组为单位，班主任、任课老师和留守儿童家长或监护人围坐在一起，就留守儿童的思想、学习等各方面的情况畅所欲言。这种圆桌式家长会，可以使每一位家长或监护人有更多的发言机会，从而提高家长会的效率。

看起来只是形式上的变化，但家长会上"平起平坐"的氛围拉近了教师和留守儿童家长或监护人的距离，有利于家长或监护人心平气和地说出心里话。把主动权还给留守儿童家长或监护人，让留守儿童的家长或监护人唱起了主角，这种新型的家长会已在全国不少学校中尝试，并取得了良好的效果。

【聚焦现实】

圆桌式家长会

高唐县第二实验中学召开留守儿童家长会，多采用圆桌式方式，老师和留守儿童家长围成圈唠家常，把家长会的主动权还给了留守儿童家长。会上，就连留守儿童的课余生活怎样充实、留守儿童挑食怎么办、留守儿童上网成瘾怎么办……这些与孩子在校教育似乎风马牛不相及的问题也被提了出来，一扫以往家长会上家长和孩子的灰色情绪。

初三年级留守儿童家长陈女士非常苦恼，她的孩子是个网迷，每天业余时间都泡在网上，学习成绩飞速下滑。无论引导他干什么，他都丝毫不感兴趣。李女士建议，可以让孩子参加电脑制作活动小组，让他从兴趣小组找回自信，也可以满足他喜欢电脑的特长。陈女士立刻采用了这个点子，不久后这个孩子获得全省电脑制作竞赛一等奖，同时，学习成绩也提高了。

【简评】

平等、友好、和谐是圆桌式家长会的特点，既把主动权还给留守儿童家长，同时又使家长们有了相互交流的机会。家长们主动参与，积极想办法，一改以往"老师说家长听"的传统，气氛和谐，作风民主，效果也令人满意。

（二）点点喜鹊衔春泥——家校联系卡

一些留守儿童，不喜欢和教师、父母交流，甚至具有叛逆倾向。家长天天忙着赚钱养家，无暇到学校了解留守儿童的表现，这往往造成学校和家庭之间交流不畅。家校联系卡正好可以弥补这一不足，在家校、留守儿童家长或监护人与留守儿童之间建起了一座相互沟通的桥梁。

家校联系卡的内容一般分为两部分：一部分由班主任填写，内容涉及留守儿童课堂表现、精神状态、作业状况、参与活动、课外阅读、学习态度、遵守纪律、值日工作、用餐习惯、两操情况等。班主任把留守儿童在校一周的表现及教师建议记录下来，由留守儿童带回家，让家长（或监护人）及时了解留守儿童在校的表现。另一部分由留守儿童家长（或监护人）填写，留守儿童家长把阅读后的意见、留守儿童在家活动的情况以及对学校的建议和要求签字后，由留守儿童带来反馈给学校班主任。

班主任在合理有效地使用联系卡时，不能流于形式，不能只报忧不报喜，也不能只报喜不报忧，要根据留守儿童在校的表现，抓住留守儿童的"闪光点"和"存在的问题"诚恳地写出教师评语，评语或长或短，但要做到语言得体，有情有义，有理有据，争取留守儿童本人的理解和家长的配合。

【聚焦现实】

神奇的三沟通卡

在威海四中的班主任班级管理中,三沟通卡的使用成效显著,成为班主任长期与学生、家长通信的有效载体。所谓"三沟通卡"就是把教师对学生、对家长说的话,由教师填写,学生对教师、对家长说的话由学生填写,家长对学生、对学校教师的建议由家长填写。最后反馈给班主任进行整理,研究分析,上交给学生处存档。

【简评】

三沟通卡不仅将学校、家庭、学生三者紧密联系,而且也可以反映教学中难以看到的教育问题。特别是一些留守儿童在家庭中的生活学习现状在卡片中得以及时记录,可以让教师全面了解其心理发展动态,并及时予以有针对性的教育。

"家校联系卡"可以进一步拉近留守儿童家庭和学校的距离,可以极大地方便留守儿童家长或监护人、教师之间保持经常性的交流和沟通,及时准确地把握留守儿童成长的脉膊,渐渐形成教育合力,从而有的放矢地引导留守儿童循着正确的人生轨迹良性发展。真是:"一卡在手,家校直通"。

(三)滴滴一线通——电话联系

电话是人和人之间一种重要的联系方式,也是留守儿童家长和老师之间联系的一条重要渠道。留守儿童家长在外打工,通过电话交流,可以了解留守儿童在校学习和生活等方面的情况,更好地促进留守儿童的健康成长。我们认为,留守儿童家长应注意以下几点:首先要真诚,让教师感觉到诚意,乐于交流,愿意和你一道肩负起教育留守儿童的重任。其次要选择合适的时间,最好不要在中午午休和晚上10点以后打电话,一般以晚上8~10点为宜,且要控制时间,每次通话时间不宜过长,在注意通话时间成本的同时还要考虑到教师的时间成本。再次要心平气和,咨询和反映留守儿童的情况,有时候会比较焦躁,这时候要努力克制自己的情绪。

(四)家长开放日——邀请家长参与学校教育活动

家长开放日是学校开展的一项面向留守儿童家长或监护人的活动,分期让留守儿童家长或监护人来学校深入课堂,聆听教师的讲课;参加主题班会、观摩综合实践课、与留守儿童联欢等多种形式的活动,目的在于让家长或临时监护人深入了解留守儿童在学校的表现,了解教师的讲课水平,增加学校办学的透明度,增进家长或监护人与学校的感情。更重要的是,这一活动还有利于统一家校双方的培养目标,形成强大的教育合力;更有利于帮助家长转变教育观念,实现素质教育。

总之,留守儿童家长或监护人主动参加学校工作,学校倡导正确的家庭教育方式,让家庭教育和学校教育倾向一致,为儿童创造一个以尊重、关爱和鼓励为基础的教育环境。著名教育家苏霍姆林斯基曾说:"教育的效果取决于学校和家庭影响的一致性。如果没有这种一致性,那么学校的教学和教育的过程就会像纸做的房子一样倒塌下来。"家庭教育必须与学校教育相协调,若脱离学校教育另搞一套,两架马车往不同的方向奔跑,则既是对教育资源的浪费,更会造成严重的恶果。

(五)当家作主——家长委员会

家长委员会是团结留守儿童家长或监护人,密切学校与留守儿童家庭的联系,充分发挥留守儿童家长或监护人对学校教育、教学工作的参谋、监督作用的一种组织，它是学校发展的智囊团与后盾。

家长委员会的职责是广泛搜集留守儿童家长对学校的意见和要求，协助班级、年级和学校定期召开家长会议，交流家庭教育的情况和经验。通过参与学校的重大活动或组织听课等，关心了解学校工作，对学校的办学方向、教育质量、教师工作、行政管理等方面提出建设性意见，做出适当的评价，实行必要的监督。留守儿童家长或监护人要尽可能地参与家长委员会活动，大力支持学校工作，对学校开展的重大教育教学活动提供可能的帮助，力所能及地协助学校解决办学中的问题，协调学校与社会、家庭的关系，增强教育的整合力。

二、家长与子女实现亲情沟通

由于留守儿童家长长期在外，造成了地理空间上的长期分离；又因为日常联系的松散以及相聚时间的短暂，使得家庭内部成员之间交流沟通的匮乏和情感支持的不足，留守儿童与其外出父母在情感上的距离逐渐拉大，得不到父母相伴和关爱的留守儿童，与父母间"亲情陌生化"的现象开始显现。

感觉孤独无助，这是留守儿童的普遍心理。调查显示：37％的留守儿童经常不想跟任何人说话，30％的留守儿童经常感到孤独，家庭关爱的不足对留守儿童性格的发展和人生观的养成带来了不利影响。对此，家长及监护人除了满足儿童的物质需要外，更要满足留守儿童的精神、心理和情感需求，要经常保持与儿童谈心交流。

家长与留守儿童进行及时有效的亲情沟通，是关爱留守儿童成长的一种重要表现，在留守儿童成长中起着巨大的作用。具体体现在：

（一）家庭关系和谐，教育倾向一致

和谐的家庭关系对留守儿童的成长至为重要。在亲子关系上，有的留守儿童家长望子成龙心切，不了解子女的需求，教育方式粗暴简单，容易引起子女的抵触；而和谐的家庭关系应该是家庭成员相互尊重，彼此体贴、关心、爱护。这种和睦、民主、愉快的家庭生活才有助于留守儿童身心的健康发展。

留守儿童家长对子女要多一些平和，少一些苛刻；多一些引导，少一些高压；多一些民主，少一些一言堂，要理解尊重其作为一个生命个体的相对独立性，适当给予一定的自主权利，给其充分表现自我、表达意愿的自由和机会，并多进行平等地对话和心灵沟通，努力走进其内心世界，做其知心朋友。

据有关调查，很多留守儿童积极好学、学习兴趣浓厚。98.6％的留守儿童认为读书有用，并未形成"读书无用论"的思想。但其家长或临时监护人的教育观念存在误区，往往以漠不关心和物质补偿两种方式为主，缺少必要的尊重、鼓励和认同。

（二）热情关怀与严格要求并举

留守儿童父母除了给留守儿童提供丰富的物质以外，还应该关心留守儿童的情感教育，让留守儿童感受到亲情的温暖。

当留守儿童的成绩不尽如人意时，家长要通过各种途径帮助其分析成绩不好的原因，必要时还可以向教师咨询，找到改进学习方法的最佳途径。如果需要，还可以给留守儿童请家教，在请家教前应多了解其想法，多征求教师的意见，根据实际情况确定留守儿童是

否需要请家教，请家教来做什么。这样做不仅能提高留守儿童的学习成绩，而且还能进一步帮助其健康成长。

一些留守儿童因为怕成绩不好、考试失常等，感到精神紧张、压力加大，所以家长或临时监护人要以平和、冷静的态度来对待他们，与其多沟通，多鼓励、多表扬，让他们感受到关怀与爱护。同时，在留守儿童面前，要表现出自己很信任他，相信他能通过努力取得进步，从而使留守儿童能够轻松、愉快地学习和生活。因为对留守儿童来讲，家长的信任和支持是其精神动力之源。

没有爱不是教育，没有严格的要求也不是教育。家长在热情关怀的同时，还应该严格要求并规范留守儿童的行为，帮助其养成良好的习惯。

没有规矩难成方圆。家长的严格要求能促使留守儿童从小养成良好的生活、行为和思维习惯，这样才能使其受益终生。需要指出的是，严格要求是否等于越严格越好？并非如此。有些家长不择时间、场合，方法简单，强迫留守儿童接受自己的要求，过于严厉。我们知道，"冰冻三尺，非一日之寒"，长时间养成的毛病怎么可能因家长突然"严格要求"就立即改掉呢？所以这种严格是无济于事的。习惯的改变，是需要一个过程的，家长的严格要求就不能无视这样的现状。家长就必须掌握好严格要求的"度"，才能取得更好的教育效果。

（三）检点自身，言行得体

留守儿童的成长过程中，父母的影响最大。所以，父母怎样让自己的影响给其留下美好而深刻的印象，成为其仿效的榜样，这是留守儿童父母必须考虑的问题。一般而言，上梁正了，下梁就不可能歪。父母亲检点自身，言行得体，有助于留守儿童的成长。

那么，为人父母者，作为留守儿童的榜样，在自己的言行方面还应该注意以下三个方面。

首先要言而有信。有些留守儿童的家长看到自己的子女学习成绩优秀或者有进步时，常常许诺物质奖励。但常常由于自己身在外地难以兑现，在留守儿童的心目中就留下了父母言而无信、喜欢说大话的不良印象。古语说："君子一言，驷马难追。"为人父母者，应该信守承诺，说话算话，不能失信于子女，否则，就会造成不诚实的印象。父母坚持兑现自己的承诺，才能成为留守儿童的榜样，留守儿童就会效仿父母的诚信，美好的品质会永久地延续下去。

其次要以身作则。当看到留守儿童有不礼貌行为时，大部分留守儿童家长的反应是训斥、批评，却没想过一个关键的问题——留守儿童知道怎样做才礼貌吗？什么样的行为又是不礼貌的？这个时候，家长最需要做的就是以自身言行，告诉留守儿童什么是礼貌，怎样做才礼貌，要创造条件，让留守儿童在多次重复的基础上，自觉地去做，习惯成自然。作为留守儿童的成长楷模，家长要率先垂范，严于律己，赢得子女的尊重与效仿。

最后要控制自己的情绪。"冲动是魔鬼。"在留守儿童教育中，这句话显得更为重要。当留守儿童的行为超出正常的社会道德规范时，家长要控制自己的情绪，不要以粗暴的手段进行处罚，这样的做法不仅无法帮助留守儿童改掉不良习气，而且还会让留守儿童受到惊吓，影响其身心的正常发展。

（四）亲子协定，和留守儿童一起成长

现实生活中，很多留守儿童家长或监护人经常面临着尴尬：自己苦口婆心指出留守儿童的不良习惯和缺点，可他们就是听不进去。于是，一些家长摸索出了一种新的教育方式——"亲子协定"。在协议里写清父母和留守儿童分别应尽的义务和承担的责任。"亲子协定"保证了父母之间的平等交流，将"单向教育"变为父母与留守儿童互相承诺的"双向教育"。

【聚焦现实】

一份特殊的亲子协定

12岁的小亮是一位留守儿童，父亲在北京打工，他和母亲生活在一起。母亲对他要求很严格，由于他和母亲缺少沟通，母子间产生了"矛盾"，且长期难以调和。半年前，在教师的指导下，小亮与母亲签订了"亲子协定"。母亲承诺：吃饭时，不问小亮的分数；小亮不听话，母亲不打人，要以理服人，而不是以力服人；不偷看小亮的日记；周末要带小亮上公园、博物馆、科技馆等地方。小亮则承诺：出去玩要和母亲打招呼；经常和母亲谈心，周一至周三承担洗碗的工作；自己叠被子、洗内衣和袜子。"合同"形成后，双方都签上了名字。

"协定"签订后，小亮像换了一个人，每过去一个月，小亮都要拿着"协定"对照，看自己还有哪些地方做得不够，需要在今后的日子里进一步改正。""亲子协定"也使做母亲改掉了打孩子的错误行为。

【简评】

亲子协定是家庭教育中的新生事物，它规范了留守儿童家长和留守儿童双方的行为，起到了积极有效的教育作用。亲子协定的主要效力在于留守儿童和家长双方的自我约束，自我规范，家长给留守儿童起带头作用，并时时提醒留守儿童遵照执行。

三、强化监护人的责任意识

监护人是指对无行为能力或限制行为能力的人的人身、财产和其他一切合法权益负有监督和保护责任的人。留守儿童的第一监护人是父母，但是留守儿童的父母常年在外，留守儿童中的大多数由祖父母隔代监护或亲友临时监护。因此，必须强化留守儿童监护人的责任意识，科学教育，科学监护。

（一）监护人与学校签订协议

留守儿童在学校期间，学校有监护责任，留守儿童不在学校期间，监护人有监护责任。双方可以共同协商，签订书面协议书，明确规定学校和监护人双方应担负的留守儿童安全教育工作与监护职责。

协议书涉及到双方各自的职责，内容如下：

学校的职责：对留守儿童进行交通、劳动、饮食、游泳、用电、防火及集体活动的安全教育，提高他们的自我保护意识；注意留守儿童私自组织活动的动态并告知、配合监护人，预防事故发生；定期进行校园安全检查，消除校内安全隐患；与公安机关配合，保护留守儿童人身安全；在留守儿童旷课或夜不归宿时，及时与监护人联系并协助寻找；加强师德建设，严禁体罚或变相体罚留守儿童等。

监护人的职责：自觉遵守《义务教育法》、《未成年人保护法》、《预防未成年人犯罪法》等有关法律法规；督促留守儿童自觉遵守学校作息制度；及时掌握留守儿童上学、放学时间以外的行为动态；经常对留守儿童进行安全教育，强化安全管理；密切注意留守儿童的异常行为和去向；禁止留守儿童携带火种、易燃易爆易伤人的物品及管制刀具入校等。

（二）科学教育与监护

留守儿童的监护人大多是祖父母或者外祖父母，或者是其他亲戚。由于各种原因，这些监护人常常监护不到位，大多对留守儿童过分溺爱，娇生惯养。对于在校学习的留守儿童，临时监护人大多只关心其分数，不重视其思想情感问题；出现问题时，批评多，指责多，说服少，鼓励少，态度粗暴，动辄打骂，缺少感情沟通。甚至当着留守儿童的面发牢骚，指责留守儿童的父母。这些简单粗暴的教育方法都会适得其反。

为了改变监护人这种不科学的教育方法，学校应当定期召集留守儿童监护人，举办相应的活动，增强监护人的责任意识，让监护人懂得科学教育、科学监护的基本原理，以提高教育和监护留守儿童的水平。

作为专业的教育机构，学校应该让监护人明白：

家长或临时监护人要善于了解、尊重并信任每一位留守儿童，要放下"长者"的架子，与留守儿童交朋友，走进其心灵，了解其内心世界，进行正确引导。要尊重留守儿童的人格，不要伤害其自尊心和自信心。要善于发现其优点，及时表扬并促使其不断进步。

监护人要在"看、问、听、教"四个字上下功夫。"看"就是观察，经常观察留守儿童的行为动态是否正常。"问"就是了解情况，定时不定时地到学校了解情况。"听"就是听邻居或留守儿童同伴的反映。"教"就是随时有针对性地坚持正面教育。正面教育，就是指出留守儿童的优点和缺点，提出合理要求，只要有进步，就及时鼓励。留守儿童处于成长发育过程中，在其成长的道路上，经常出现反复，这是正常现象，监护人需要有一定的耐心。

除对留守儿童进行日常教育和管理外，监护人还应多与留守儿童的父母、学校的班主任、任课教师取得联系，多争取他们的有力支持。

（三）"养""育"并重，强化责任意识

随着时代的不断发展，家长对家庭教育的重视程度有了明显提高，但是家庭教育中暴露出来的一些问题仍然应该引起我们的高度重视。当前，在一些家长或监护人的意识中，存在着一个认识上的误区，认为留守儿童只要上了学，教育的一切责任就全部由教师承担了，监护人只要给留守儿童提供物质保障，就算尽到了"养"的义务，当好"后勤"就行了。的确，教师的职责就是教书育人，但是教育留守儿童的责任人却不仅仅是教师，最起码还有留守儿童的家长或监护人。但有些监护人不管三七二十一，只要留守儿童犯了错误，就统统找学校，认为全部都是学校的责任、教师的责任，而自己只是教育留守儿童的局外人，这种想法与做法是极端错误的。因为他们只尽了"养"的义务，却忘记了"育"的责任。

作为留守儿童第一监护人的父母，赋予了留守儿童生命，同样应该为生命的成长保驾护航。在留守儿童的成长过程中，监护人可能无法满足留守儿童对知识的需求，但是为留守儿童营造良好的生活环境，帮助他们养成良好的学习和生活习惯，却是完全可以做好且必须做好的。"养"是一种义务，"育"更是一种责任，"养""育"并重，强化责任意识，才能使留守儿童健康快乐地成长。

作为第一监护人的父母是这样，作为临时监护人的其他人也应该是这样，都应该尽到"养"和"育"的双重责任。在"养"和"育"两种责任上，任何一位家长或监护人都不能重一头、轻一头，否则，就是失职。

四、转变监护人的教育观念

留守儿童的监护人，传统的职责是监护，督促留守儿童健康的成长。随着时代的发展，"监护"的含义已经有了新的解释。监护人要转变自己的教育观念，跟上时代的步伐，与时俱进，成为留守儿童的朋友，倾听留守儿童的心声，与留守儿童共同成长。

（一）用放大镜看留守儿童的优点

每个留守儿童都有自己的个性特征，在学习、纪律、生活等各方面均有各自的特点。监护人必须拿着"放大镜"去审视留守儿童的优点。如果监护人拿着"放大镜"去寻找留守儿童优点，让每个留守儿童都看到自己的价值，他们的个性就会更好地发展。

当发现留守儿童身上存在的优点，哪怕是极小的优点时，监护人要不失时机地用"放大镜"加以"放大"表扬。只要稍有进步，就应及时表扬、激励，这有利于留守儿童的健康成长。

【聚焦现实】

田雨的剪花

田雨的父母不在身边，田雨的外公就成了他的第一监护人。田雨是一个"故事"和问题都比较多的留守儿童，同学们和老师们经常"告状"。他的外公认为，光盯着留守儿童的缺点也不是好办法。因此，老人一直想找个机会，好好表扬他一番。

在手工制作课上，田雨剪出来的花特别漂亮。田雨的外公捧起田雨的剪纸作品，夸奖他的作品活灵活现，栩栩如生，说："其实你是一个非常细心、执著、热心的好孩子，而且还善于接受别人的建议，并能及时改正。我进场时就听别的同学夸奖你很有耐心，做事情认真负责，你还特别细心呢……每个人都有自己的优势。只要肯努力，缺点是可以克服的。外公相信你的学习成绩一定能提高！"在后来的日子里，他在各方面就有了不小的进步。

【简评】

监护人应当时刻牢记：留守儿童都是发展中的人，都是成长中的人。作为他们的家长或监护人，要时时刻刻善于发现留守儿童的闪光点，哪怕是那么一点点，并善于长其善，救其失，那么诸多的小小闪光点就会汇成绚丽的亮光，照耀留守儿童健康茁壮成长！田雨的转变，就是一个成功的例子！

（二）用显微镜观察留守儿童内心世界

监护人面对留守儿童丰富多彩的内心世界，应该具有显微镜的意识，进行敏锐的观察和缜密的分析。社会生活的复杂性导致留守儿童内心世界的千变万化、起伏不定，特别是对那些极易受外界影响的处在小学阶段的留守儿童而言，其内心时常随外界影响而不断变化，会体现出一些偶发的细微的心理信息和行为迹象。由于这些信息和迹象往往强度弱、时效短、传递范围小、先行程度差，再加上其他信息的干扰，往往很难令人觉察。监护人就必须拥有"显微镜"意识，善于察言观色，尽力做到坏苗头立现即止，好萌芽及时培养，因势利导。

（三）用望远镜展示留守儿童的将来

留守儿童的内心世界同样有进取的心愿与尝试的欲望，家长或监护人一定要针对其内心的愿望与发展的潜力，加以鼓励，并给予发展进步的机会，不要一味否定或熟视无睹。留守儿童的家长或监护人，不要一味地寻找留守儿童目前的种种令人不满意的表现，必须用"望远镜"去看留守儿童的"远处"，发现他们发展的潜力，着眼他们美好的"未来"，从而注重留守儿童自立、自律、自强能力以及个性的培养，使他们由不优秀转化为优秀，优秀则更优秀。

留守儿童的个体差异，特别是智力和性格的不同，势必造成在他人眼中"优秀"和"不优秀"，"突出"和"不突出"之别。这种差别，常常是留守儿童给监护人的第一印象，而不少家长或监护人常常以这种先入为主的印象给留守儿童定性。假如所有监护人始终以一种静止的、僵化的、一成不变的眼光来看待留守儿童，对那些所谓的"不优"、"不突出"的留守儿童丧失信心，那么必然会造成失误，对留守儿童的成长就极为不利。家长或监护人必须以人为本，用赏识的眼光看待留守儿童。

总之，家长或监护人对留守儿童的爱也不是盲目的，而是一种有责任的爱。在爱的同时，管更是一种责任。家长或监护人是留守儿童成长道路的指路灯，是留守儿童为人处世的启蒙老师。家长或监护人如果不约束留守儿童的行为，就会使其认识不到自己行为的对与错，其所受的教育就不够全面，会让留守儿童输在成长的起跑线上。家长或监护人更要让留守儿童懂得道德上的"是"与"非"、"对"与"错"，使他们言有"格"，行有"轨"，促使留守儿童形成正确的人生观和世界观。

参 考 文 献

一、专著译著类

1. 李树珍. 中小学心理健康咨询与矫治 [M]. 北京：知识出版社，2006

2. 刘晓明，张明. 中小学心理健康教育 [M]. 吉林：东北师范大学出版社，2004

3. 中国心理卫生协会. 心理咨询师三级技能 [M]. 北京：民族出版社，2009

4. 姚本先，方双虎. 学校心理健康教育导论 [M]. 北京：中国科学技术大学出版社，2002

5. 中国心理卫生协会. 心理咨询师二级技能 [M]. 北京：民族出版社，2009

6. [苏]苏霍姆林斯基著，周蕖，王义高，刘启娴，董友，张德广译. 苏霍姆林斯基选集 [M]. 北京：教育科学出版社，2001

7. 李培林. 别跟学习过不去 [M]. 北京：华夏出版社，2007

8. 张厚粲. 行为主义心理学 [M]，杭州：浙江教育出版社，2003

9. Guy R. Lefrancois 著，王全志，孟祥芝等译. 留守儿童们——儿童心理发展 [M]. 北京：北京大学出版社，2004

10. [美] David R. Shaffer 著，邹泓等译. 发展心理学：儿童与青少年 [M]. 北京：中国轻工业出版社，2005

11. 孙云晓. 留守儿童你在想什么 [M]. 北京：北京出版社，2005

12. 陈家麟等. 中学生心理咨询 [M]. 北京：教育科学出版社，1992

13. 周林，青永红. 农村留守儿童教育问题研究 [M]. 成都：四川教育出版社，2007

14. 范方. 留守儿童家庭教育策略 [M]. 长沙：中南大学出版社，2008

二、论文和学位论文类

1. 叶敬忠，王伊欢. 留守儿童的监护现状与特点 [J]. 人口学刊，2006（3）

2. 陈清. 留守儿童问题与和谐农村建设初探 [J]. 科技资讯，2007（9）：198

3. 中共重庆江津市委关心下一代课题组. 留守儿童关系整个农村教育和社会进步——江津市农村学龄前儿童受教育情况调查 [J]. 重庆行政，2006（1）：78～80

4. 陈丽丽. 关注留守儿童的教育问题 [J]. 成功·教育，2007（2）

5. 周宗奎，孙小军，刘亚，周东明. 农村留守儿童心理发展与教育问题 [J]. 北方师范大学学报（社科版），2005（1）

6. 蒋平. 从学习习惯不良看农村留守儿童教育之困惑 [J]. 北京青年政治学院学报，2008（7）

7. 邹丽丽，李静，郁大海. 农村留守儿童学习现状与对策 [J]. 农村经济与科技，2006（12）

8. 朱科蓉，李春景，周淑琴. 从学习习惯不良看农村留守儿童教育之困惑 [J]. 教育科学，2002（4）

9. 范方，桑标. 亲子教育缺失与"留守儿童"人格、学绩及行为问题 [J]. 心理科

学，2005（4）

10. 缪文娟. 农村留守儿童教育问题探析［J］. 江西教育科研，2007（12）

11. 刘玉春. 农村隔代教育的忧思［J］. 成人教育，2005（3）

三、报纸文章及电子文献类

1. 续梅. 1000万"留守儿童"期待关爱［N］.《中国教育报》，2004－6－5

2. 辽宁省农村留守儿童教育现状调查研究报告［EB/OL］. 辽宁省教育学会简报2009年第1期＜http：//www.clner.com/Html/shetuanzuzhi/lnsjyxh/xueshuhuodong/7109237190951.html＞

3. 安徽留守儿童近400万 亟需全社会关爱［EB/OL］.

搜狐新闻2009－02－11＜http：//news.sohu.com/20090211/n262177642.shtml＞

4. 构建学校、家庭和社会三位一体的教育网络［EB/OL］. ＜http：//www.hldsjsjx.com/xxb/2005jy1/dyyd.htm＞

5. 韦明顶. 布依族地区农村留守儿童学业问题研究［EB/OL］. 中国优秀硕士学位论文全文数据库http：//cnki.gzlib.gov.cn/kns50/detail.aspx？QueryID＝2&CurRec＝18